Introduction to Child Care & Education

보육학개론

최애경 · 송연숙 · 남미경 · 전형미

도서출판 피란마음

머리말

Preface

가족 구조의 변화와 더불어 여성의 사회 진출 확대는 보육에 대한 높은 관심뿐만 아니라, 전반적인 사회 분위기를 바꾸어 놓고 있다. 외둥이가 늘어나는 이 시점에 '아이를 잘 키우는 것' 만큼 어렵고 중요한 일은 없는 듯하다. 더 이상은 영유아의 보육이 가정 내에서만 해결되기는 힘든 현실이다.

세계 최고 수준의 '저출산율' 은 보육의 책임을 가정으로부터 벗어나 정부와 사회의 공적 책임을 더 강조하는 패러다임으로 가속화시키고 있다. 또한 이런 움직임은 일반인들의 보육에 대한 전반적인 인식 제고뿐만 아니라 행정적으로는 무상보육의 확대, 누리과정의 시행, 교사 자격의 강화, 유보통합 논의의 가속화, 맞춤형 보육의 실시, 국 · 공립 어린이집의 확충 등으로 나타나게 되었다.

이 책은 이와 같은 보육의 추세를 반영하여 앞으로 어린이집에서 종사하게 될 예비보육교사뿐만 아니라, 일선의 보육교사들에게 필요한 보육에 대한 올바른 이해와 함께 보육 입문서로서의 길잡이 역할로 쓰여졌다. 이에 따라 기본적인 내용을 충실하게 반영하였고, 가능하면 이해하기 쉽게 쓰려고 노력했다.

이 책의 구성을 소개하면 다음과 같다.

제1장은 보육의 이해, 제2장은 보육의 역사, 제3장은 보육의 유형, 그리고 제4장은 발달과 보육, 제5장은 보육과정, 제6장은 영유아의 건강 · 영양 · 안전관리, 제7장은 어린이집의 보육환경, 제8장은 보육교직원, 제9장은 어린이집의 운영관리, 제10장은 보육평가, 제11장은 보육실습, 마지막으로 제12장에서는 보육의 과제와 전망을 다루었다.

책을 세상에 내밀면서 미진한 점이 많아 아쉬움을 감출 수가 없으나, 보육을 전공하는 분들뿐만 아니라 어린이집의 교사와 부모들에게도 좋은 교재가 되기를 바라며, 벌써부터 부끄러움이 앞선다. 더 좋은 책이 되기 위한 많은 조언과 질책을 바라며 이 책이 나오기까지 많은 격려와 도움을 주신 모든 분들께 감사드린다. 특히 이 책의 출판을 맡아주신 도서출판 파란마음 황호철 사장님과 더딘 원고 제출에도 좋은 책으로 엮어 주신 편집부 여러분들께도 진심으로 감사드린다.

저자

차례 Contents

Chapter 03 보육의 유형

Chapter 04 발달과 보육

Chapter 05

보육과정

Chapter 06

영유아의 건강 · 영양 · 안전관리

Chapter 07 어린이집의 보육환경

Chapter 08 보육교직원

Chapter 09

어린이집의 운영관리

Chapter 10 보육평가

Chapter 11 보육실습

| Chapter 12 |

보육의 과제와 전망

Chapter 01

Introduction to Child Care & Education

보육의 이해

1 보육의 개념 및 필요성

2 보육의 의의

여성 경제 활동 인구의 증가와 가족 구조의 변화 및 자녀 수 감소 등으로 인해 영유아 보육을 바라보는 관점이 기존의 보호적이고 개인적인 관점에서 보편적이고 국가적인 관점으로 바뀌었다. 현대사회에서 보육은 더 이상 단순한 보호나 양육의 개념이 아니라 교육과 양육을 포괄하는 의미로 받아들여지고 있다. 본 장에서는 보육의 개념 및 필요성과 보육의 의의를 살펴보고자 한다.

1 보육의 개념 및 필요성

1) 보육의 개념

'보육(保育)' 이란 말의 사전적 의미는 '어린아이를 돌보아 기름' 이라는 뜻으로 '보(保)' 는 '지키다, 편안하게 하다, 돕다' 이며 '육(育)' 은 '기르다' 의 의미이다. 일반적으로 보육은 영유아를 보살피고 돌보며 정상적으로 기르고 교육하는 것을 의미한다.

보육의 개념을 정의할 때에 그 시작은 탁아(day-care)에서 찾을 수 있다. 전통적인 자녀양육이 가정에서 어머니에 의해 이루어지던 과거에는 가정양육이 불가능한 경우에만 탁아기관에 아동의 양육을 위탁하고 보호 · 양육하였다. 이때 탁아란 '아동이 그의 가정에서 정상적인 양육을 받기 어려운 경우에, 하루 중 일정 시간 동안만 타인에 의해 제공되는 보호(care)' (이소희, 1993)를 뜻한다. 'care' 는 '돌봄, 보살핌' 과 같이 신체적 · 정신적 보호에 중점을 두는 개념으로 볼 수 있다. 이러한 관점에서 정상적인 양육이 어렵거나 빈곤가정의 자녀가 탁아의 대상이었으며, 보육의 성격도 사회 구빈적 측면이 강하였다.

영유아를 보호, 양육하는 의미의 전통적인 보육 개념은 현대에 이르러 많은 변화를 보이고 있다. 현대에는 산업화로 인한 기혼여성 취업률의 증가, 가족 구조의 변화, 자녀 수의 감소 등과 같은 사회적 변화로 인해 자녀양육 기능의 변화는 불가피하게 되었다. 자녀양육을 가정에서 어머니가 맡아야 한다는 인식에서 벗어나 이제는 대부분의 부모가 안심하고 자녀를 맡기고 사회 · 경제적 활동을 하도록 하는 사회적인 지원 체제가 필요함을 요구하고 있다. 자녀양육은 가정의 책임이라는 인식에서 벗어나 사회와 국가의 책임까지 요구하는 인식의 변화가 이루어졌다. 그로 인해 빈곤가정의 자녀를 대상으로 한 탁아나 구빈적 성격에서 일반아동으로 보육 대상이 확대되고 국가와 사회가 함께 보육의 책임을 지는 보편적이고 공적인 성격으로 변화한 것이다.

이제 보육은 보호와 양육뿐만 아니라 질 높은 교육 활동을 제공하여 영유아의 발달을 조력하고자 하는 사회복지 서비스로 자리 잡았다. 보호와 양육 및 교육이 서로 분리된 것이 아니며, 특히 영유아의 경우에는 일상생활 속에서 보호 · 양육과 교육 활동이 통합되어 이루어지는 것을 반영하여 '에듀케어(educare)' 라는 신조어까지 등장하였다. '에듀케어' 는 '교육과 보호 및 양육의 분리' 가 영유아에게는 의미가 없는 것이라는 인식하에 생겨난 신조어로 1991년 미국의 칼드웰(Caldwell)에 의해 처음으로 사용되었다.

이순형 등(2005)은 보육은 출생 초기의 신생아기에는 필요한 영양과 식사를 제공하고 목욕을 시키는 등 돌봄에 국한되지만, 영아기에 들어서면서 영아는 사람과 환경을 탐색하려는 욕구를 드러내므로 그러한 요구에 부합하는 지적 자극을 주고 요구를 충족시켜 주어야 한다는 관점에서 '보육은 초기의 식사와 영양 제공, 목욕과 환경 청소 등 위생적 돌봄에서 점차 사회적 자극을 주고받는 상호작용을 포함하여 언어, 인지, 수, 자연 등의 통합적 교육 활동을 의미한다' 고 하였다.

우리나라의 「영유아보육법」 제1장 제2조에서는 보육의 개념을 '영유아를 건강하고 안전하게 보호 · 양육하고 영유아의 발달 특성에 맞는 교육을 제공하는 어린이집 및 가정양육 지원에 관한 사회복지 서비스를 말한다' 라고 정의하며, 동법 제3조에서는 보육의 이념을 다음과 같이 규정한다.

- 보육은 영유아의 이익을 최우선적으로 고려하여 제공되어야 한다.
- 보육은 영유아가 안전하고 쾌적한 환경에서 건강하게 성장할 수 있도록 하여야 한다.
- 영유아는 자신이나 보호자의 성 · 연령 · 종교 · 사회적 신분 · 재산 · 장애 및 출생 지역 등에 따른 어떠한 종류의 차별도 받지 아니하고 보육되어야 한다.

이상의 내용을 종합해 볼 때, 영유아보육이란 영유아를 건강하고 안전하게 보호 · 양육함과 동시에 영유아의 발달적 특성에 적합한 교육을 제공하는 제반 활동이라고 할 수 있다.

2) 보육의 필요성

영유아보육의 필요성이 증가한 이유를 기혼여성의 사회 진출 활성화, 가족 구조와 기능의 변화, 자녀양육에 대한 사회적 책임 확대, 보편적 서비스로서의 보육, 자녀양육에 대한 전문화 추구 및 아동 양육의 가치관 변화, 영유아 및 아동에 대한 인식의 변화, 개인 생활 양식의 다양화 등 여러 가지로 들 수 있다(윤애희 외, 2005; 장미경 외, 2006).

보육의 필요성을 사회 변화와 관련하여 구체적으로 살펴보면 다음과 같다(보건복지부, 2013e; 여성가족부, 2006).

첫째, 가족 구조의 변화 및 가정 내 돌봄 기능의 약화이다. 우리나라는 급속한 산업화 · 도시화 · 서구화 등의 사회적 환경 변화로 핵가족이 보편화되고 가족해체가 증가하였으며, 가족 구조의 변화는 전통적인 가족 구조에서 당연시되었던 가족 내 자녀양육 기능의 약화를 초래하였다. 우리나라의 가족은 끊임없는 변화 속에서 예전에는 가정에서 이루어지던 기본생활습관이나 가치관의 전달 등이 어려워지며, 이혼율의 증가나 사별로 인한 한부모가정의 증가 등으로 가족 구조가 다양해진 것도 자녀양육과 보육에 대한 필요성을 증가시키는 요인이다.

둘째, 출산율의 저하 및 고령화 사회의 도래이다. 우리나라의 합계출산율은 1970년 4.53명에서 2005년 1.08명으로 급격히 감소하였으며, 2000년까지만 해도 연간 60만 명 이상이던 출생아 수 또한 최근 40만 명대로 떨어진 데 이어 이마저도 위협받는 상황이 되었다. 이러한 출산율 저하와 출생아 수 감소는 경제 활동인구 감소를 초래하여 인구 고령화를 가속화시킴으로써 국가 경쟁력을 약화시킨다.

이러한 우리나라의 낮은 출산율은 |그림 1-1|과 같이 OECD 국가의 평균과 비교해도 가장 낮은 수준이다. 이처럼 저출산과 함께 고령화가 빠르게 진행되고 총인구 감소가 가시화되는 상황은 출산과 양육을 지원하는 정책을 강화하는 배경이 되며 이와 함께 영유아보육의 필요성이 더욱 강조되고 있다.

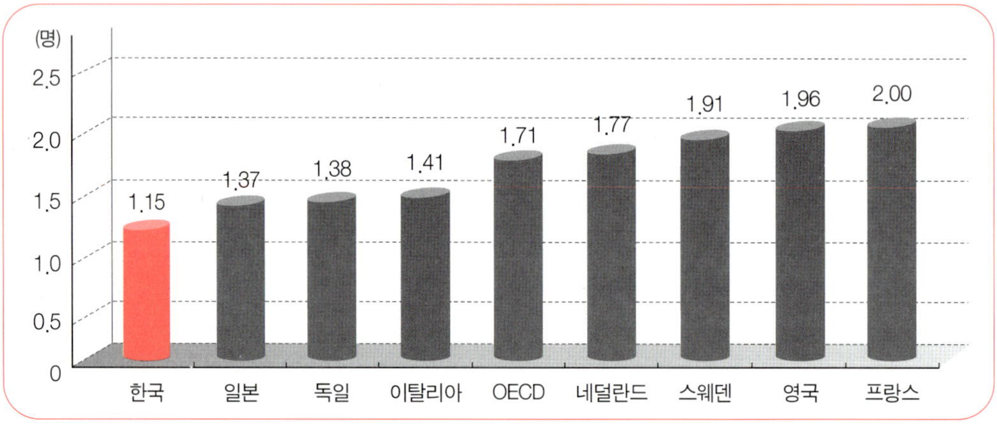

|그림 1-1| OECD 국가의 합계출산율 현황

|출처| 대한민국정부(2011). 제2차 저출산 고령사회 기본계획-새로마지플랜 2015. 재인용.

셋째, 우리나라 여성의 교육 수준이 향상되고 경제 활동에 참여하는 기혼여성도 증가하였지만 주요 선진국들에 비하면 아직 낮은 수준이다. 1990년 여성의 경제 활동 참가율은 47.0%였고 2000년 48.6%로 1.6% 증가, 2010년 49.2%로 0.6% 증가하는데 그쳤다. 최근 여성 경제 활동 참가율이 지속적으로 상승하여 2016년 56.2%를 기록하였으나 OECD 국가의 평균 61.3%에 비하여 현저히 낮은 수준이다(통계청, 2012).

또한 우리나라 여성의 경제 활동은 출산 · 육아로 인하여 노동시장에서 이탈한 이후에 하향 재진입하는 M자 곡선이 구조화되어 있는 반면 주요 선진국은 남성과 유사한 역U자 형을 이루고 있다. 이는 가정 내에서 남성의 육아와 가사 참여가 부족하고 육아 부담은 여성에게 편중되어 있으며, 과도한 근로 시간과 육아지원 환경의 미비 등 가족 중심의 사회여건이 충분히 조성되지 않고 있는 점과 관련이 있다. 따라서 부모가 직장 생활과 자녀양육을 조화롭게 영위할 수 있는 환경 조성을 위해 노력하고 맞벌이 부부에 대한 지원 등의 방안으로 보육에 대한 사회적 필요성이 증가하고 있다.

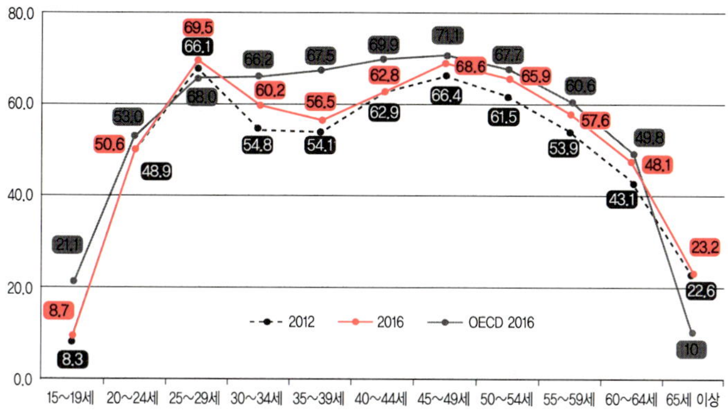

| 그림 1-2 | 우리나라의 연령별 여성의 경제 활동 참가율

| 출처 | 보건복지부(2017b). 제3차 중장기보육 기본계획.

넷째, 인적 자원의 조기 개발 측면에서도 모든 아동에게 질 높은 보육 서비스 제공이 요구된다. 영유아기는 전 생애에 걸쳐 영향을 미치는 중요한 발달적 시기로서 질 높은 보육 서비스는 영유아기의 발달에 긍정적으로 작용한다. 영유아기의 발달 정도는 후기 학습과 제반 발달에 크게 영향을 미친다. 이 시기에 발달이 긍정적으로 이루어질 경우는 이후의 발달에도 긍정적인 영향을 미치게 된다. 인간에 대한 투자 중 미취학 아동에 대한 투자가 가장 효율적이라는 | 그림 1-3 | 과 같은 외국의 연구 결과도 있다. 따라서 생의 초기 단계인 영유아기에 질 높은 보육 서비스를 제공해야 할 필요성이 제기된다.

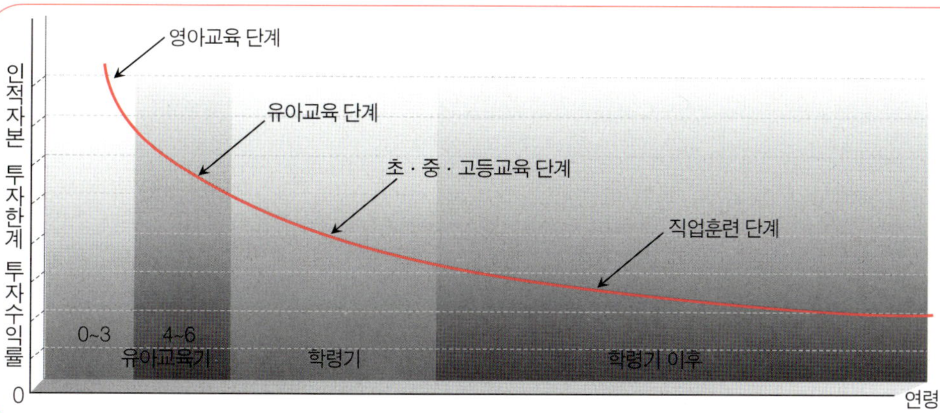

| 그림 1-3 | 영유아기의 인적 자원 투자 대비 회수 비율

| 출처 | 보건복지부(2013e). 제2차 중장기보육 기본계획.

부모들의 목소리-함께 읽어보아요

"우리나라 자녀양육할 만한 현실이 … 맞벌이 부부한테는 너무 가혹한 것 같아요. 가정의 개인에게만 맡겨 놓으면 … 뭐, 50~100인 이상 사업장은 탁아소 시설 설치를 의무화한다든지, 아니면 베이비시터를 정규직화해서 그것을 각 집마다 보내주든지…."

"계속 애들 걱정을 해야 되니까요. 회사에 있어도 오늘 회식이 생긴다든가 '오늘도 누가 먼저 가야 되지?' 라든가 아니면 회식을 하다가도 더 이상 늦게까지 못 있고 빨리 가야 된다는 생각이 든다 … 이제 회사생활 내에서 끝나고 사람들이랑 어울리기도 하고 그래야 되는데 그게 좀 힘드니까, 현재로서는, 뭐, 그런 부분도 사실 사회생활의 연장선인데 필요한 부분인데…."

"사실은 뭐 고민이 많이 돼요. 어떻게 해야 되지? 그러니까 두 가지의 어떤 가치 중에서 어떤 걸 우선해야 될지 … 내 그런 미래에 대한 내 욕심과 또 하나는 집안 양육에 … 그 두 가지 중에 여기(직장)도 잘 하고 싶고 여기(가정)도 잘하고 싶은데, 상당히 같이 양립하기가 쉽지 않더라고, 이게 비단 나만의 고민은 아니겠죠? 모든 사람들의 고민일 텐데…."

| 출처 | 채화영(2012). 육아기 맞벌이 남성의 일 · 가정 양립 경험 연구. 부분 발췌.

2 보육의 의의

영유아보육의 의의는 영유아의 보호 및 교육과 가정복지의 증진이라는 두 가지 측면에서 생각해 볼 수 있는데, 「영유아보육법」 제1조에도 동법의 목적을 '영유아의 심신을 보호하고 건전하게 교육하여 건강한 사회 구성원으로 육성함과 아울러 보호자의 경제적 · 사회적 활동이 원활하게 이루어지도록 함으로써 영유아 및 가정의 복지 증진에 이바지함을 목적으로 한다' 라고 명시하고 있다.

1) 영유아의 보호 및 교육

보육이 영유아를 건강하고 안전하게 보호 · 양육함과 동시에 영유아의 발달적 특성에 적합한 교육을 제공하는 제반 활동이라고 할 때, 보육을 통해 제공하는 보호 및 교육활동은 영유아의 성장과 발달에 유익한 것이어야 한다. 영유아가 초기에 겪게 되는 긍정적 경험은 또래나 성인과의 상호작용에 긍정적인 영향을 미칠 뿐만 아니라, 이후 영유아가 사회생활을 즐기며 자신에게 주어진 일들을 잘 수행하도록 하는 자신감과 자아존중감 등을 향상시킨다.

현대사회의 영유아는 가족 기능의 약화나 맞벌이 부모의 증가 등으로 인해 그 어느 때보다 더 힘든 생활을 한다. 잠도 덜 깬 아침 이른 시간부터 어린이집이나 유치원에 등원하여 저녁 늦은 시간까지 혹은 야간까지 지내기도 한다. 이렇게 오랜 시간을 어린이집이나 유치원에서 보내는 영유아에게 쾌적하고 안전한 환경과 충분한 영양 및 휴식을 제공하며 발달적 요구에 반응하는 일은 무엇보다도 중요하다. 이러한 과정을 통해 영유아는 부모 이외에도 타인(교사 등)과 신뢰를 쌓아가며 건강한 발달을 할 수 있을 것이다.

모든 아동은 자신의 능력을 개발하기 위해서 교육받을 권리가 있다(이순형 외, 2005). 보육을 통해 제공되는 다양한 활동을 통해 영유아는 잠재되어 있는 능력을 개발하고 전인발달을 도모할 수 있다. 즉, 질적으로 수준 높고 올바른 보육을 통해 영유아는 신체 발달, 인지 발달, 언어 발달 및 사회 · 정서 발달을 이루고 유능한 사회의 한 구성원으로 성장하는 것이다.

2) 가정복지의 증진

우리나라의 가족 유형은 부부 및 미혼자녀로 구성된 가족뿐만 아니라 한부모가족 등의 다양한 가족 형태를 나타내는데, 핵가족화 현상이 특징적이다(김경희 외, 2006). 핵가족화로 인해 기혼여성이 경제 활동을 할 경우 대가족 사회에서처럼 조부모를 비롯한 같은 가정 내에서의 자녀양육 지원이 어려워지게 되었고, 한부모가정의 경우도 가정에서의 자녀양육에 어려움이 있으므로 자녀양육에 대한 사회화의 필요성이 증대되었다.

보육은 기혼여성들의 경제 활동과 사회 진출을 지원함으로써 영유아의 가정에 경제적 · 사회적 지지를 제공한다. 맞벌이로 인한 가계소득의 증진은 가정생활을 보다 풍요롭게 하는 측면이 있다. 따라서 기혼여성이 자녀양육에만 얽매이지 않고 보다 자유롭게 사회생활을 하도록 지원하고 보육을 통해 자녀양육을 보완함으로써 가계의 소득증진을 지원하는 일은 가족복지를 증진시키는 일이라 할 수 있다(장미경 외, 2006).

생각해 보아요

최근 여성의 경제 활동 참여가 늘어나고 맞벌이가 증가하는 상황에서 일-가정 양립을 위한 제도 및 정책에는 어떤 것이 있는지 조사해 보고, 자녀를 양육하는 맞벌이 부모들이 가장 원하는 정책이나 제도는 어떤 것인지에 대해 브레인스토밍 해보아요.

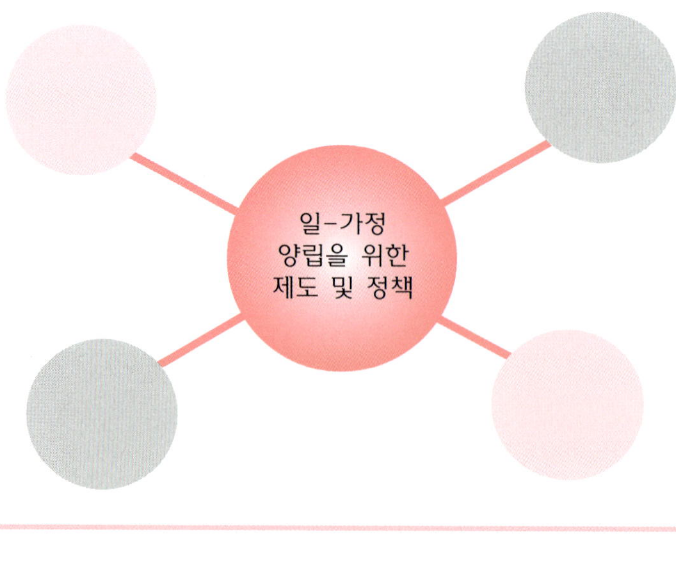

Chapter 02

Introduction to Child Care & Education

보육의 역사

1 우리나라 보육의 역사

2 우리나라의 보육 현황

3 외국의 보육 현황

우리나라 보육의 역사는 해방 이전부터 시작되었으며 현재에 이르기까지 많은 양적 · 질적 변화를 이루어왔으며, 보육에 대한 인식도 개인이나 한 가족의 책임으로 보기보다는 국가적 · 사회적 책임으로 인식하기에 이르렀다. 또한 최근에는 출산율 저하 및 보육에 대한 사회적 관심의 증대로 보육의 질적 수준 향상에 대한 관심이 높아졌다.

본 장에서는 우리나라 보육의 역사 및 현황을 알아보고 보육선진국들의 보육제도와 현황을 알아봄으로써 앞으로 우리의 보육이 나아가야 할 방향에 대한 시사점을 얻고자 한다.

1 우리나라 보육의 역사

우리나라의 보육제도는 보건복지제도의 틀 속에서 발전되어 왔는데 1921년 태화기독교사회관에서 시작된 보육정책은 최초의 보육 서비스가 시작된 이후 「아동복리법」이 제정되고 해방 후부터 시작하여 「아동복리법」이 제정되고 「영유아보육법」이 제정되기 전까지의 도약기(1945~1991년), 「영유아보육법」이 제정되고 보육시설의 양적 · 질적 발전이 이루어지는 확대 · 발전기(1991~2004년) 및 2004년 「영유아보육법」의 전 개정이 이루어진 질적 변화기(2004년), 이후 공보육 조성을 위한 제도적, 정책적 변화가 이루어지면서 현재에 이르는 공보육 조성기(2006년~현재)로 구분할 수 있다.

1) 태동기

우리나라 최초의 보육 서비스는 1921년 서울의 태화기독교사회관에서 보육 프로그램을 개설함으로써 시작되었다. 이후 1926년 부산공생탁아소와 대구탁아소의 2개 시설이 설치된 것을 계기로 1939년 전국에 11개소의 공 · 사립 보육시설에서 435명의 어린이가 보육을 받은 것으로 기록되어 있다(전남련 외, 2004).

2) 도약기(1945~1991년)

1945년 광복 이후부터 1960년까지는 6 · 25전쟁을 전후한 정치적 · 사회적 혼란기였기 때문에 정부가 보육사업에 대한 뚜렷한 방침을 세우지 못하였으며, 당시 전쟁으로 인해 대량으로 발생한 전쟁고아나 기아와 미아 등 보호가 필요한 아동을 위한 각종 수용보호시설이 외국의 원조에 의해 세워졌다.

이후 1961년 12월 「아동복리법」이 제정, 공포되면서 본격적으로 보육사업이 실시되었다. '탁아소'가 법정시설로 인정되면서 보육시설에 대한 설치근거가 마련되었으며 「아동복리법」에는 보육시설의 설치 기준, 직원 배치 기준, 보육 기간, 보육내용 등이 구체적으로 규정되었다. 그러나 이 시기의 탁아사업은 사회적 · 문화적으로 소외된 저소득층과 경제성장을 위한 노동력 공급의 차원에서 맞벌이 부부들의 자녀들을 보호(표갑수, 2004)하기 위한 일환이었다고 할 수 있다.

1982년 「유아교육진흥법」이 제정되어 기존의 어린이집, 새마을협동유아원 및 농번기 탁아소 등을 새마을 유아원으로 통합하여 이를 내무부에서 관장하고 운영하게 되었다. 이와 함께 새마을 유아원에 대한 지원체계에 있어 관할 영역 및 내용에 따라 교육부, 내무부, 보건사회부가 각각 맡게 되었고 유치원과 새마을 유아원이 공인된 유아교육기관으로 존재하게 되었다.

「아동복리법」이 제정된 1961년부터 1991년 「영유아보육법」이 제정되기 전까지의 이 시기 동안 우리나라 보육사업의 발전과정을 이현섭 등(2006)은 다음 |표 2-1|과 같이 정리하였다.

1991년 이전까지 보건사회부에서는 「아동복리법」에 의해 보육사업을 실시하였지만 영유아보육에 관련된 사업이 여러 부처에 흩어져 있어 제각기 독자적으로 관리 · 운영됨에 따라 정부 재정의 비효율적 투자는 물론 영유아에 대한 체계적이고 효율적인 보육을 실시하는 데 어려움이 노출되었다.

|표 2-1| 도약기 우리나라 보육사업의 발전과정(1961~1991)

시행일	내용	관련 근거	비고
1962~1981	• 복지부 주관으로 탁아사업 실시 (어린이집 691개소 설치 · 운영)	아동복리법	보건사회부
1981. 4. 13.	• 아동복리법을 아동복지법으로 전문 개정	아동복지법(법률 제3438호)	보건사회부
1982년 이후	• 어린이집 691개소를 '새마을 유아원'으로 흡수 · 운영 – 법 제정 · 장학 지도: 교육부 – 시설 운영 · 행정 지도: 내무부 – 보건 의료: 보건사회부	유아교육진흥법	문교부
1987. 12. 4.	• 직장탁아제 도입	남녀고용평등법	노동부
1989. 9. 19.	• 탁아사업 실시 근거 부활	아동복지법 시행령	보건사회부
1990. 1. 15.	• 탁아시설의 설치 · 운영 근거 마련	탁아시설의 설치 · 운영 규정	보건사회부
1991. 1. 14.	• 영유아보육법 제정 · 공포 (법률에 의한 보육사업 실시) – 보육사업을 보건복지부로 일원화 – 종전 단순 '탁아'에서 보호와 교육을 통합한 '보육'으로 기능 확대	영유아보육법	보건사회부
1991. 8. 1.	• 영유아보육법 시행령 제정 · 공포	영유아보육법 시행령	보건사회부
1991. 8. 8.	• 영유아보육법 시행규칙 제정 · 공포	영유아보육법 시행규칙	보건사회부
1991. 8. 26.	• 탁아시설의 설치 · 운영 규정 폐지	탁아시설의 설치 · 운영 규정	보건사회부

|출처| 이현섭 외(2006). 보육학개론.

3) 확대 · 발전기(1991~2004년)

우리나라의 영유아보육사업은 1991년 「영유아보육법」이 제정, 공포되면서 양적 · 질적으로 확대되고 발전하기 시작하였다. 1991년 제정, 공포된 「영유아보육법령」은 그동안 내무부와 교육부로 분리되어 있던 보육사업의 주관부처를 보건사회부로 일원화하여 「교육법」에 의한 유치원 혹은 「영유아보육법」에 의한 보육시설로 전환하도록 하였고 보육정보센터를 설치하도록 함으로써 비로소 보육사업의 체계가 구축되었다. 또한 영유아보육사업의 개념을 기존의 '탁아' 개념에서 보호와 교육을 통합한 '보육' 사업의 개념으로 확대 · 발전시켰다.

특히 이 시기는 우리나라 보육의 양적 확대기로서 어린이집 수는 1995년 9,085개소이던 것이 2004년에는 26,903개로 늘어났으며 보육아동도 급격히 증가하였다. 그러나 보육사업이 규모 면에서는 급격히 팽창하였으나, 어린이집은 민간 위주로 확충되어 이후 보육 서비스의 질적 수준에 대한 제기가 잇따르는 원인이 되고 있다. 1991년 「영유아보육법」이 제정된 이후에 보육시설 수는 약 15배, 이용 아동 기준으로는 20배 이상 증가하였다.

이 시기의 연도별 보육시설 및 보육아동의 변동 현황은 |그림 2-1| 과 같다.

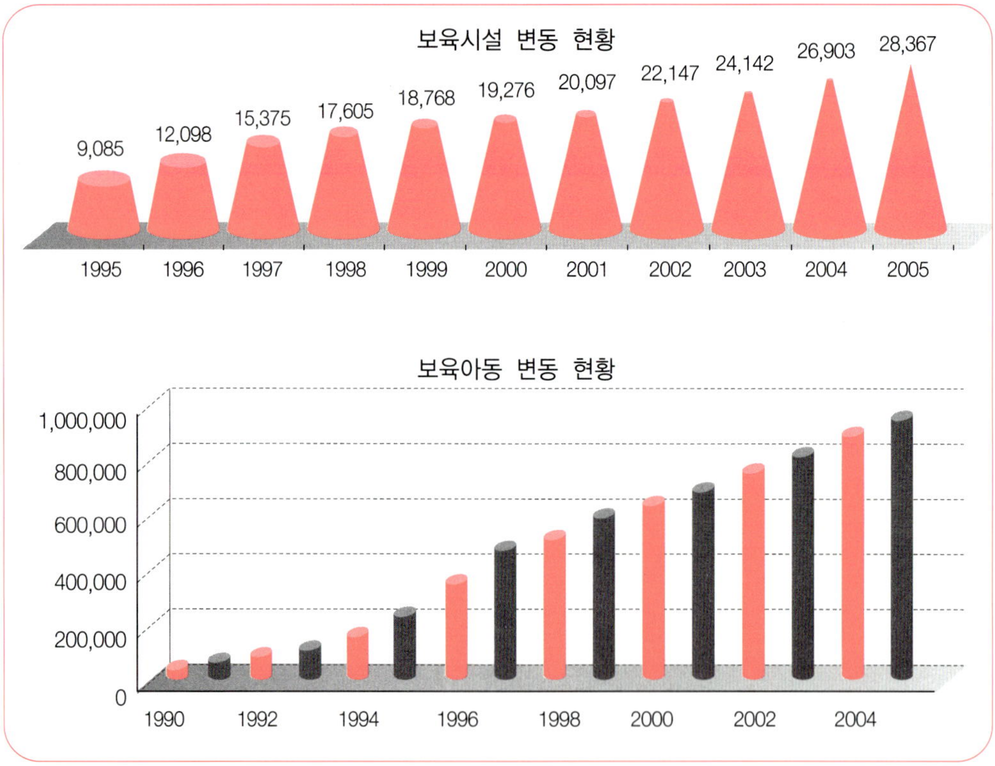

|그림 2-1| 연도별 보육시설 및 보육아동 변동 현황(확대 · 발전기)

이후 영유아보육에 대한 수요가 급증하고 보육의 양적인 성장 못지않게 질적인 측면에서의 균형과 내실을 추구하는 목소리가 높아지면서 1997년 말에는 「영유아보육법」이 일부 개정되었다. 이 시기에 보육사업의 심의기관으로는 중앙보육위원회를, 특별시와 광역시를 비롯한 도, 시, 군, 구 등의 지방에는 지방보육위원회를 두도록 하였다.

4) 질적 변화기: 「영유아보육법」 전면 개정(2005년)

1991년 제정된 「영유아보육법」은 부분적인 개정을 거듭해 오다 2004년 12월 전면 개정되어 2005년 1월 30일부터 시행되었다. 2005년에 개정된 「영유아보육법」은 다음과 같은 특성을 반영하였다(이순형 외, 2005; 장미경 외, 2006).

첫째, 보편주의 보육이념의 강화이다. 개정된 「영유아보육법」 제1조에서는 보육 대상을 한정 짓지 않고 전체 영유아를 대상 범위로 확대하였다. 이러한 보편주의 보육의 명시는 영유아보육이 더 이상 선별적인 서비스가 아니라 보편적인 서비스임을 의미한다.

둘째, 아동권리의 기본 원칙 표명이다. 「영유아보육법」 제3조에 보육이념 조항을 신설하여 보육에서 영유아의 이익이 최우선으로 고려되어야 한다는 것과 어떤 종류의 차별도 받지 않고 보육되어야 한다고 규정하였다.

셋째, 보육을 범정부적 정책과제로 설정하였다. 보육은 단일부처만의 업무가 아니라 관련부처와의 협의를 바탕으로 이루어져야 한다고 강조한다.

넷째, 보육의 공공성 강화이다. 즉, 정부가 보육시설에 대한 관리감독을 강화하도록 하고 지방자치단체에서도 보육정책 수립에 적극적인 자세로 임할 책임을 부과하였다.

다섯째, 보육의 전문성 강화이다. 보육에 관한 연구와 정보 제공, 프로그램 개발, 종사자 연수 등의 업무를 수행하도록 명시함은 물론 보육교사의 국가자격증제도 도입 및 표준보육과정 개발과 보급을 강조한다. 또한 영양, 건강, 안전 등과 관련된 조항을 강화하였다.

여섯째, 수요자 참여 활성화이다. 보육수요자인 부모들이 보육정책을 수립하고 운영하는 데 자발적으로 참여하도록 유도한다.

5) 공보육 조성기(2006년)

(1) 제1차 중장기보육 기본계획-'새싹플랜(2006~2010)'과 '아이사랑플랜(2009~2012)'

2004년 보육사업의 주무부서가 보건복지부에서 여성부로 이관되었고, 2006년 여성가족부는 공보육 강화를 위해 중장기보육계획인 '새싹플랜(2006~2010)'을 발표하였다. '새싹플랜(2006~2010)'은 보육정책의 목표를 크게 보육의 공공성 강화와 양질의 보육 서비스 제공으로 설정하고 공보육 기반 조성, 부모의 육아부담 경감, 다양한 보육 서비스 제공, 부모와 아동 중심의 보육환경 조성, 보육 서비스 관리체계의 강화라는 5가지의 주요 정책과제를 제시하였다.

공보육 기반 조성을 위해 중장기 수급계획에 따른 보육시설 확충과 국·공립 보육시설의 확충, 기본보조금제도를 도입하였으며, 부모의 육아부담을 경감하기 위해 보육비용 지원을 확대하고 영아보육을 활성화하며 취업 부모에 대한 지원을 강화하였다. 다양한 보육 서비스를 제공하기 위해 보육시설 이용 시간을 다양화하고 장애아보육을 활성화하며 농어촌의 보육 서비스를 확대하였다. 또한 방과후보육 프로그램과 포괄적 보육 서비스 등을 활성화하고자 하였다. 그리고 부모와 아동 중심의 보육환경 조성을 위해 보육시설 환경을 개선하고 건강·영양·안전관리의 강화 및 보육인력의 전문성 제고와 처우를 개선하고자 하였다. 또한 표준보육과정을 개발·보급하였다. 마지막으로 보육시설 평가인증 시스템 구축, 보육행정 시스템 구축 및 지자체 보육정책 활성화와 지역사회 참여 및 시설 운영 투명성 제고, 보육사업 추진 관련 인프라 확충 등을 통한 보육 서비스 관리체계의 강화를 시도한 시기라고 할 수 있다. 이 시기 동안에 보육료 전액 지원 대상이 확대되어 부모의 보육료 부담이 경감되었고 어린이집 평가인증 참여

율도 늘어났으며 표준보육과정이 개발 · 보급되었다.

2009년에는 '새싹플랜(2006~2010)'을 수정 · 보완하여 '아이사랑플랜(2009~2012)'이 수립 · 시행되었다. 이 시기에는 보육료 전액 지원 대상 아동이 더 확대되었고 보육 전자 바우처(아이사랑 카드)가 도입되었으며 어린이집 미이용 영유아에게 양육수당을 지원하게 되었다. 그리고 믿고 맡길 수 있는 어린이집을 확충하기 위해 국 · 공립 어린이집 수준으로 품질 향상을 도모하고자 공공형 · 자율형 어린이집이 도입되었으며, 2013년부터 적용된 「영유아보육법 시행령」 및 「시행규칙」 일부 개정안에서는 보육교직원의 전문성 강화를 위한 자격제도를 개선하여 원장과 보육교사의 자격제도를 강화하는 등 보육 서비스의 질 향상을 위한 다양한 노력들이 진행되었다.

(2) 제2차 중장기보육 기본계획(2013~2017)

2013년 0~5세 전 계층의 영유아에게 보육료와 양육수당이 지원되기 시작하였으며, 5세 누리과정에 이어 3-5세 누리과정이 전면 실시되었다. 그리고 제1차 중장기 기본계획인 '새싹플랜(2006~2010)'과 이를 수정 · 보완한 '아이사랑플랜(2009~2012)'에 이어 '아이는 행복하고 부모는 안심할 수 있는 세상'을 위한 중장기 전략으로 한 「제2차 중장기보육 기본계획(2013~2017)」이 발표되었다. 이것은 새로운 보육환경 변화와 정부의 국정철학을 담아 마련된 것이다(보건복지부, 2013e). 「제2차 중장기보육 기본계획(2013~2017)」은 모든 아이에게 양질의 교육과 돌봄 서비스를 제공하여 가능한 최적의 출발선(The Best Possible Start) 기회를 부여하고 일과 가정의 양립, 가계 부담 완화, 미래 인적 자원 투자를 위한 보육에 대한 국가 책임제 실현이라는 비전을 제시하였다.

(3) 제3차 중장기보육 기본계획(2018~2022)

무상보육 도입, 여성의 경제 활동 증가 등으로 어린이집 이용률이 증가하는 상황에서 아동학대와 관련된 사회적 이슈들이 발생하다 보니 부모들은 자녀를 믿고 맡길 수 있는 어린이집에 대한 요구가 많아지고 있다. 이에 따라 보건복지부(2017b)는 보육의 공공성 강화와 보육 서비스 품질 향상에 중점을 두고 '보육 · 양육에 대한 사회적 책임 강화'를 위한 제3차 중장기보육 기본계획(2018~2022)을 발표하였다. 제3차 중장기보육 기본계획은 보육의 공공성 강화, 보육체계 개편, 보육 서비스의 품질 향상, 부모 양육 지원 확대 분야로 나누어져 있다. 지금까지 보육의 국가책임에 대한 기반을 조성해 왔다면, 앞으로 보육과 양육에 대한 사회적 책임을 확대하는 방향으로 보육정책이 이루어질 것이다.

국가책임보육 기반 조성(~'17)

- 어린이집의 양적 확충
- 부모의 경제적 부담 완화
- 부모교육 등 편의 증진

→

보육 양육에 대한 사회적 책임 확대

- 우수한 보육 서비스 제공
- 어린이집의 공공성과 신뢰 증진
- 부모의 양육 역량 강화

2 우리나라의 보육 현황

우리나라의 보육 현황을 살펴보면 1991년에 「영유아보육법」이 제정된 이후에 어린이집 수나 보육아동 수는 모두 계속 증가해 왔다. 그러나 양적 증가의 이면에 질적 수준에 대한 문제가 항상 제기되어온 것도 사실이다. 그리고 보육에 대한 사회와 국가의 관심을 반영하는 보육도 증가하여 왔으나 OECD 국가들과 비교하면 아직도 부족한 수준이며 이마저도 일부 시설에 편중되어 있는 실정이다. 우리나라 보육의 현황을 어린이집 및 보육아동 현황과 보육 관련 기구의 현황으로 나누어 살펴보았다.

1) 어린이집 및 보육아동 현황

우리나라의 보육 현황은 2016년 12월 말 현재 약 4만여 개소의 어린이집에서 약 140만 명의 아동이 보육을 받고 있다. 보육통계에 나타난 우리나라의 보육 현황을 어린이집과 보육아동을 중심으로 살펴보면 |표 2-2|와 같다.

|표 2-2| 어린이집 및 보육아동 현황 (2016. 12. 31. 기준)

구분		계	국·공립 어린이집	사회복지 법인 어린이집	법인, 단체 등 어린이집	민간 어린이집	가정 어린이집	협동 어린이집	직장 어린이집
어린이집 수(%)		41,084 (100.0)	2,859 (7.0)	1,402 (3.4)	804 (2.0)	14,316 (34.8)	20,598 (50.1)	157 (0.4)	948 (2.3)
보육아동수	정원 (%)	1,767,224 (100.0)	197,365 (11.2)	134,189 (7.6)	58,511 (3.3)	927,517 (52.5)	374,907 (21.2)	5,052 (0.3)	69,683 (3.9)
	현원 (%)	1,451,215 (100.0)	175,929 (12.1)	99,113 (6.8)	45,374 (3.1)	745,663 (51.4)	328,594 (22.6)	4,240 (0.3)	52,302 (3.6)
	이용률	82.1	89.1	73.9	77.5	80.4	87.6	83.9	75.1

|출처| 보건복지부(2016). 보육통계.

시설 유형별 구성 비율을 보면 국 · 공립 어린이집과 법인 어린이집 등 공공성이 비교적 강한 어린이집의 수는 매우 제한적임을 알 수 있다. 그 대신 개인이 설치 · 운영하는 어린이집이 대다수로 2016년 12월 현재 민간 어린이집과 가정 어린이집이 전체 어린이집의 80% 이상을 차지하고 있다. 국 · 공립 어린이집 확충을 위한 여러 가지 정책과 노력에도 불구하고 아직 부족한 실정임을 알 수 있다. 그러나 한편으로는 지속적인 출산인구의 감소로 인해 전체 어린이집의 이용률은 정원 대비 약 80% 정도이다. 어린이집 이용률은 국 · 공립 어린이집이 상대적으로 높으나 대부분 저조한 상태이다. 이에 따라 인건비를 지원받는 '정부지원 어린이집'과 공공기관 또는 고용보험기금으로부터 운영비를 지원받는 직장 어린이집을 제외하고 민간 어린이집 및 가정 어린이집 등을 중심으로 공공형 어린이집을 선정하여 운영하고 있다. 공공형 어린이집이란 우수한 어린이집을 선정하여, 운영비를 지원하고 양질의 보육을 영유아에게 제공하는 등 우수 보육인프라로서 기능할 수 있도록 하는 제도이다(보건복지부, 2017a).

2) 보육 관련 단체 및 기구

「영유아보육법」에 명시된 보육 관련 기구로는 보육정책조정위원회, 보육정책위원회, 육아종합지원센터, 보육개발원, 한국보육진흥원이 있다.

(1) 보육정책조정위원회

보육정책에 관한 관계부처 간의 의견을 조정하기 위하여 국무총리 소속으로 보육정책조정위원회를 둔다. 보육정책조정위원회는 다음 각 호의 사항을 심의 · 조정한다(「영유아보육법」 제5조).

- 보육정책의 기본 방향에 관한 사항
- 보육 관련제도 개선과 예산지원에 관한 사항
- 보육에 관한 관계부처 간 협조 사항
- 그 밖에 위원장이 회의에 부치는 사항

(2) 보육정책위원회

보육에 관한 각종 정책 · 사업 · 보육지도 및 어린이집 평가인증 사항 등을 심의하기 위하여 보건복지부에 중앙보육정책위원회를, 특별시 · 광역시 · 도 · 특별자치도 및 시 · 군 · 구에 지방보육정책위원회를 둔다. 중앙보육정책위원회와 지방보육정책위원회의 위원은 보육 전문가, 어린이집의 원장 및 보육교사 대표, 보호자 대표 또는 공익을 대표하는 자, 관계 공무원 등으로 구성한다(「영유아보육법」 제6조).

(3) 육아종합지원센터

「영유아보육법」 제7조에는 일시보육 서비스를 제공하거나 보육에 관한 정보의 수집 · 제공 및 상담을 위하여 보건복지부장관은 중앙육아종합지원센터를, 특별시장 · 광역시장 · 특별자치시장 · 도지사 · 특별자치도지사 및 시장 · 군수 · 구청장은 지방육아종합지원센터를 설치 · 운영하여야 하고 필요하다고 인정하는 경우에는 영아 · 장애아 보육 등에 관한 육아종합지원센터를 별도로 설치 · 운영할 수 있음을 명시하고 있다.

중앙 및 지방육아종합지원센터는 | 표 2-3 | 과 같은 공통사업과 개별사업을 진행하고 있다.

(4) 보육개발원

「영유아보육법」 제8조에는 보건복지부장관은 보육에 관한 연구와 정보 제공, 프로그램 및 교재 개발, 평가 척도 개발 및 보육교직원 연수 등의 업무를 위하여 보육개발원을 설치하거나 그 업무를 관련 연구기관 등에 위탁할 수 있다고 규정되어 있다. 「영유아보육법 시행령」 제18조에 명시된 보육개발원의 업무 내용은 다음과 같다.

- 보육에 관한 정책의 연구 및 정보의 제공
- 보육 프로그램 및 교재의 개발
- 보육교직원에 대한 연수교재 개발 및 연수
- 어린이집 평가척도의 개발
- 그 밖에 육아종합지원센터, 교육훈련시설 등의 평가 등 보육업무와 관련하여 보건복지부장관이 필요하다고 인정하는 업무

| 표 2-3 | 중앙 및 지방육아종합지원센터 사업

구분	공통사업	개별사업
정보 제공	• 영유아보육에 관한 정보의 수집 및 제공 • 보육교직원에 대한 구인 · 구직 정보의 제공 • 어린이집 이용자에 대한 안내 • 장애아보육, 다문화보육 등 취약 보육에 대한 정보의 제공	• [중앙] 온라인교육 시스템 운영 • [지방] 지역주민의 육아지원(양육상담, 놀잇감 무료대여, 부모강좌 등)
상담	• 영유아보육에 관한 상담 • 보육교직원 및 이용자에 대한 상담 • 어린이집 이용자에 대한 상담 • 보육통합정보 시스템 상담	• [중앙] 전문가 상담 운영 • [지방] 보육통합정보 시스템 관련 상담을 위한 보육통합정보 시스템 헬프 데스크(Help Desk) 운영
교육	• 보육 프로그램 및 교재 · 교구의 연구 및 제공 • 어린이집 평가인증 조력 프로그램 제공 및 교육 • 어린이집 이용자에 대한 교육	• [중앙] 표준보육과정 관련 교육 및 보육 프로그램 보급 • [지방] 보육 프로그램 및 교재 · 교구 대여 • [지방] 어린이집 평가인증 관련 조력 제공
기타	• 대체교사 인력관리 및 운영 • 어린이집 보육컨설팅 지원	• [중앙] 지방육아종합지원센터 운영 지원 • [중앙] 보건복지부장관이 필요하다고 인정하는 업무 • [지방] 보수보육 실시의 위탁 • [지방] 어린이집 급식재료 공동구매 지원 • [지방] 보육도서관 운영 • [지방] 보육정보지 발간 등 보육 관련 홍보 • [지방] 시 · 도지사 또는 시장, 군수 구청장이 필요하다고 인정하는 사항

| 출처 | 중앙육아종합지원센터 홈페이지(http://central.childcare.go.kr/).

(5) 한국보육진흥원

한국보육진흥원(https://www.kcpi.or.kr)은 2009년 설립되어 중앙육아지원센터를 포함하여 어린이집 평가인증(평가인증국), 평가인증 사후관리, 공공형 어린이집의 품질관리(품질관리단), 보육교직원 자격관리 및 역량 개발(보육인력개발국) 및 드림스타트사업 지원(드림스타트사업지원단)에 이르기까지 제반 보육정책 업무를 총괄하고 있는 기구이다.

한국보육진흥원 홈페이지(https://www.kcpi.or.kr)

3 외국의 보육 현황

세계 여러 나라의 보육 현황을 알아보는 것은 각국의 보육제도와 보육 실태를 통해 우리의 보육이 안고 있는 문제점을 진단하고 보육이 나아갈 올바른 방향을 모색하는 데 도움이 되기 때문이다.

주요 보육 선진국들의 보육이념은 다음과 같다(이옥, 2000).

첫째, 보편주의다. 보편주의 교육이란 모든 영유아 및 아동에게 보육을 받을 수 있는 기회를 공평하게 제공하는 것으로 모든 영유아 및 아동을 양육한다는 것은 바로 국가의 책임이라는 인식하에 형성되는 개념이다. 따라서 공보육에 대한 국민의 인식은 자연스러운 것이 되며 보육에 대한 비용 부담도 모든 국민에게 적용된다.

둘째, 아동중심주의다. 보육 선진국들은 아동의 권리 및 아동의 건강한 성장과 발달적 욕구를 가장 우선시하여 보호하고 보장하는 차원에서의 보육정책을 서비스로 이행한다. 더 나아가 아동을 보육의 대상으로만 인식하지 않고 아동의 요구를 실제적으로 반영할 수 있는 제도를 마련함으로써 아동의 참여를 보장하고 장려하는 방향으로 아동중심주의 보육제도를 실천하고자 한다.

셋째, 민주주의와 실증주의다. 보육 선진국들의 보육은 부모와 아동의 특성을 고려한 보육 서비스 실천으로 이어져 소외되는 아동이 없도록 함은 물론 보육시설 운영에도 부모와 아동의 적극적인 참여가 장려된다. 또한 과학적이고 객관적인 검증의 절차를 중시하는 실증주의 보육정책으로 정확한 자료 수집과 분석이 보육 서비스의 실천에 있어 중요한 부분을 차지하고 있다. 최근 들어 보육 선진국에서 보육에 대한 책임을 중앙정부에서 지방정부로 이관하는 경향을 볼 수 있는데 이는 보다 정확하고 세밀한 보육의 욕구를 정책에 반영하려는 움직임이라 할 수 있다.

이러한 보육이념을 제도화하고 실천하고 있는 외국의 보육제도 및 현황을 스웨덴, 일본, 미국, 호주를 중심으로 살펴본다.

1) 스웨덴

스웨덴은 보편주의에 입각한 공보육이 활성화되어 있는 대표적인 사회 민주주의 국가이다. 스웨덴의 복지 제도는 세계에서 가장 잘 되어 있는 것으로 인정되고 있으며 보육제도도 예외가 아니다(장미경 외, 2006).

스웨덴의 보육은 크게 1~5세 영유아 대상의 취학전 보육 서비스와 6~12세 아동이 대상인 학령기 보육으로 구분하여 볼 수 있다. 스웨덴에서의 의무 교육은 7세에 시작하지만 거의 모든 6세 아동이 초등학교에 편입된 유아학급에 다니고 있다. 따라서 대개 취학전 보육은 1~5세 영유아를 대상으로 하는데 구체적인 취학전 보육 유형으로는 푀르스콜라(förskola, preschool), 개방형 푀르스콜라(offna förskola, open preschool), 가정 보육(familie daghem, family day-care) 등이 있다(한유미 외, 2005).

푀르스콜라는 부모가 취업 혹은 학업 중이거나 육아 휴직, 실직 상태 등에 있는 경우 또는 특별한 도움을 필요로 하는 1~5세의 영유아를 대상으로 하는 종일제 보육시설이다. 시간은 대체로 오전 7시부터 오후 6시까지 주 5일간 개방된다(OECD, 2004). 2003년 푀르스콜라에 등록한 영유아는 1세 40%, 2세 78%, 3세 83%, 4세 88%, 5세 89% 등이다.

개방형 푀르스콜라는 집에서 자녀를 양육하는 부모나 가정 보육을 하는 사람들을 위한 보육시설이다. 다른 보육 유형에 비해서 덜 형식적이고 부모와 함께 시설에 참여하는 것이 특징이다.

가정 보육 서비스는 시골 및 소도시에 많은 보육 형태로 지방자치단체로부터 가정 보육을 할 수 있도록 인정을 받은 사람들이 자신의 집에서 영유아를 보육하는 것을 말한다. 1~12세까지의 아동이 모두 대상이 된다.

이외에도 학교 기능을 보충하려는 목적을 가지고 만들어진 보육시설로 레저타임 센터(leisure-time center)나 개방형 레저타임 센터(open leisure-time center) 등이 있다.

스웨덴 교육통계(2004)에 따르면, 현재 스웨덴에는 38만 5,412명의 취학전 아동과 34

만 8,121명의 학령기 아동 등 총 73만 3,533명의 아동이 보육을 받고 있다.

스웨덴의 보육제도 및 정책의 특징을 요약하면 다음과 같다(양옥승, 1998).

첫째, 스웨덴 보육제도의 가장 두드러진 특징은 7세 미만의 모든 아동에 대해 교육과 보호를 담당하는 행정부서가 보건사회부로 일원화되어 있다는 점이다. 이것은 30년이라는 비교적 짧은 기간에 아동보육제도의 발전이 효과적으로 이루어지는 데 큰 몫을 담당했을 것이다.

둘째, 스웨덴은 어린 영아에 대해서는 가정에서의 양육을 적극적으로 지원하는 프로그램을 확대하고 유아(생후 15개월 이후)에 대해서는 각종 시설에 의한 보육 서비스를 확대해 왔다. 아동의 연령별 보육 서비스를 다양화하면서도, 영아보육시설의 확대보다는 가정에서의 양육을 지원하는 부모 휴직 제도와 같은 양육 지원 프로그램을 발달시킨 것이다.

셋째, 스웨덴에서는 1970년 이후 보육제도의 확대 과정에서 20년간 공립 보육시설을 중점적으로 확충하였다. 공립 보육시설의 확대 정책에 의해 스웨덴의 보편주의적 현행 보육제도로 발전할 수 있었을 것이다.

넷째, 스웨덴의 보육제도는 보건사회부와 지방자치단체의 책임과 통제하에 있으면서도 보육 프로그램이 다른 국가와 비교하여 볼 때에 '교육'을 매우 강조한다. 이것은 취학전 아동에게 '교육 활동'을 제공하는 유치원의 역할을 다양한 형태의 보육시설에서 담당하고 있기 때문이다.

다섯째, 스웨덴의 아동보육제도는 가족복지 정책에서 가장 중요하고 우선적인 영역으로 간주되어 왔다.

여섯째, 스웨덴의 아동보육에 대한 공적 지원 체계의 발전은 최근 30여 년 동안 발전된 것이다.

2) 일본

일본은 현재 우리나라가 직면하고 있는 저출산과 고령화 문제에 일찍 직면하면서 1994년에 엔젤플랜(Angel Plan)을 제시한 데 이어 1999년 신엔젤플랜(新 Angel Plan)이라는 국가 주도의 구체적인 보육정책을 제시하기에 이르렀다. 2003년에는 '차세대육성지원대책 추진법안'을 마련하였는데, 주요 내용은 어린 자녀를 가진 남녀가 일과 가정을 양립할 수 있도록 각종 지원 네트워크를 활성화시키는 것이다.

일본에는 취학전 영유아를 보육하는 기관으로 보육소(우리나라의 어린이집에 해당)와 유치원이 있고 그 보급률은 세계적으로도 높은 수준에 있다. 5세아의 약 95%는 두 기관 중 어느 쪽에라도 다니고 있으며 일본의 보육제도는 목적과 기능이 다른 유(幼), 보(保)의 이원화 체제로 이루어져 있다. 따라서 일본에서는 취업모의 경우에만 보육시설을 이용할 수 있고 전업주부의 경우에는 유치원을 이용하는 것이 원칙이다. 「아동복지법」에 나타난 보육시설의 입소 기준은 다음과 같다(여성가족부, 2004).

- 거주하는 집 밖에서 노동하는 것을 일상으로 하고 있는 경우
- 거주하는 집 안에서 해당 아동과 떨어져서 가사 이외의 노동을 하는 것을 일상으로 하고 있는 경우
- 임신 중이거나 출산 후 얼마되지 않은 경우
- 질병에 걸려 있거나 부상 또는 정신이나 신체에 장애를 가지고 있을 경우
- 장기간에 걸쳐 질병에 걸린 상태이거나 정신 또는 신체에 장애를 가지고 있는 친족과 동거를 하며 늘 간호를 해야 하는 경우
- 지진, 수해, 화재 그 외의 재해를 복구하고 있는 경우
- 상기 기준에 준하는 상태에 있다고 시 · 정 · 촌의 장이 인정하는 경우

위 조건에 맞지 않는 부모가 자녀를 보육시설에 보낼 경우에는 국가의 보육료 지원을 받지 못한다. 인가 보육시설인 경우에는 공립, 민간 구분 없이 동일 지원하며 보육료를 부모의 소득에 따라 차등 지원한다.

일본의 보육 유형은 인가 보육시설로서 공립과 사립이 있고 비인가 보육시설로 베이비 호텔이나 가정 보육 등이 있다. 공립은 행정 체계가 시설의 설립 및 운영을 담당하는 것이고, 사립은 사회복지법인이나 공익법인이 설립 주체가 되는 시설을 말한다. 우

리나라의 사립에 해당하는 보육시설은 일본에서는 공익 단체가 운영 주체가 되지 못하는 관계로 비인가 보육시설에 해당된다(홍금자 · 사카모토, 2004).

일본의 보육 현황은 다음 | 표 2-4 | 와 같다.

| 표 2-4 | 일본의 보육시설 및 보육아동 현황

보육시설 수		정원(명)	이용 아동(명)	정원 충족률(%)
총 수	22,570	2,052,729	1,993,684	97.1%
공립	12,090	1,087,919	987,865	90.8%
사립	10,480	964,810	1,005,819	104.3%

- 보육소시설 수는 22,570개로 전년보다 80개소(0.4%) 증가
- 보육소 정원 수는 2,052,729명으로 전년보다 24,684명(1.2%) 증가
- 보육소 이용 아동 수는 1,993,684명으로 전년보다 26,755명(1.2%) 증가
- 정원 충족률은 97.1%로 0.1% 증가

| 출처 | 일본 후생노동성 고용균등 아동가정국 보육과(2005. 9.)

3) 미국

미국은 만 5세 유아를 대상으로 하는 유치원 교육이 미국의 기본 학제에 포함되어 있으나 부모들은 사립 유치원에 보낼 수 있는 선택권도 가지고 있다(장미경 외, 2006). 그리고 미국의 보육시설은 그 기관의 종류나 대상이 주마다 다양하다.

미국 보육 유형은 후원체를 기준으로 또는 재정적 지원에 근거하여 구분하기도 하나 크게 기관 중심 보육과 가정 중심 보육으로 구분된다. 즉, 가정 중심 보육으로는 자기 집 보육과 가정 보육, 가정 집단 보육이며, 기관 중심 보육으로는 영리 사립기관, 비영리 사립기관, 공립기관, 부모협동센터, 직장 보육 등이 있다(양옥승, 1998).

미국의 전형적인 네 가지 보육 형태는 다음과 같다(이순형 외, 2005 재인용).

1 어린이집(Child Care Center)

어린이집은 영유아를 집단으로 보육하는 곳이다. 모든 주 정부는 어린이집을 설립할

때 필요한 설립 허가 기준을 규정해 둔다. 구체적인 허가 기준은 주마다 다르며 허가를 받았다고 보육 수준이 우수함을 보증하는 것은 아니다. 어린이집을 선택하는 부모는 자녀를 집단으로 보육하는 보육시설을 선호하는데, 이는 여러 명의 보육 전문가가 주 정부의 감독을 받으며 일하고 있으므로 자녀를 위해 더 안전하고 바람직하다고 믿기 때문이다.

2 가정 보육시설(Family Child Care Facilities)

가정 보육시설은 보육자의 집에서 아동에게 보육 서비스를 제공하는 것을 말한다. 시설이 갖추어야 할 기준은 주마다 다르지만 대부분의 주에서는 가정 보육시설 종사자로 하여금 4명 이상의 영유아를 보육할 수 있는 법적 기준을 갖추도록 요구한다. 자녀들이 가정과 같은 환경에서 보육받기를 원하는 부모들이 가정 보육시설을 선택한다. 이들은 한 명의 보육 담당자와 상호작용하는 것을 선호하며 자녀가 소규모 그룹에 있을 때에 더 안전하고 행복하며 건강하게 지낼 수 있다고 믿는다.

3 방문 보육사(In-home Caregivers)

유아의 집에 와서 보육 서비스를 제공하는 방문 보육사에는 입주하거나 매일 출・퇴근하는 유모 및 파출부가 포함된다. 대부분의 주에서는 방문 보육사에 대한 기준을 갖추고 있지 않지만 몇몇 주에서는 내니(Nany) 소개소에 대한 규제를 하고 있다. 이 보육 유형을 선택하는 부모는 자녀가 집에서 더 안전하고 깨끗한 보육 서비스를 받을 수 있다고 생각한다. 그들은 보육사를 자기 집에서 일하게 하면 아이들에게 자기가 원하는 보육 서비스를 제공하도록 보육사를 더 많이 관리・감독할 수 있다고 믿는다.

4 친척, 친구, 이웃에 의한 보육(Care Provided by Relatives, Friend and Neighbors)

때때로 부모는 자녀를 돌보기 위해 친구나 친척, 이웃을 선택한다. 이 유형의 보육 서비스를 선택하는 부모는 아이를 돌보아 줄 친척이나 친구, 이웃을 구할 수 있어 다행이라고 여긴다. 그들은 이런 보육자들이 더 따뜻하고 더 많은 사랑을 줄 수 있으며 이에 아이들이 더 안전하게 지낼 수 있다고 믿는다.

미국은 보육의 일차적 책임을 가정에 두고 있고 정부의 보육 지원 정책은 주로 저소득층 가정을 지원하기 위한 목적으로 수립된다. 개별 가정이 지불해야 하는 보육 비용은 정부의 지원을 받는 가정이냐 아니냐에 따라 매우 다양한 범위를 갖는다. 정부의 지원을 받아 수행되는 대표적인 프로그램으로 헤드스타트 프로그램을 들 수 있다(이순형 외, 2005). 1965년에 설립된 헤드스타트는 현재에 이르기까지 빈곤 · 이혼 가정의 만 5세 이하 영유아와 그 부모를 대상으로 각종 교육 지원과 상담 치료를 벌이고 있다.

미국 보육의 특징은 먼저 다양한 인종과 사상적 이념을 바탕으로 한 다양한 보육체제와 프로그램이다. 이는 부모들에게 선택의 폭을 넓게 한다는 장점도 있지만 양질의 평등한 보육 서비스가 모든 아동들에게 제공되기 어렵다는 단점을 초래하기도 한다. 또한 정책 수립과 실행 과정에서 연방정부와 주정부 간의 의견의 다양화는 교육과 보육의 발전적 요소를 충분히 내포하기도 하지만 대립이 생길 경우에 적절한 힘의 균형을 배분하는 데 어려움을 갖기도 한다(장미경 외, 2006).

4) 호주

호주에서는 부모의 경제 활동과 가족 생활의 균형을 이루고자 자녀를 둔 부모에게 재정적 지원과 보육 서비스를 제공하고 있으며 일정 수준이 확보된 보육 서비스를 제공하도록 하기 위하여 인가 제도와 인증 제도를 활용하고 있다(여성가족부, 2004).

보육 서비스의 종류는 종일제 보육 센터(LDC: Long Day Care Centers), 가정 보육(FDC: Family Day Care), 방과후보육(OSHC: Outside School Hours Care), 방문 보육(In-home Care) 및 기타 보육으로 나눌 수 있다(여성가족부, 2004).

종일제 보육 센터는 0세부터 취학전 아동을 보육하는 보육시설로서 하루에 8시간, 주 5일, 연간 48주 운영한다. 73% 정도가 민간 부문에 의하여 공급되며, 영리 목적의 기업에 의하여 운영되는 경우도 많다.

가정 보육은 가정 보육모가 통상 자기 집에서 5~6명의 아동을 돌보는 것으로서 종일제를 원칙으로 하며 가정 보육모는 정부에 등록하여야 한다.

방과후보육은 만 5~12세의 아동에게 방과후에 보육을 제공하며 방학 중에도 운영한다. 국가 기준에 따라 아동 30명당 1명의 교사 자격 소지자가 있어야 한다.

방문 보육은 0~12세의 아동을 대상으로 보육교사가 아동의 집을 방문하여 보육하는 것이다. 주로 농촌 · 산간 지역에 살거나, 아동이 쌍둥이거나, 경찰, 소방수, 간호사, 의사 등 부모의 근로 시간이 불규칙할 때에 한정하여 활용한다. 이외에도 각 지역을 방문하여 아동을 보육하거나 같이 놀아주는 이동 보육(mobile service)이 있다.

호주의 보육 현황은 다음 |표 2-5| 와 같다.

|표 2-5| 호주의 보육 현황

유형	시설 수	아동 수
사립 종일제 보육 센터(Private Long Day Care Service)	2,178	200,815
공립 종일제 보육 센터 (Community Based Long Day Care Service)	1,253	107,317
가정 보육(Family Day Care Schemes)	318	93,450
방문 보육(In-Home Care Scheme)	45	1,375
방과후보육(Outside School Hours Care)	2,098	131,433
휴가 보육(Vacation Care)	1,275	82,339
휴일 보육(Occational Care)	101	8,141
다기능 서비스(Multifunctional Services)	12	1,031
기타	115	5,254
계	7,395	631,137

|출처| 여성가족부(2004). 선진국 보육정책 국외연수 결과보고서.

보육시설을 이용하는 부모에게는 연방정부가 보육 보조금을 지원하는데 정부가 약 80%의 보육 비용을 지원하고 부모가 20%를 부담한다. 부모가 부담하는 보육 비용은 가정의 소득에 따라 달라진다.

5백년 명문가의 자녀교육 10계명

뛰어난 인물 뒤에는 늘 그보다 더 훌륭한 부모님의 가르침이 있었다.

1. 평생 책 읽는 아이로 만들어라.
   – 풍산 류씨, 서애 류성룡 종가

2. 자긍심 있는 아이로 키워라.
   – 고상 이씨, 석주 이상룡 종가

3. 때로는 손해 볼 줄 아는 아이로 키워라.
   – 재령 이씨, 운악 이함 종가

4. 스스로 재능을 발견하도록 기회를 제공하라.
   – 양천 허씨, 소치 허련 가문

5. '공부에 뜻이 있는 아이끼리' 네트워크를 만들어라.
   – 진성 이씨, 퇴계 이황 종가

6. 세심하게 점검하여 질책하고 조언하라.
   – 해남 윤씨, 고산 윤선도 종가

7. 아버지가 자녀교육의 '매니저'로 직접 나서라.
   – 나주 정씨, 다산 정약용가

8. 최상의 교육 기회를 제공하라.
   – 한양 조씨, 호은 종가

9. 아이들의 '멘토'가 되라.
   – 파평 윤씨, 명재 윤증 종가

10. 원칙을 정하고 끝까지 실천하라.
    – 경주 최씨, 경주 최부잣집

| 출처 | 최효찬(2005). 『5백년 명문가의 자녀교육』 中에서 발췌

Chapter

03

Introduction to Child Care & Education

>>>>>>>>> 보육의 유형

1 운영 주체에 따른 유형

2 취약 보육의 종류

3 보육 장소에 따른 유형

현대사회의 변화와 함께 보육의 필요성에 대한 요구는 증가하며, 직업 구조의 다양화와 보육 수요자의 다양성 등으로 인해 점차 보육의 유형을 더욱 다양한 형태로 발전되고 있다. 본 장에서는 이러한 다양한 보육의 유형을 운영 주체에 따른 유형, 보육 대상 아동에 따른 유형 및 보육 장소에 따른 유형으로 구분하여 살펴보고자 한다.

1 운영 주체에 따른 유형

'어린이집' 이란 보호자의 위탁을 받아 영유아를 보육하는 기관을 말하는데, 운영 주체에 따른 어린이집의 종류는 「영유아보육법」 제10조에 따라 국 · 공립 운영 주체에 따라 국 · 공립 어린이집, 사회복지법인 어린이집, 법인 · 단체 등 어린이집, 직장 어린이집, 협동 어린이집, 가정 어린이집, 민간 어린이집 등으로 구분된다. 이는 「영유아보육법」에 명시된 어린이집의 종류로서 각 어린이집의 구체적인 내용은 다음과 같다.

1) 국 · 공립 어린이집

(1) 정의

국가나 지방자치단체가 설치 · 운영(위탁운영 포함)하는 어린이집(직장 어린이집 제외)이다.

(2) 규모

상시 영유아 11인 이상을 보육한다.

(3) 설치

국가나 지방자치단체는 국 · 공립 어린이집을 설치 · 운영하여야 한다. 이 경우 국 · 공립 어린이집은 제11조의 보육계획에 따라 도시 저소득층 밀집 지역 및 농어촌지역 등 취약지역, 「건축법」에 따른 공동주택 중 대통령령으로 정하는 일정세대 이상의 공동주택을 건설하는 주택단지 지역, 「산업입지 및 개발에 관한 법률」에 따른 산업단지 지역에 우선적으로 설치하는 등 지역별로 균형있게 배치한다.

2) 사회복지법인 어린이집

(1) 정의

사회복지법인 어린이집이란 「사회복지사업법」에 따른 사회복지법인이 설치 · 운영하는 어린이집을 말한다.

(2) 규모 및 명칭

상시 영유아 21인 이상을 보육하여야 한다.

(3) 설치

국 · 공립 어린이집 외의 어린이집을 설치 · 운영하려는 자는 특별자치도지사 · 시장 · 군수 · 구청장의 인가를 받아야 한다. 인가받은 사항 중 중요 사항을 변경하려는 경우에도 또한 같다.

3) 법인 · 단체 등 어린이집

(1) 정의

각종 법인(사회복지법인을 제외한 비영리법인)이나 단체 등이 설치 · 운영하는 어린이집으로서 대통령령으로 정하는 어린이집이다. 이때 '대통령령으로 정하는 어린이집'이란 다음 각 호의 어느 하나에 해당하는 어린이집을 말한다.

- 「유아교육법」, 「초 · 중등교육법」 및 「고등교육법」에 따른 법인 또는 학교법인이 설치 · 운영하는 어린이집
- 종교단체가 설치 · 운영하는 어린이집
- 「산업재해보상보험법」에 따른 근로복지공단이 설치 · 운영하는 어린이집
- 보육교사교육원과 같은 교육훈련시설이 설치 · 운영하는 어린이집
- 위에서 규정한 어린이집에 준하는 어린이집으로서 보건복지부장관이 정하는 어린이집

(2) 규모

상시 영유아 21인 이상을 보육한다.

4) 직장 어린이집

(1) 정의

사업주가 사업장의 근로자를 위하여 설치 · 운영하는 어린이집(국가나 지방자치단체의 장이 소속 공무원 및 근로계약을 체결한 자를 위하여 설치 · 운영하는 어린이집 포함)이다.

(2) 규모

상시 영유아 5인 이상을 보육하여야 한다.

(3) 설치

사업주가 직장 어린이집을 설치하여야 하는 사업장은 상시 여성근로자 300명 이상 또는 상시근로자 500명 이상을 고용하고 있는 사업장으로 한다. 다만, 사업장의 사업주가 직장 어린이집을 단독으로 설치할 수 없을 때에는 사업주 공동으로 직장 어린이집을 설치 · 운영하거나, 지역의 어린이집과 위탁계약을 맺어 근로자 자녀의 보육을 지원하거나, 근로자에게 보육수당을 지급하여야 한다.

5) 협동 어린이집

(1) 정의

보호자 또는 보호자와 보육교직원 11인 이상이 조합을 결성하여 설치 · 운영하는 어린이집이다.

(2) 규모

보육 영유아를 둔 보호자 11인 이상을 보육할 수 있다.

6) 가정 어린이집

(1) 정의

개인이 가정 또는 그에 준하는 곳에 설치·운영하는 어린이집이다.

(2) 규모

상시 영유아 5인 이상 20인 이하를 보육한다.

7) 민간 어린이집

(1) 정의

위의 여섯 가지에 해당하지 아니하는 어린이집을 말한다.

(2) 규모

상시 영유아 21인 이상을 보육한다.

생각해 보아요

우리나라에 국·공립 어린이집보다 민간이나 가정 어린이집이 많은 이유에 대해 생각해 보아요.

➔ 부모들이 국·공립 어린이집 확충을 원하는 이유는 무엇일까요?

➔ 국·공립 어린이집을 확충하기 위한 방안은 무엇일까요?

➔ 출생아 수가 줄어들고 있는 현실에서 국·공립 어린이집 확충이 민간 및 가정 어린이집에 미치는 영향은 어떤 것이 있을까요?

2 취약 보육의 종류

국가나 지방자치단체, 사회복지법인, 그 밖의 비영리법인이 설치한 어린이집과 대통령령으로 정하는 어린이집의 원장은 영아 · 장애아 · 「다문화가족지원법」 제2조 제1호에 따른 다문화가족의 아동 등에 대한 보육을 우선적으로 실시하여야 한다(「영유아보육법」 제26조). 이처럼 영아보육, 장애아보육, 다문화 아동보육, 시간 연장형 보육을 취약 보육이라고 하며 우선적인 보육 서비스 실시가 요구된다.

1) 영아보육

취약 보육 중에 영아보육은 만 3세 미만의 영아를 대상으로 보육 서비스를 제공하는 것이다. 보육통계(보건복지부, 2012)에 따르면 어린이집을 이용하는 영유아 중 0세의 비율은 약 10%이고 1세가 약 20%를 차지하고 있으나 대부분 가정 어린이집에 취원하는 것으로 나타났다. 0세부터 36개월 미만의 영아 20명 이상을 보육하고 있는 영아전담 어린이집은 원칙적으로 영아만을 전담하여 보육하여야 하나 예외적으로 형제 · 자매가 영아전담 어린이집을 이용할 경우는 시설 정원의 30% 범위까지 보육할 수 있다.

어린이집은 만 0~5세 영유아의 보육을 담당하는 시설이며 필요한 경우는 만 12세까지 연장하여 보육할 수 있다. 그러나 연령이 낮은 영아의 경우는 교사 한 명이 담당하는 영아 수가 적고 보육이 어려운 점 등으로 인해 일반 어린이집의 영아보육은 아직 미비한 수준이다. 현재 36개월 미만의 영아는 유치원이나 어린이집 등 기관보다는 개인 양육을 선호하지만 국가의 양육비 지원과 조기교육에 대한 인식 등으로 인해 장기적으로 어린 영아의 취원율은 점차 늘어날 것이다(김경회 외, 2006). 따라서 우수한 영아 프로그램의 개발과 관리가 필요하며, 저출산 현상의 극복과 기혼여성의 초기 노동단절 예방 및 능력 발전의 기회를 보장하기 위한 방안으로서도 질 높은 영아 프로그램의 개발과 관리가 요구된다.

특수보육으로 지정된 영아전담 어린이집의 현황은 다음 |표 3-1|과 같다.

| 표 3-1 | 영아전담 어린이집 현황 (2016. 12. 기준)

구분	계	국·공립 어린이집	사회복지 법인 어린이집	법인·단체 등 어린이집	민간 어린이집	가정 어린이집	협동 어린이집	직장 어린이집
어린이집 (개소)	453	65	79	16	246	47	–	–
영아 현원 (명)	15,759	2,532	3,283	525	8,507	912	–	–

| 출처 | 보건복지부(2016). 보육통계.

2) 장애아보육

장애아보육은 「장애인복지법」 제32조에 따라 장애인으로 등록된 영유아 등에게 보육 서비스를 제공하는 것을 의미한다. 장애아보육은 장애아전문 어린이집과 장애아통합 어린이집을 통해 보육 서비스가 제공된다.

장애아전문 어린이집이란 상시 영유아 12명 이상의 장애아(미취학 장애아 9명 이상 포함)를 보육하기 위하여 「영유아보육법 시행규칙」에 의한 시설 및 설비를 갖춘 어린이집으로서 시·도지사 또는 시·군·구청장이 장애아전문 어린이집으로 지정한 시설을 말한다. 장애아전문 어린이집은 통합보육을 위하여 정원 범위 내에서 40%까지 비장애아를 보육할 수 있다.

장애아통합 어린이집은 정원의 20% 이내에서 장애아종일반을 편성 운영하거나 장애아종일반을 별도로 편성하지 않은 채 미취학장애아를 3명 이상을 통합보육하고 있는 어린이집을 말한다. 우리나라 「장애인 등에 대한 특수교육법」(제2조 6항, 2013)에 따르면 '통합교육이란 특수교육 대상자가 일반학교에서 장애 유형·장애 정도에 따라 차별을 받지 아니하고 또래와 함께 개개인의 교육적 요구에 적합한 교육을 받는 것을 말한다'. 또한 통합교육은 다양한 교육적 요구와 능력을 지닌 학생들이 수업시간의 일부나 전부를 함께 교육받는 프로그램으로서, 그 특징은 장애 아동과 정상아동이 사회적 활동이나 교수 활동에서 의미 있는 상호작용을 하는 것을 의미한다(이소현·박은혜, 1998). 시·군·구청장은 장애아통합 어린이집 중에 배정된 수량 범위 내에서 지원 기준을 충족할 수 있는 시설을 정하여 장애아통합 보육교사 인건비를 지원

한다. 장애아통합 보육교사 인건비 지원은 장애아통합 어린이집으로 지정받은 시설 중에 국·공립, 법인시설(사회복지법인 어린이집, 학교·종교부설 설치비 지원 어린이집 포함)을 우선적으로 지원한다.

통합보육을 통해 장애아는 같은 생활연령의 또래들과 함께 생활함으로써 자기 연령에 맞는 적절한 행동을 자연스럽게 보고 따라할 수 있다. 특별한 프로그램이 아니라도 정상적인 발달을 하는 아동들의 행동을 늘 보고 관찰함으로써 각 상황에 맞는 행동을 배우게 된다. 또 분리교육에서 제한될 수밖에 없는 여러 가지 다양한 경험을 할 수 있다. 일반아동이 경험하는 것을 똑같이 경험함으로써 경험의 폭이 확장될 수 있다. 일반아동도 장애 아동과의 상호작용을 경험하면서 장애 아동을 나와 다른 사람이 아니라 자신과 비슷한 점을 많이 가지고 있는 한 사람으로서 수용할 수 있는 장점이 있다.

| 표 3-2 | 장애아전문 어린이집 및 장애아통합 어린이집 현황 (2016. 12. 기준)

구분		계	국·공립 어린이집	사회복지 법인 어린이집	법인·단체 등 어린이집	민간 어린이집	가정 어린이집	협동 어린이집	직장 어린이집
장애아 전문	어린이집(개소)	177	42	103	6	25	1	-	-
	장애 아동 현원(명)	6,158	1,249	3,915	210	767	17	-	-
장애아 통합	어린이집(개소)	911	667	37	34	150	15	1	7
	장애 아동 현원(명)	4,079	2,997	174	195	668	20	-	25

| 출처 | 보건복지부(2016). 보육통계.

3) 다문화 아동보육

다문화 아동보육은 「다문화가족지원법」 제2조 제1호에 따른 다문화가족의 영유아 등에게 보육 서비스를 제공하는 것이다. 21세기는 삶의 모든 영역이 빠르게 변화하고 세계화와 더불어 다양성이 공존하는 다원화의 시대이다. 이런 사회에서 세계 속의 시민으로 살아가기 위해서는 자신의 정체성에 대한 확립과 함께 다른 사람과 타 문화에 대한 이해와 수용이 필수적이다.

다문화교육에 대한 접근은 다민족 국가인 미국에서 1964년 소수민족의 권리와 가치를 존중하는 법을 제정한 이래 활발히 전개되고 있다(김수영 외, 2003). 우리나라에서도 점차 북한 이탈 주민과 외국인 노동자의 수가 증가하고 있으며, 국제결혼으로 인한 외국인의 수가 늘어나고 있으므로 소수민족과 사회계층에 대한 사회통합의 문제에 관심을 가져야 한다.

|표 3-3|은 어린이집을 이용하는 다문화가족 아동을 어린이집의 운영 주체별로 구분하여 살펴본 것이다. 2012년 행정안전부가 발표한 6세 이하 다문화가족 영유아 수는 약 10만 명이므로 이들 중 50% 정도가 어린이집을 이용하고 있으며, 전체 보육 아동 대비 약 3.5% 정도를 차지하는 것으로 나타났다.

|표 3-3| 다문화가족 어린이집 현황 (2016. 12. 기준)

구분	계	국·공립 어린이집	사회복지 법인 어린이집	법인·단체 등 어린이집	민간 어린이집	가정 어린이집	협동 어린이집	직장 어린이집
어린이집 (개소)	18,821	2,167	1,141	618	9,135	5,577	26	157
다문화 아동 현원(명)	54,560	8,209	5,842	2,785	29,048	8,343	51	282

|출처| 보건복지부(2016). 보육통계.

4) 시간 연장형, 휴일, 24시간 보육

어린이집은 일반적으로 12시간(07:30~19:30) 이상 운영함을 원칙으로 하고 보호자의 근로 시간 등을 참작하여 조정 운영할 수 있으며, 공휴일을 제외하고 연중 계속 운영하여야 하며, 지역 및 시설 여건에 따라 보호자와 시설장의 협의에 의하여 공휴일에도 운영할 수 있다(보건복지부·육아정책연구소, 2012). 그러나 최근 부모의 근로 시간이나 취업 형태 등에 따라 다양한 시간대의 보육에 대한 요구가 높아지면서 시간 연장형 보육이 이루어지게 되었다. 시간 연장형 보육은 기준 보육 시간 외에 시간을 연장하여 보육 서비스를 제공하는 것이다. 그리고 휴일이나 공휴일에 보육 서비스를 제공하는 휴일 어린이집, 24시간 어린이집이 있다.

일반적인 기준 보육 시간(07:30~19:30)을 경과하여 21:30 이후까지 시간을 연장하여 보육하는 시간 연장 어린이집은 아동을 24시 이전까지 보육하는 것을 원칙으로 한다. 그리고 국 · 공립, 법인시설의 경우, 부모의 요구가 있을 경우에는 시간 연장형 보육을 의무적으로 실시하여야 한다. 시간 연장형 보육을 실시할 때는 24시간 동안 아동이 방치되지 않도록 부모와의 연락 체계를 정비하여야 한다.

한편 야간보육은 19시 30분부터 익일 07시 30분까지 보육이 이루어진다. 또한 맞벌이 부부뿐 아니라 야간에 근무하는 직장을 가진 부모의 경우는 야간보육뿐만 아니라 24시간 보육에 대한 수요도 급격히 증가하고 있는데 아직 24시간 보육을 제공하는 곳은 많지 않다. 24시간 보육의 경우는 보육교사 인건비나 보안문제 등으로 인해 추가비용이 발생하고 질 좋은 서비스를 제공하기 위해서는 영유아가 편안하게 잠을 잘 수 있는 공간과 시설을 확충하고 위생문제와 응급상황 대처 시스템 등이 확립되어 있어야 한다.

| 표 3-4 | 시간 연장형 어린이집 현황 (2016. 12. 기준)

구분		계	국 · 공립 어린이집	사회복지 법인 어린이집	법인 · 단체 등 어린이집	민간 어린이집	가정 어린이집	협동 어린이집	직장 어린이집
시간 연장	어린이집 (개소)	8,296	1,777	343	166	2,461	3,400	9	140
	시간 연장 아동 현원(명)	36,367	5,620	1,504	893	13,224	13,575	39	1,512
휴일	어린이집 (개소)	300	130	44	16	64	36	–	10
	휴일 아동 현원(명)	311	48	76	39	83	25	–	40
24시간	어린이집 (개소)	258	73	15	5	83	77	–	5
	24시간 아동 현원(명)	701	134	54	14	294	198	–	7

| 출처 | 보건복지부(2016). 보육통계.

3 보육 장소에 따른 유형

보육의 장소는 보육의 운영 주체 및 시설 운영상의 특징과 함께 보육의 유형을 구분하는 중요한 요소이다. 일반적으로 보육은 시설 중심 보육으로 설명되지만 보육 장소와 관련된 요소는 영유아의 연령이나 발달 단계, 보육의 필요성이나 특성 등에 따라 다양하게 선택된다. 따라서 여기서는 보육 장소에 따라 가정 중심 보육과 시설 중심 보육으로 구분하여 각각의 특징과 장 · 단점을 살펴보았다.

1) 가정 중심 보육

가정 중심 보육이란 시설이 아닌 가정에서 보육이 이루어지는 유형으로 자기 가정에서 이루어지는 보육과 타인의 가정에서 이루어지는 보육 유형으로 나눌 수 있다(이소희, 2005).

(1) 자기 가정에서 이루어지는 보육(in-home care)

아동이 자기 집에서 가족이 아닌 타인으로부터 보육 서비스를 받는 형태이다. 자기 가정에서 이루어지는 보육은 주로 조부모, 친척, 가정 도우미, 베이비시터에 의해서 이루어진다. 자기 가정에서 보육이 이루어지기 때문에 아동들은 익숙한 환경에서 생활할 수 있으며 형제들과도 함께 지낼 수 있으므로 정서적인 측면에서 안정적이다. 부모도 보육자를 부모가 선택할 수 있으며 보육 시간도 편의에 따라 선택할 수 있어 출 · 퇴근 시간이나 등 · 하원 시간 등에 구애받지 않으므로 심리적으로 여유롭다. 보육에 대한 부모의 개입이나 통제도 용이하다. 그러나 자기 가정에서 이루어지는 보육은 보육자의 전문성이 부족하여 체계적인 교육 경험이 제공되지 못하고, 보육자가 개인적인 사정으로 부재 시 새로운 보육교사를 구하기가 어려워서 보육이 중단될 수도 있다. 또래와의 상호작용이 제한적이고 교재 · 교구도 부족하며 비용이 많이 드는 부분은 단점으로 지적된다.

YWCA 같은 단체에서 베이비시터에게 일정 시간 훈련을 실시하고 보육 서비스를 원하는 가정과 연결해 주기도 한다. 전문 베이비시터 파견업체도 생겨나서 보육과 교육을 통합한 프로그램을 개발하여 학습 시터를 파견하는 등 전문성을 높이려는 시도를 하고 있다. 또한 여성가족부에서 지원하고 있는 아이돌봄사업(http://idolbom.mogef.go.kr)은 부모의 다양한 자녀양육 수요를 충족시킬 수 있는 가정 내 개별 돌봄 서비스의 활성화를 통해 취업 부모들의 양육부담 경감 및 개별 양육을 희망하는 수요에 탄력적 대응하기 위해 마련된 제도이다. 이는 만 12세 이하 취업부모 자녀 등을 대상으로 돌보미가 돌봄 장소, 즉 아동의 가정으로 직접 찾아가 돌봄 활동을 제공하는 서비스이다. 이때 아이 돌보미는 각 지방자치단체의 사업시행기관에서 돌보미 교육과 파견, 관리 등을 담당하여 일정 요건을 갖추도록 한다.

(2) 타인 가정에서 이루어지는 보육(out-home care)

보육아동이 보육자의 집으로 가서 보육 서비스를 받는 형태로서 대개 집단 보육시설의 단점을 보완하여 자기 가정 보육과 유사한 특징을 갖도록 한 보육 형태이다. 현재 우리나라의 가정보육시설이 전형적인 유형이라고 할 수 있다.

타인 가정에서 이루어지는 보육은 대개 보육 아동의 집과 가까워서 손쉽게 이용할 수 있고 형제를 한 곳에 맡길 수도 있다. 운영 시간도 융통성 있게 운영되어 편리하다. 시설 중심 보육보다는 자기 가정과 유사한 분위기에서 보육되므로 정서적인 안정감과 편안함을 느낄 수 있고 대부분 혼합연령으로 구성되어 있어 다양한 상호작용을 경험할 수 있다. 그러나 보육공간이 제한되어 있고 덜 체계적이고 비전문적인 보육환경일 가능성이 높다. 또한 운영자가 보육교사, 조리사, 운전사 등 여러 역할을 동시에 맡는 경우가 많고 교사의 전문성이 낮은 편이다. 자기 가정 보육보다는 보육 시간 등에서 융통성이 적어 불편한 점도 있다.

2) 시설 중심 보육

시설 중심 보육은 가장 전형적인 형태의 보육 유형으로 취업모의 자녀를 주된 대상으로 하여 일반적으로 하루 8시간 이상을 운영하는 기관이다. 최근 경제 활동을 하는 취업모의 증가로 인해 시설 중심 보육은 양적으로 많이 증가하였으며 질적 수준을 갖춘 시설보육에 대한 수요는 계속 증가하는 추세이다.

시설 중심 보육은 관련부서의 엄격한 감독과 지도를 받으며 체계적이고 일관된 보육 서비스를 제공한다. 보육교사는 공인된 자격조건을 갖추고 있으며 정기적인 보수교육을 통해 질적 전문성을 확보하고 있으며 안전한 시설 · 설비 및 다양한 교재 · 교구를 갖추고 있다. 또한 다양한 배경을 가진 또래와 상호작용할 수 있는 기회가 많은 부분도 장점이다. 그러나 시설 중심 보육은 교사 대 아동 비율이 높아 교사와 개별적으로 상호작용할 수 있는 기회가 적고 개별 아동의 흥미와 욕구를 고려한 보육이 어렵다. 아동은 낯선 환경에 적응해야 하므로 초기에 정서적 안정감을 갖기 어렵고 또래와 집단생활을 해야 하므로 지나친 경쟁심이나 스트레스를 유발할 수 있다. 그리고 많은 유아들이 함께 생활하므로 질병에 노출될 위험이 높다.

생각해 보아요

영아와 부모, 교사 모두에게 행복한 보육이 되기 위해 필요한 것들은 무엇인지 생각해 보아요.

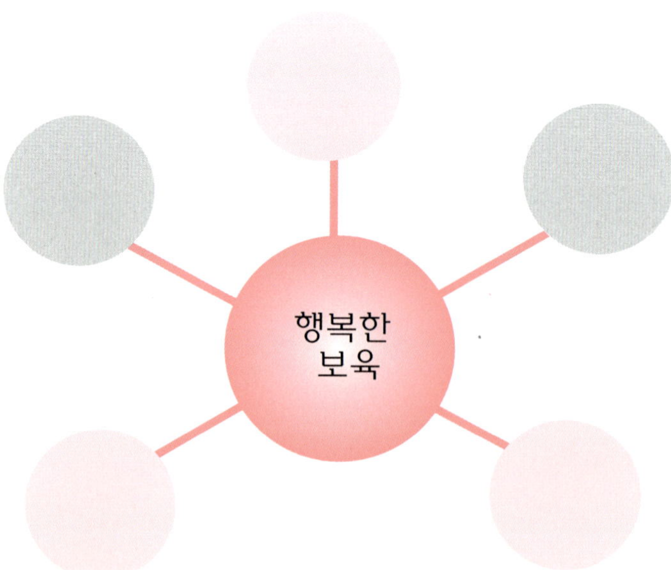

Chapter 04

Introduction to Child Care & Education

발달과 보육

영유아의 발달적 특성과 변화를 정확히 이해하고 판단하는 능력은 영유아를 지도하는 데 필수적이라 볼 수 있다. 본 장에서는 발달에 대한 올바른 이해와 영유아기의 신체, 인지, 언어 및 사회 · 정서 발달의 경향을 살펴봄으로써 양질의 보육과정을 계획할 수 있는 기초 자료를 제공하고자 한다.

1 발달의 이해

발달을 어떻게 정의하고 그 과정을 능동적으로 또는 수동적으로 보는지, 유전과 환경이 발달 과정에 어떠한 영향을 미치는지 등은 영유아를 이해하는 데 기본적인 논제가 된다. 특히 보육은 발달이 아직 완전히 이루어지지 않은 영유아를 대상으로 이루어지는 의도적인 활동이므로 발달에 대한 이해가 필수적이다.

1) 발달의 개념

발달은 인간의 생명이 시작되는 수정의 순간에서부터 죽음에 이르기까지의 전 생애를 통해 이루어지는 모든 변화의 양상과 과정을 의미한다. 발달적 변화의 과정은 신경계와 뇌 · 신체 · 운동 기능의 변화 양상을 의미하는 신체 · 운동 기능적 영역과 사고와 지능 · 언어 등의 인지적 영역, 성격 · 사회성 · 정서 · 자아 개념 등의 정의적 영역으로 구분할 수 있다.

과거에는 세포의 크기나 수의 증가 등 긍정적인 변화만을 발달에 포함시켰으나 최근에는 노화의 과정도 발달의 과정이라는 개념이 확산되어 수태에서부터 사망에 이르기까지의 모든 변화를 발달로 보는 생애론적 관점이 일반화되고 있다.

발달의 개념과 관련하여 사용되는 유사한 개념으로는 유전적 · 생리적인 요인에 의존하여 나타나는 성숙(maturation), 크기의 증대로 인한 양적 변화로 신체적 특성의 긍정적인 변화에 관계하는 성장(growth)을 들 수 있으며 발달은 이러한 개념 모두를 포함하는 광의의 개념이라고 볼 수 있다.

2) 발달의 원리

발달의 변화 양상과 과정은 대부분 순서가 있으며, 특정한 양식을 나타냄과 동시에 지속성이 있어서 약물이나 피로에 의한 일시적 변화나 잠시 나타나는 변화와는 구분되어진다. 다음은 대부분의 영유아 성장 과정에서 일반적으로 발견되어지는 전반적인 발달 원리이다.

첫째, 발달에는 일정한 순서와 방향성이 있다.

영유아의 운동 발달을 살펴보면 앉고, 서고 그 다음에 걸을 수 있듯이, 발달의 진행에는 일정한 순서와 방향이 있다. 발달은 상부에서 하부로, 중심에서 말초로, 단순한 것에서 복잡한 방향으로 진행되고, 이러한 사실은 이전 단계의 발달이 다음 단계의 기초가 된다는 것을 의미하며, 한 단계에서 다음 단계로 진행한다는 것은 보다 높은 차원의 발달이 이루어진다는 것을 의미한다.

둘째, 발달은 점진적인 과정이지만 발달 속도가 항상 일정한 것은 아니다.

발달의 과정은 일생을 통해 쉬지 않고 진행되는 지속적인 과정이지만 그 발달 속도는 발달 시기와 발달 영역에 따라 다르게 나타난다. 그리고 특정한 부분의 발달도 발달 단계에 따라 그 속도가 일정하지 않다. 예를 들면, 신체 발달의 경우는 여느 시기보다도 영유아기와 사춘기(성장 급등기)에 급격한 증가를 나타내는데, 이처럼 특정 시기에 어떤 기관이나 기능의 발달이 급격히 진행되는 시기를 결정적 시기라 한다.

셋째, 발달은 유전과 환경의 상호작용의 결과이다.

인간의 발달이 유전이냐 환경이냐 하는 문제는 오랫동안 논란의 대상이 되어 왔다. 영유아의 성장 발달에서 그 원인이 성숙에 있는 것인지, 환경에 있는 것인지를 밝히기는 그리 쉽지 않다. 유전과 환경은 거의 모든 상황에서 상호작용하기 때문에 영유아의 발달 과정에서 그 효과를 분리시키거나 상대적 영향을 평가해 내기가 어렵다. 예를 들면, 태내 발달은 유전에 더 많이 의존하고 인지 학습은 유전과 환경 모두 중요한 역할을 한다고 볼 수 있다. 현재는 유전과 환경의 중요성에 대한 논쟁보다는 양자가 어떻게 상호작용하는가를 더 중시하고 있으며 이 두 요인의 상호작용의 결과로 발달이 이루어진다고 보는 견해가 일반적이다.

넷째, 발달에는 개인차가 있다.

대부분의 영유아는 보편적인 순서에 따라 성장 · 발달해 가지만, 개개인의 발달 양상을 자세히 살펴보면 개인차가 있음을 발견할 수 있다. 어떤 영아는 돌이 되기 전에 말을 하기 시작하고, 어떤 영아는 세 돌이 될 때까지도 말을 하지 못하기도 한다. 이처럼 인간의 발달 실제에서는 너무나 많은 개인차가 존재하기 때문에 다른 사람과의 비교나 표준 수치와의 비교는 적절한 선에서 이루어져야 한다. 다만 발달 정도가 표준치와 너무 많은 차이가 날 경우에 이는 개인차에서 오는 문제인지 발달 지체에서 오는 문제인지를 살펴보는 노력이 필요하다.

다섯째, 발달의 초기 단계는 일생에서 가장 중요한 시기이다.

인간의 발달 과정 중에 중요하지 않은 시기는 없지만, 많은 발달심리학자들은 일생의 어느 시기보다도 생의 초기 발달이 더 중요하다고 주장한다. 초기 발달 경험이 인간에게도 지속적인 영향을 남긴다는 연구 결과들이 있는데, 예를 들면 에릭슨(Erikson)의 발달 이론처럼 인생 초기 부모와의 신뢰로운 관계는 후일에 친구 관계, 대인 관계, 이성 관계에 긍정적인 영향을 미치지만 불신 관계는 부정적인 영향을 미치며 이런 관계는 누적된다는 것이다. 이 밖에도 대뇌 성장의 80%, 태도, 습관, 성향 등의 주요 경향은 유아기 8세 이전에 형성된다고 한다.

여섯째, 발달의 각 영역은 상호 밀접한 관련이 있다.

발달은 편의상 크게 신체 · 운동, 인지 · 언어, 사회 · 정서 발달 영역으로 구분된다. 신체 · 운동 발달은 신체 변화와 관련된 것으로, 부모로부터 물려받은 유전 인자, 뇌와 감각 기관의 발달, 신장과 체중의 증가, 운동 기능, 사춘기에 나타나는 호르몬의 변화 등 모두 생물학적 과정의 역할을 반영한 것이라 할 수 있다. 인지 · 언어 발달은 개인의 사고, 지능, 언어에서의 변화를 포함하며, 사회 · 정서 발달은 대인 관계, 정서 및 성격의 변화, 사회적 환경의 변화를 포함한다. 이러한 세 영역의 발달은 서로 상호작용하며 영향을 미친다고 볼 수 있는데, 예를 들면 자신이 신체적으로 어떻게 보이는가 하는 문제는 자신에게 느끼는 감정에 영향을 미치게 되며 이는 친구 관계에도 영향을 미치게 된다.

3) 영유아 발달 단계

영유아의 발달 과정을 좀 더 쉽게 이해하기 위해서 단계별로 접근할 수 있다. 학자들마다 약간의 차이는 있지만 대개 인간의 발달을 연령별 특징에 따라 단계로 구분할 경우에는 태내기, 신생아기, 영아기, 유아기, 아동기, 청년기, 중년기, 장년기, 노년기로 나눈다. 이 중 영유아기 발달에 해당되는 시기만을 간략히 요약하면 다음과 같다.

1 태내기

인간의 정자와 난자가 만나 수정이 되는 순간부터 출산까지의 시기를 의미하며, 수태 약 280일 동안 태아는 모체의 체내에서 자라게 되는데 발아기, 배아기, 태아기의 발달 과정을 거친다. 이 기간 동안 태아의 여러 신체 기관이 형성되고, 기능이 시작되며 기관의 크기와 무게가 급속히 증가한다.

2 영아기

출생 후 만 2세까지를 영아기라 하며 그 중에서도 출생 후 첫 1개월은 신생아기라고 한다. 발달의 여러 영역에서 급속한 변화를 보이는데 그 중에서도 신체 운동 발달에서는 성장 급등기라 불릴 정도로 빠른 발달이 이루어지며 언어 발달에 있어서도 다른 사람과 의사소통이 이루어질 정도로 발달한다. 그러나 이후의 사회성 발달을 위해 부모와의 애착을 형성하는 것이 필요하며 인지 발달을 위해 여러 감각 기관들의 자극이 필요한 시기라 할 수 있다.

3 유아기

만 2세부터 초등학교 입학 이전까지의 시기에 해당된다. 이 시기는 인지 능력의 발달이 활발하며 상상과 환상이 풍부해지는 특성을 보인다. 또한 자신을 둘러싼 주변 환경에 대한 탐색이 활발해지고 많은 어휘를 습득하여 다른 사람들과의 의사소통도 활발하게 일어난다.

4 아동기

6세부터 11세까지로 초등학교에 다니는 시기를 아동기라 한다. 아동기는 가정에서 학교로 생활 영역이 확대되면서 부모 이외에 또래 친구들과 다른 성인들의 영향력이 증가되는 시기이다. 이 시기의 발달에서는 학교 생활이 중요한 역할을 하게 된다. 학교생활을 통해 아동은 많은 사회적 관계를 형성하게 되며, 또래 집단의 비중이 점차 커지게 된다.

2 영아기 발달

영아기는 인간 발달의 여러 단계 중에서도 급속한 성장이 이루어지는 시기이다. 0~만 2세 영아의 신체, 인지, 언어, 사회 · 정서 발달의 경향을 살펴보면, 뛰어다닐 수 있을 만큼 빠른 속도로 신체 발달이 이루어지며 다른 사람과의 의사소통이 가능할 만큼 언어 발달도 이루어진다. 그러나 이후의 사회성 발달을 위해 부모와의 애착을 형성하는 것이 필요하며 인지 발달을 위해 여러 감각 기관들의 자극이 필요한 시기라 할 수 있다.

본 절에서 제시되는 각 연령별 발달 특징은 평균적인 영아가 나타내는 특징이므로 특히 개인차가 심한 영아기에는 이런 점을 고려해야 한다.

1) 신체 및 운동 기능 발달

신체 발달은 생후 첫 2년 동안 매우 급격하고 광범위하게 이루어진다. 특히 생후 2년 동안은 성장이 아주 빠른 속도로 진행되는 시기이므로 성장 급등기라 한다. 태어나서 머리도 가누지 못하며 반사적인 행동만 보이던 영아는 점차 응시하게 되고 목을 가누고 앉을 수 있게 되고, 서고 오르고 걷는 것까지 가능하게 된다. 2년째 되면서 성장이 약간 둔화되기는 하지만 뛰기, 오르기와 같은 운동 기능에서 여전히 급격한 성장 변화가 나타난다.

(1) 신장과 체중

일반적으로 출생시 신생아들의 키는 약 50㎝, 몸무게는 약 3㎏이지만, 대개 남아들이 여아들보다 무겁게 태어난다. 출생 후 몇 개월 간은 매일 30g씩 체중이 늘고 매월 2~3㎝씩 키가 크게 되는데, 첫돌이 되면 신장은 출생시와 비교하여 1년 동안에 약 1.5배 증가하여 76~78㎝가 되며, 몸무게는 3배 정도 증가하여 11~12㎏ 정도로 급성장을 보인다. 이러한 성장 비율은 2세 이후부터 현저하게 감소하기 시작하여 사춘기 이전까지 감

소된 비율이 유지된다(| 표 4-4 |, pp. 82~83 참조). 만약 생후 6개월 간의 비율로 계속 성장한다면 10세아의 키는 거의 30.48m, 몸무게는 24만 t이 될 것이다.

신체 각 부분의 상대적 비율도 키와 몸무게의 증가와 함께 달라져 머리 크기는 출생시 몸 전체의 1/4이었던 것이 점차 작아져 성인이 되면 1/8로 줄어들게 된다.

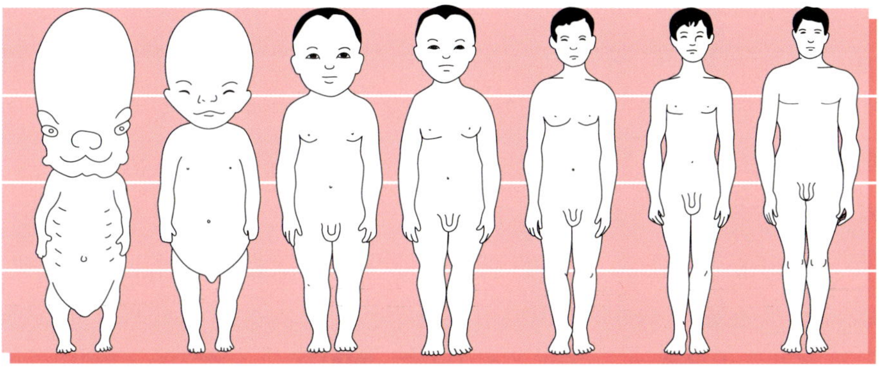

| 그림 4-1 | 성장 과정 동안의 신체 비율 변화

| 출처 | Bukatko, D. & Daehler, M. W.(1998)

(2) 근육 및 치아 발달

생후 첫 1년 동안 영아는 신체의 수의근(voluntary muscles)이 완전히 조정되지 않아서 신체 활동 후 빨리 피곤해진다. 근육 발달은 3~4세 동안 계속적으로 증가하며 5~6세가 되면 근육을 구성하는 근섬유의 굵기가 굵어지고 근력도 강해짐에 따라 체중의 75%를 차지하게 된다.

치아는 이미 태내기부터 형성되며 출생 후 6~8개월경에 유치가 나기 시작하여 첫돌이 되면 유치는 6개 정도가 되며, 약 2세 반이 되면 거의 다 생겨 20개의 유치를 가진다. 이후 5~6세가 되면 유치가 하나씩 빠지고 영구치가 생겨난다.

(3) 뇌 발달

뇌의 성장은 영아기 동안에 아주 현저하게 변화한다. 출생시 신생아의 뇌는 이미 신경세포의 기본 단위인 뉴런이라는 신경세포를 모두 갖추고 있지만, 뇌의 무게는 성인의 25% 밖에 되지 않는다. 그러나 출생 이후 급격한 변화가 일어나 6개월경에는 성인 뇌의 50%에 도달하게 되고, 생후 2년말경에는 약 75%에 이르게 된다. 뇌의 크기도 3세가 되면 성인의 3/4이 되며 5세가 되면 성인의 90%가 된다. 이러한 뇌의 변화는 무게뿐만 아니라 모양, 크기, 뉴런들 간의 연결 밀도, 뉴런 간의 전이 속도 등에서도 발생한다.

뇌는 각기 다른 일을 하는 여러 영역으로 나뉘어져 있다. 출생 당시에는 운동 영역의 발달이 가장 앞서 있으며, 다음으로 감각 영역, 시각 영역, 청각 영역의 순으로 발달한다. 만 2세가 되면 운동 영역과 감각 영역의 발달 정도가 비슷해지며, 언어 생성 영역과 문제해결 영역은 아동기, 청년기까지 계속적으로 발달하는 경향을 보인다.

두뇌 발달에 미치는 환경적 영향을 살펴보면 태아기 동안의 만성적 영양 결핍은 치명적인 두뇌 손상을 가져올 수 있으며, 관심과 애정 등의 돌봄을 받지 못하고 자라난 영유아의 뇌는 그 또래 정상아의 뇌보다 20~30% 정도 더 작다는 것이 발견되어 양육 환경에서의 지속적인 경험 및 자극의 중요성이 입증되었다.

(4) 운동 기능 발달

영아는 반사 행동과 더불어 뚜렷한 목적이 없는 일련의 동작들을 반복하곤 한다. 예를 들면 앞뒤로 흔들기, 물건 두드리기, 옆으로 흔들기, 머리 흔들기 등의 행동을 비자발적으로 반복하는데 이러한 움직임은 뼈, 관절, 근육을 단련시켜 준다.

영아가 성장하면서 신체 부위를 통제할 수 있는 능력이 나타나게 됨에 따라 자발적이고 의도적인 행동을 하게 되는데, 잡기, 기기, 걷기 등은 이 시기에 나타나는 획기적이고 의도적인 행동이다. 출생 직후에는 운동 능력이 미약하여 고개를 가누지도 못하던 영아가 만 3년 이후에는 혼자 걷고, 안정적으로 달리거나 뛰어오를 수 있게 된다. 또한 출생 직후에는 스스로 사물을 잡지도 못하고 잡으려고 손을 뻗어도 조절이 잘 안 되는 상태였지만, 역시 3년 후에는 필기 도구를 사용하여 그림을 그리거나 큰 단추를 끼울 정도로 소근육 발달이 이루어지게 된다.

이처럼 영아기는 운동 능력에 있어 큰 변화를 보이는 시기로 영아의 운동 능력 발달 시기를 살펴보면 |표 4-1|과 같다(Bukatko & Daehler, 1998). 다음의 표처럼 대부분 영아의 운동 능력 발달 순서와 시기는 비슷한 양상을 보이지만 개인차가 있다는 사실을 염두에 두어야 한다.

| 표 4-1 | 운동능력의 예정표

20개월
- 공을 앞으로 찬다.
- 공을 위에서 아래를 향해 던진다.

2~3세
- 두 발을 이용해서 바닥에서 몇 인치 정도 뛰어오를 수 있다.
- 바르게 걷기가 아닌 진정한 의미에서의 달리기를 시작한다.
- 한 발로 1초 동안 균형을 잡고 서 있을 수 있다.
- 공을 던지기는 하지만 발을 움직이지 않는다.
- 공을 잡으려고 팔을 뻗는다.
- 낙서하는 정도의 그리기가 나타난다.
- 숟가락으로 먹는다.

3~4세
- 양발을 교대로 계단을 걸어 올라간다.
- 한 발로 오랫동안 서 있을 수 있다.
- 공을 잡기 위해 팔꿈치를 구부리고 가슴으로 끌어 안는다.
- 홉핑을 한다.
- 가위로 종이를 자른다.
- 그림 그릴 때 사물의 가장자리를 선으로 나타낼 수 있다.
- 혼자 양치질할 수 있다.
- 티셔츠를 입는다.
- 옷을 입고 벗을 때 단추를 끼우고 뺄 수 있다.

4~5세
- 두 발을 교대로 한 단씩 계단을 내려 간다.
- 공을 던질 때 무게중심을 뒤쪽에서 앞으로 바꿀 수 있다.
- 손으로 공을 잡으려고 한다.
- 포크를 사용하여 먹는다.
- 도움 없이 옷을 입는다.

5~6세
- 평균대 위를 걸어 간다.
- 수직으로 30cm 정도 점프할 수 있다.
- 90cm 정도 넓이 뛰기를 한다.
- 공을 던지고 잡을 때 성인과 같은 기술을 사용한다.

6~7세
- 신발끈을 묶는다.
- 숫자와 어휘를 쓸 수 있다.

- 신생아 – 1세 – 2세 – 3세 – 4세 – 5세 – 6세 – 7세 – 8세 – 9세 – 10세 – 11세 – 12세 – 13세 – 14세 – 15세 – 16세 – 17세 – 18세

- 신생아 – 1개월 – 2개월 – 3개월 – 4개월 – 5개월 – 6개월 – 7개월 – 8개월 – 9개월 – 10개월 – 11개월 – 12개월 – 13개월 – 14개월 – 15개월 – 16개월 – 17개월 – 18개월

2개월
- 똑바로 세웠을 때 머리를 가눈다.
- 머리를 든다.

3개월
- 안고 있을 동안 머리를 안정적으로 가눈다.
- 뒹군다.

4개월
- 입방체를 잡는다.

6개월
- 받쳐주지 않아도 앉아 있을 수 있다.
- 붙잡고 서 있을 수 있다.

7개월
- 뒤집는다(엎드린 상태에서 배가 위로 오도록).
- 기어가려고 시도한다.
- 입방체를 잡을 때 엄지와 다른 손가락을 서로 마주보게 한다.

8개월
- 도와주지 않아도 앉는 자세를 취할 수 있다.
- 서기 위해 끌어당긴다.

9개월
- 가구를 붙잡고 걷는다.
- 진정한 잡기 행동이 나타난다.
- 두 물체를 양손에 쥐고 부딪친다.

10개월
- 도움을 받아 걷는다.
- 반죽을 두드려서 케이크 모양을 만들 수 있다.

11개월
- 혼자 서 있을 수 있다.

11개월
- 입방체를 2개 올려 쌓아 탑을 만들 수 있다.
- 휘갈겨 쓰는 식의 낙서를 한다.

15개월
- 옆으로, 뒤로 걷는다.
- 숟가락과 포크를 사용하려고 한다.

17개월
- 계단을 걸어 올라 간다.

| 출처 | 김현주 · 김정희 · 송연숙 · 최애경 · 박선미(2017). 영유아발달.

다른 영역의 발달과 마찬가지로 운동 능력의 발달은 유전적 요인과 환경적 요인의 상호작용에 의해 이루어진다. 운동 발달의 일반적 범위는 성숙에 의해 결정되지만 운동 기능의 출현 시기는 환경적 요인에 의해 빨라질 수도 있고 늦어질 수도 있다.

2) 인지 발달

주변 세계에 대해 생각하고 이해하는 능력은 영유아기 동안 현격히 발달한다. 이처럼 세상을 지각하고 지적으로 표상하는 방법이 어떻게 발달하는지를 나타내는 것이 인지 발달이다.

영아기의 인지 발달은 피아제(Piaget) 이론의 영향을 받은 연구를 통해 밝혀져 왔으며, 피아제는 인지 발달 단계에서 영아기를 감각운동기라고 명명하였다. 감각운동기의 영아는 감각 기관과 운동 기능을 통해 세상에 대해 알아간다. 영아기의 사고는 추상적 개념이나 언어를 내포하지 않기에, 영아가 이해하고 기억하는 것은 자신이 직접 보고 듣고 느끼고 행동하는 것에 의존한다. 즉, 감각 기관을 통해 받아들인 정보가 인지 발달의 중요한 내용이 된다는 것이다.

피아제는 감각운동기를 6개의 하위 단계로 구분하였는데 다음과 같다.

(1) 반사 운동기(출생~1개월)

출생 직후부터 영아는 입에 닿는 것은 무엇이든지 빨고, 손에 닿는 것은 무엇이든지 잡으며, 소리가 나는 쪽으로 고개를 돌리는 등 일련의 반사 기능을 반복적으로 연습하며 이를 통해 세상에 대한 이해를 넓혀간다. 이와 같은 행동은 동화라고 하는데, 이러한 반복적인 동화 과정에서도 젖꼭지의 크기에 따라 혹은 물체의 크기에 따라 빠는 방식과 잡는 방식을 수정해가는 조절 행동이 일어난다.

반사 운동기 동안에 이루어지는 발달적 변화는 극히 적지만 이 시기의 여러 감각 운동적 기능들은 앞으로 지적 활동을 위한 기초로 작용한다.

(2) 1차 순환 반응기(1~4개월)

이 시기는 외부의 대상보다는 자신의 신체에 관심이 있으며, 우연히 시작된 신체적 움직임이 흥미를 유발하여 계속 반복하는 것을 의미한다. 예를 들어 손가락을 빠는 새로운 경험을 하게 되고 이에 흥미를 느낀 영아는 계속적으로 빠는 행동을 반복하게 된다는 것이다. 그러다가 앞서 나타난 잡거나 보거나 빠는 반사 기능들이 상호 결합되어 물건을 잡아서 보거나, 잡고 입으로 가져가는 것과 같은 새로운 도식으로 형성되면서 보다 정교화되며 감각운동적 도식으로 발달하게 된다.

영아 자신의 신체에 국한되어 나타나기 때문에 '1차' 라고 하며 반복적이기 때문에 '순환 반응' 이라고 한다.

(3) 2차 순환 반응기(4~8개월)

이 시기 영아는 환경 내에 있는 사물에 관심을 보이며 이를 탐색하는 행동을 하게 된다. 우연히 공을 건드렸을 때 소리를 듣게 되면 영아는 다시 공을 건드리거나 잡는 행동을 되풀이한다. 이러한 행동은 우연적이며 처음부터 목적적이거나 의도적인 것은 아니다.

2차 순환 반응에서는 관심의 대상이 자신이 아닌 외부에 있으므로 '2차' 라고 하며 반복으로 일어나기 때문에 '순환 반응' 이라고 한다.

(4) 2차 순환 반응의 협응기(8~12개월)

이 시기 영아의 관심은 자신의 신체가 아니라 주위 환경에 있으며, 자신의 목표를 달성하기 위해 두 가지 행동을 협응시켜 나가므로 이 단계를 2차 순환 반응의 협응기라고 한다. 영아는 먼저 자신이 원하는 목표를 자각하고 이를 성취하려는 의도적인 행동을 하게 되는데, 예를 들면 장난감을 담요로 가렸을 때에 장난감을 잡으려는 영아의 목표 의식은 이에 방해가 되는 담요를 치우는 의도적인 행동을 하여 목표를 성취하게 된다.

이처럼 2차 순환 반응기의 영아 행동은 수단과 목표를 결합하는 최초의 의도적인 문제해결 행동이며 실질적인 지적 행동이라고 볼 수 있다(송명자, 1995).

(5) 3차 순환 반응기(12~18개월)

1차 순환 반응기 동안 영아는 자신의 신체에 관심이 집중되며, 2차 순환 반응기에는 외부 환경에 있는 대상에게 관심을 갖는다. 이제 3차 순환 반응기가 되면 영아는 실험적 사고에 열중하게 되는데, 영아는 적극적인 탐색과 시행착오적인 과정을 통해 새로운 원인과 결과 간의 관계에 대해 이를 가설화한다.

예를 들면, 블록을 쌓는 과정에서 블록을 떨어뜨려 보기도 하고 다른 블록을 밀치기도 하며 나란히 세워보기도 한다. 이런 과정에서 영아는 새로운 결과가 흥미로우면 이를 반복하지만 항상 똑같이 반복하는 것은 아니며, 조금씩 행동을 변화시키면서 자신의 행동이 블록에게 미치는 영향을 살펴보는 시행착오적인 탐색 활동을 해나간다. 이러한 행위를 통해 영아는 흥미로운 결과뿐 아니라 사물이 어떻게, 왜 작용하는지에 대해서 관심을 가지게 된다.

(6) 내적 표상기(18~24개월)

6단계에서 영아의 인지 발달은 전조작기로 이행하는 중요한 질적 변화를 겪게 된다. 이전까지의 영아는 직접적인 행동을 통해 인지 작용을 하지만 이 시기의 영아는 보이지 않는 사물이나 사건들을 정신적으로 그려내기 시작하고, 행동을 하기 전에 미리 머릿속으로 생각을 한 후에 행동을 함으로써 문제해결에 있어 일종의 통찰을 보여준다.

이러한 내적 표상이 가능함으로써 이전 단계까지 불가능하던 지연 모방이 가능하게 되는데, 지연 모방(deferred imitation)이란 과거에 목격했던 모델의 행동을 기억 속에 저장하였다가 이후에 상기시켜 재현할 수 있는 것을 의미한다.

3) 언어 발달

영아의 언어 발달 과정은 크게 언어 이전의 시기와 언어기로 나누어진다.

언어 이전 시기에 영아는 주로 울음, 쿠잉, 옹알이 등의 음성과 몸짓, 시선을 이용한 주의 집중 등을 이용하여 의사소통을 한다. 출생 초기의 반사적 행동인 울음은 2~3개월경이면 음색과 강도가 다른 울음으로 분화되기 시작한다. 예를 들면, 배가 고파서 내는 울음소리와 기저귀가 젖거나 아플 때 내는 울음소리는 다르다. 4, 5개월경에 이르면 옹알이가 나타나기 시작하며, 10개월경에는 옹알이에 성인의 언어처럼 리드미컬한 억양을 붙여 강세와 어조의 높낮이가 있게 된다.

생후 10~12개월 사이는 언어 이전 시기에서 언어 사용의 시기로 넘어가는 과도기라고 할 수 있다. 출생 후 1년쯤이 경과하면 의미 있는 첫 단어를 말하게 되면서 점차 이어문, 삼어문으로 언어 발달이 가속화된다. 다음 |표 4-2|는 첫 3년간 이루어지는 언어 발달의 일반적 경향을 나타낸다(김희진 · 김언아 · 홍희란, 2004).

|표 4-2| 언어 발달 과정의 일반적 경향

평균 개월	언어 발달의 특성
출생 직후	• 모든 언어에서 사용되는 언어를 구별함
2개월	• 'ㅇ' 같은 모음으로 된 즐거운 듯한 목울림 소리를 냄
4개월 이후	• 성인과 영아가 함께 같은 곳에 주의를 집중하고, 성인은 영아가 바라보는 것에 대한 이름을 말해 주기도 함
6~8개월	• 목울림 소리에 자음이 더해지면서 옹알이를 하게 되고, 같은 음절을 반복하는 것을 즐김 • 옹알이할 때 모국어에서 사용하는 음절을 많이 사용해서 반복함 • 점차 까꿍놀이 같은 간단한 놀이를 할 수 있음 • 모국어에서 사용되는 소리에 민감해짐
8~12개월	• 손가락으로 가리키기, 보여주기 등의 제스처를 사용함으로써 타인에게 영향력을 행사하고 의사소통의 수단으로 사용함 • 단어에 대한 이해를 하기 시작함 • 모국어에 있는 장단/ 고저에 민감해짐 • 모국어의 내부 구조(문법의 기초)를 인식하기 시작함
12개월	• 타인도 알아들을 수 있는 첫 단어를 사용함
13~18개월	• 까꿍놀이같이 번갈아 하는 게임에 적극적으로 참여함으로써 의사소통의 패턴과 규칙을 익힘 • 과잉축소 및 과잉확장의 실수를 자주 범함
18~24개월	• 어휘가 급속히 증가해 50~200개의 단어를 사용함
20~26개월	• 2개의 단어를 결합하여 사용하는 두 단어 시기가 시작됨
26~36개월	• 어휘가 급속히 증가함 • 점차 모국어의 문법에 맞는 말을 하게 됨 • 점차 효율적인 의사소통 기술을 활용함

|출처| 김희진 · 김언아 · 홍희란(2004). 영유아를 위한 프로그램의 이론과 실제.

4) 정서 및 사회성 발달

영유아의 발달 수준에 따라 정서적 표현은 달라진다. 초기의 미분화적 · 전체적 · 직접적인 정서 표현에서 연령이 증가하면서 점차 자신의 정서를 통제할 수 있게 됨에 따라 감정이 분화되고, 간접적인 행동으로 표현하며, 외부적인 표현이 감소하면서 점차 내면화된 정서로 발달되어 간다.

한편, 부모와의 애착을 토대로 사회적 관계를 맺는 기초를 형성한 영유아는 점차적으로 형제나 또래 또는 교사와의 사회적 관계를 확장해 나가며, 자신과 타인을 구별하고 가치관과 규범을 습득하여 점차 사회의 구성원으로 성장한다.

(1) 정서 발달

인간의 일상생활에는 수많은 정서적 경험들이 존재한다. 이러한 정서적 경험에는 쾌, 불쾌, 좋음, 싫음, 애정, 분노와 같은 감정들이 포함된다.

출생 초기부터 영아들이 표현하는 정서 유형에 대해 연구한 이자드 등(Izard et al., 1991)은 관심 · 불안 · 혐오 등은 출생시에 나타나며, 사회적 미소는 4~6주 사이에, 분노 · 놀람 · 슬픔은 3~4개월에 나타난다고 하였다. 더불어 공포는 5~7개월 사이에, 부끄러움과 수줍음은 6~8개월에 나타나며 수치심과 죄의식은 2세 때까지 나타나지 않는다고 하였다.

이는 정서 표현이 어느 정도는 생물학적으로 결정된다는 사실을 지지해 주는데 이러한 정서를 일차적 정서 혹은 초기 정서라 부른다. 행복 · 분노 · 놀람 · 공포 · 혐오 · 슬픔 등은 일차 정서의 예이다. 일차적 정서는 영아기 초기에 나타나지만 수치 · 부러움 · 죄책감 · 자부심 같은 정서는 첫돌이 지나서야 나타나며, 이를 이차적 정서 혹은 복합 정서라고 한다.

부카코와 대럴(Bukatko & Daehler, 1998)은 여러 연구 결과들을 종합하여 다음 | 표 4-3 | 과 같이 영유아의 정서 발달 과정을 제시하고 있다.

|표 4-3| 정서 발달 예정표

신생아
- 엄마의 얼굴, 목소리, 냄새 구별
- 흥미, 고통, 혐오, 즐거움, 슬픔, 분노, 놀람 표현
- REM 수면시 미소 표현
- 신체적 욕구에 의한 울음

1개월
- 안달복달한 울음 표현

3개월
- 양육자에게 미소 지음
- 분노, 놀람, 슬픔을 구별
- 상호 동시적으로 참여

4개월
- 촉각적 · 시각적 자극에 대한 반응에 웃음

7개월
- 공포 표현
- 구체적인 애착, 낯선 이에 대한 불안, 분리 저항 보임

12개월
- 사회적 참조 표현 시작

18~24개월
- 죄의식, 수줍음, 분노 표현
- 감정 상태를 표현하는 어휘 사용
- 고통을 일으키지 않은 대상에 관심을 돌림으로써 정서 조절함

3~4세
- 동성 친구 선호
- 정서의 원인과 결과를 표현
- 영아기 때의 분리불안과 애착행동 감소

6~7세
- 시간이 지남에 따라 감정은 희석되고 사고가 정서를 통제한다는 것을 이해
- 동시에 두 가지 감정을 느끼는 것이 가능함을 이해

10~12세
- 위장된 감정을 표현함
- 감정 상태에 기초한 정서 개념 획득

| 출처 | 김현주 · 김정희 · 송연숙 · 최애경 · 박선미(2017). 영유아발달.

(2) 기질

갓 태어난 아기의 키, 몸무게, 얼굴 모습이 다르듯이 아기의 행동 유형도 출생시부터 상당한 차이를 보인다. 예를 들면, 어떤 아기는 조금만 배가 고파도 자지러질 듯 울지만 어떤 아기들은 아주 느리고 순한 울음소리를 낸다. 이처럼 정서적 표현 양식과 환경 자극에 대한 반응 양상의 차이를 통해 식별할 수 있는 성격의 개인차를 기질(temperament)이라 한다. 이러한 특성에 있어 영아들 사이의 개인차는 시간이 흘러도 심지어 아동 중기까지도 안정적인 것으로 나타난다고 보고된다.

토마스와 체스(Thomas & Chess)는 이러한 기질적 특성의 차이를 3가지 유형으로 구분하였는데 다음과 같다.

순한 영아	• 규칙적인 생리적 리듬을 가지며 일반적으로 긍정적 정서를 보이고 새로운 상황에 쉽게 적응한다.
까다로운 영아	• 생리적인 리듬이 불규칙하고 자주 울며, 새로운 상황에 대한 적응에 다소 시간이 걸리며 어려워한다.
반응이 느린 영아	• 활동성이 적고 다소 적응성이 떨어지며 낮은 강도의 정서를 보여준다.

이렇게 기질을 파악하려는 목적은 개개 영유아의 기질에 맞는 성장 환경을 조성하여 조화롭게 양육함으로써 보다 나은 발달과 적응을 돕고자 하는 데 있다. 영유아의 기질과 어머니의 성격, 양육 방식 간의 조화는 매우 중요한 요인이 된다. 따라서 개인의 기질과 환경적 요구가 조화를 이룰 때에 가장 적절한 발달이 이루어질 수 있음을 고려하여, 양육자는 영유아의 개인적 특성에 민감하되 융통성 있게 반응하고, 영아를 부정적인 측면으로 바라보는 것을 피해야 한다.

(3) 애착

정서와 사회성 발달에서 가장 널리 논의되고 실제로 연구된 것 중의 하나는 애착이다. 애착이란 영아와 양육자 간을 밀접한 관계로 묶어주는 강한 정서적 유대감을 의미한다. 이러한 애착은 영유아기 동안의 인지적 · 사회적 · 정서적 발달과 관련되기 때문에 발달심리학에서 중요한 위치를 차지하고 있다.

영아와 양육자 간의 애착 관계 형성과정은 다음과 같다(Hertherington & Parke, 1993).

애착 단계	발달 내용
애착 형성 이전 단계 (출생~3개월)	• 영아는 사람을 비롯한 사회적 대상을 선호하나 특정 대상을 구분하지는 않는다. 아직 애착이 형성되지 않아 모든 사람에게 미소를 띠며 반긴다. 생후 5주 이후 영아는 특정 대상에 대한 구분 없이 사회적 미소를 표현하는데 '배냇짓'이 대표적 반응이다.
애착 형성 단계 (3~8개월)	• 영아는 친숙한 사람, 친숙하지 않은 사람을 구분하고 다르게 반응한다. 생후 5개월경이 되면 친숙한 대상과 낯선 대상 간의 구분이 생기면서 양육자에게 보다 분명한 사회적 미소를 자주 보낸다. 생후 6~7개월경이 되면 본격적인 애착 관계를 형성한다. 영아는 엄마의 냄새, 음성, 안는 방법, 얼굴 모습 등 여러 감각적·지각적 단서를 통합해서 엄마를 알게 된다. 그러나 엄마가 아기로부터 떨어져도 아직은 분리불안 행동은 보이지 않는다.
애착 단계 (6, 8~18개월)	• 영아는 특정 대상에 대한 강한 집착을 보이며 애착 대상과 떨어질 때에도 분리불안을 보인다. 낯가림도 이 시기에 서서히 나타난다. 영아는 엄마가 눈에 보이지 않으면 다시 돌아온다는 생각을 하지 못한다. 따라서 엄마가 보이지 않을 때는 매우 큰 분리 반응(불안)이 나타난다.
상호관계의 형성 단계 (18개월~만 2세)	• 2세 정도가 되면 영아는 애착 대상을 형제, 할머니, 할아버지, 정규적인 양육자 등으로 확대한다. 이러한 애착은 일차적인 양육자에 대한 애착 반응과 같은 특성이다. 이 무렵 영아는 언어와 인지가 발달하여 엄마가 보이지 않아도 언제쯤 다시 올지 예측할 수 있다. 어린이집에 있어도 엄마가 다시 돌아온다는 것을 이해한다.

영유아는 대부분의 양육자에게 애착을 형성하지만 영유아가 애착 관계에서 느끼는 안정성 수준에는 개인차가 있다. 아인스워스(Ainsworth, 1979)는 어머니와의 재결합 시에 나타나는 유아의 반응을 토대로 애착 상태를 3가지 유형으로 분류하였고, 최근 메인과 솔로몬(Main & Solomon, 1990)이 불안정-혼돈 애착을 첨가하여 애착 유형은 크게 4가지로 구분된다.

1 안정-애착

어머니와 함께 있을 때 편안하게 놀고 비교적 낯선 사람에게도 긍정적인 반응을 한다. 어머니를 안전기지 삼아 주위 장난감을 탐색하기 위해 어머니에게 쉽게 떨어지고 낯선 상황을 탐색한다. 어머니가 떠나면 놀이를 중단하고 울지만 어머니가 돌아오면 매우 반기는 모습을 보여주며 어머니가 안아주면 울지 않고 다시 진정되면서 분명한 애착 신호를 보여준다. 이들은 애착행동과 탐색행동 간의 균형을 유지하고 있다.

2 불안정-회피 애착

어머니와 함께 있을 때에도 어머니에게 관심을 나타내지 않는다. 심지어 어머니와 떨어져도 심하게 울지 않고 스트레스를 별로 받지 않는 것처럼 보인다. 어머니가 돌아와도 무관심하거나 혼자서 놀면서 어머니를 회피하거나 무시하는 경향이 있으며, 신체적 접촉 및 상호작용을 거부한다. 이들은 어머니를 탐색의 기지로 삼지 않으며, 어머니나 낯선 사람 모두에게 유사한 반응을 보인다. 어머니와 떨어지거나 곤경에 처해도 어머니에게서 위안을 구하지 않는 경향이 있다.

3 불안정-저항 애착

어머니와 함께 있을 때에도 불안해하며 곁에 계속 붙어 있으려하고 놀이에 몰두하지 못한다. 탐색행동을 거의 하지 않고 어머니 옆에만 있으려 한다. 어머니와 함께 있을 때에도 낯선 사람에 대해 경계를 나타내고 어머니가 방을 나가면 큰 소리로 울고 심한 분리불안을 보인다. 그러나 어머니와 재회 시에는 더 오랫동안 울며, 어머니에게 안정감을 받기보다는 분노를 나타내거나 어머니를 거부하는 양면적인 모습을 나타낸다. 이들은 지나친 애착행동으로 탐색행동을 하기가 어렵다.

4 불안정-혼돈 애착

애착형성이 불안정하면서도 회피와 저항의 어느 쪽에도 속하기 어려운 복합된 반응을 보인다. 낯선 상황에서 어머니가 돌아오면 처음에는 다가가서 안겼다가 이내 화난 듯이 밀어버리거나 어머니에게서 떠나는 양극적인 반응을 보인다. 이러한 반응은 어머니와의 접촉에 대한 욕구는 강하나 어머니로부터 무시당하거나 구박받는 데서 오는 공포가 공존하기 때문에 나타나는 것으로 해석된다.

3 유아기 발달

만 2세에서부터 초등학교 입학하기 이전까지의 시기에 해당된다. 이 시기는 영아기에 비해 성장 속도는 완만하지만 꾸준한 신체 운동 발달이 이루어지며, 인지 능력의 발달이 활발하고 상상과 환상이 풍부해지는 특성을 보인다. 또한 자신을 둘러싼 주변 환경에 대한 탐색이 활발해지고 많은 어휘를 습득하여 다른 사람들과의 의사소통도 활발하게 일어난다.

1) 신체 및 운동 기능 발달

(1) 신체 발달

영아기만큼은 아니지만 신장과 체중이 꾸준히 증가한다. 생후 3년째부터는 신장과 체중의 증가가 느려지지만 신장은 매년 5~6㎝ 정도씩, 몸무게는 약 2~3kg씩 증가한다. 6세가 되면 키는 115㎝, 몸무게는 21kg 정도가 되며, 유아기에 접어들면서 키와 몸무게의 성장 비율이 점차 감소하는 현상을 보인다.

배가 나오고 살이 통통하고 다리가 짧았던 영아기 때의 외모에서 점차 팔다리가 길어지고 체지방이 계속적으로 감소하면서 배가 들어가고 몸통이 가늘어져 성인과 비슷한 모습으로 변화하게 되지만, 여성적 · 남성적 체격 특성은 아직 나타나지 않으며 남녀 모두 비슷하게 직선적이고 평면적인 체형을 보인다. 한편 대부분의 유아는 자신의 몸, 가족이나 또래의 몸에 관심을 가지고 비교하며 신체가 어떻게 기능을 하는지 호기심을 가진다.

키와 몸무게처럼 뇌의 발달도 유아기 동안 계속해서 성장하지만 영아기에 비해 속도가 감소되는데 다음의 | 표 4-4 | 를 통해 신장 및 체중의 발달 양상을 살펴볼 수 있다. 우리나라는 소아 및 청소년 성장 도표를 10년마다 다시 계측하여 제시하고 있는데 최근 자료는 질병관리본부 사이트를 통하여 참고할 수 있다.

|표 4-4| 우리나라 아동의 평균 키와 몸무게

남아				나이	여아			
체중 (kg)	신장 (㎝)	체질량 지수 (kg/m²)	머리둘레 (㎝)		체중 (kg)	신장 (㎝)	체질량 지수 (kg/m²)	머리둘레 (㎝)
3.41	50.12		34.70	출생시	3.29	49.35		34.05
5.68	57.70		38.30	1~2개월	5.37	56.65		37.52
6.45	60.90		39.85	2~3개월	6.08	59.76		39.02
7.04	63.47		41.05	3~4개월	6.64	62.28		40.18
7.54	65.65		42.02	4~5개월	7.10	64.42		41.12
7.97	67.56		42.83	5~6개월	7.51	66.31		41.90
8.36	69.27		43.51	6~7개월	7.88	68.01		42.57
8.71	70.83		44.11	7~8개월	8.21	69.56		43.15
9.04	72.26		44.63	8~9개월	8.52	70.99		43.66
9.34	73.60		45.09	9~10개월	8.81	72.33		44.12
9.63	74.85		45.51	10~11개월	9.09	73.58		44.53
9.90	76.03		45.88	11~12개월	9.35	74.76		44.89
10.41	78.22		46.53	12~15개월	9.84	76.96		45.54
11.10	81.15		47.32	15~18개월	10.51	79.91		46.32
11.74	83.77		47.94	18~21개월	11.13	82.55		46.95
12.33	86.15		48.45	21~24개월	11.70	84.97		47.46
13.14	89.38	16.71	49.06	2~2.5세	12.50	88.21	16.34	48.08
14.04	93.13	16.29	49.66	2.5~3세	13.42	91.93	16.01	48.71
14.92	96.70	15.97	50.10	3~3.5세	14.32	95.56	15.76	49.18
15.91	100.30	15.75	50.43	3.5~4세	15.28	99.20	15.59	49.54
16.97	103.80	15.63	50.68	4~4.5세	16.30	102.73	15.48	49.82
18.07	107.20	15.59	50.86	4.5~5세	17.35	106.14	15.43	50.04
19.22	110.47	15.63	51.00	5~5.5세	18.44	109.40	15.44	50.21
20.39	113.62	15.72	51.10	5.5~6세	19.57	112.51	15.50	50.34
21.60	116.64	15.87	51.17	6~6.5세	20.73	115.47	15.61	50.44
22.85	119.54	16.06	51.21	6.5~7세	21.95	118.31	15.75	50.51
24.84	123.71	16.41		7~8세	23.92	122.39	16.04	
27.81	129.05	16.97		8~9세	26.93	127.76	16.51	
31.32	134.21	17.58		9~10세	30.52	133.49	17.06	
35.50	139.43	18.22		10~11세	34.69	139.90	17.65	

남아				나이	여아			
체중 (kg)	신장 (㎝)	체질량 지수 (kg/m²)	머리둘레 (㎝)		체중 (kg)	신장 (㎝)	체질량 지수 (kg/m²)	머리둘레 (㎝)
40.30	145.26	18.86		11~12세	39.24	146.71	18.27	
45.48	151.81	19.45		12~13세	43.79	152.67	18.88	
50.66	159.03	20.00		13~14세	47.84	156.60	19.45	
55.42	165.48	20.49		14~15세	50.93	158.52	19.97	
59.40	169.69	20.90		15~16세	52.82	159.42	20.42	
62.41	171.81	21.26		16~17세	53.64	159.98	20.77	
64.46	172.80	21.55		17~18세	53.87	160.42	21.01	
65.76	173.35	21.81		18~19세	54.12	160.74	21.13	

| 출처 | 질병관리본부 · 대한소아과학회 · 소아청소년신체발육표준치 제정위원회(2007). 2007년 소아 및 청소년 표준성장 도표-해설.

(2) 운동 발달

유아기에는 신체적 안정성, 이동 능력, 조작적 능력이 발달하여 신체를 이용한 다양한 활동을 수행할 능력을 갖게 된다. 행동 반경이 넓어지고 탐색 욕구가 강해지면서 자신이 가지고 있는 운동 능력을 시험해 보려는 시도를 하며, 활동 수준이 매우 높아 끊임없이 움직이는 경향을 보인다.

이 시기의 유아는 미끄럼 타기, 정글짐 오르내리기, 공 던지기, 공 차기, 자전거 타기, 그네 타기, 시소 타기, 사다리 오르기 등과 같은 운동놀이를 즐기며 이러한 신체 운동놀이를 통해 또래와의 협동이나 규칙 지키기와 같은 사회적 관계를 형성하기도 한다.

이처럼 유아기에는 운동 발달이 빠르게 진행되지만 유아는 종종 자신의 신체 능력을 과대 평가하거나 활동적이고 탐색적인 유아기의 특성, 위험 상황을 제대로 인식하지 못하는 판단력의 부재로 인해 사고를 당하는 경우가 발생하기도 한다.

한편 유아기에는 소근육이 점차 발달한다. 따라서 2세 이후의 유아는 자신의 생활을 이끌어나갈 수 있는 자조 능력이 생긴다. 자조 기술의 발달 양상은 개인차를 보이지만 대체로 | 표 4-5 | 와 같다.

| 표 4-5 | 연령별 자조 기술의 발달

연령	자조 기술
2세	• 숟가락을 사용하여 밥을 먹는다. • 컵으로 물을 마신다. • 자연스럽게 배변 훈련을 시작할 수 있다.
3세	• 눈과 손의 협응, 소근육 운동이 현저하게 발달한다. • 종이 위에 크레파스로 원, 세모, 네모 등의 단순한 형태를 그릴 수 있다. • 엄지와 검지를 사용하여 숟가락, 젓가락을 사용한다. • 스스로 옷을 입기 시작한다. • 단추를 끼우고 뺄 수 있다. • 화장실 사용을 혼자 할 수 있다.
4세	• 가위로 표시된 선을 따라 자를 수 있다. • 사람을 그린다. • 여러 가지 모양을 만든다. • 구슬을 실에 꿴다. • 연필이나 크레파스를 자유롭게 사용한다. • 세모, 네모 등의 여러 가지 모양과 숫자, 글자를 보고 베낄 수 있다. • 단추나 지퍼를 열고 닫을 수 있다. • 신을 벗고 가지런히 놓을 수 있다.

| 출처 | 김현주 · 김정희 · 송연숙 · 최애경 · 박선미(2017). 영유아발달.

2) 인지 발달

피아제는 인지 발달 단계에서 유아기를 전조작기라고 명명하였다. 2세부터 7세에 해당되는 시기로 상징과 심상(image)을 사용하고, 여러 개념들이 발달하는 인지 능력은 증가하지만 이 시기 특유의 직관적 사고의 한계인 중심화 경향을 보이기도 한다.

(1) 상징적 활동의 증가

감각운동기에서 전조작기로 발달하는 가장 뚜렷한 이정표는 상징과 심상을 사용하는 것이다. 전조작기 유아의 놀이에서는 가상적 놀이가 많이 나타난다. 예를 들면 베개를 안고 아기를 재우거나, 막대기를 들고 총을 쏘는 흉내를 내거나, 수없이 많은 그리기 활동 등 비언어적인 상징 행동을 많이 하는데, 이는 유아의 내면에 형성된 심상들이 놀이를 통해 표출되는 상징과 활동이다. 이러한 상상놀이는 상상력, 창의력, 사회성 발달에 많은 도움이 되므로 인지 발달에 있어 중요한 의미를 지닌다.

(2) 자기중심적 사고

이 시기의 유아는 모든 것을 자신의 입장에서만 보고, 타인의 관점이나 생각, 감정을 고려하지 못하고 자신과 동일하다고 믿는다. 피아제는 이러한 자기중심적 사고가 자기중심적 시각 조망, 자기중심적 언어 및 집단적 독백으로 나타난다고 보았다. 자기중심적 시각 조망이란 자신이 보는 것과 동일하게 타인도 지각할 것이라는 정신적 조작을 의미하며, 자기중심적 언어는 자신의 언어를 타인이 이해할 수 있는지 고려하지 못하여 사회적인 의사소통이 아닌 자신과의 언어 소통에만 초점을 맞추는 것을 의미한다.

이러한 자기중심적 사고는 다른 사람의 관점을 수용하는 능력이 제한되어 있음을 의미하는 것으로 이기주의와는 구별된다.

(3) 직관적 사고

이 시기 유아의 사고는 지각적 특성에 가장 큰 영향을 받는다. 예를 들면, 단 한 가지의 두드러진 지각적 속성으로 대상이나 사물을 판단한다는 것이다. 이러한 사고는 중심화의 경향으로 유아의 반응이 지각적으로 편향되어 있음을 의미하는데, 유아에게 중요한 것은 사물이 바로 그 순간에 어떻게 보이는가 하는 것이다.

이러한 특징은 보존 과제 및 유목 포함 조작 등에서 뚜렷하게 볼 수 있다. 양에 대한 보존 과제에서 유아는 높이와 넓이라는 두 가지 차원을 동시에 고려하지 못하고 높이 혹은 넓이라는 한 가지 차원에만 집중하여 문제를 해결하려는 양상을 보인다. 이와 같은 전조작기 유아의 보존 개념의 결여는 수, 질량, 길이, 부피, 면적 등에 대해서도 나타난다.

(4) 물활론적 사고

전조작기의 유아가 생물과 무생물을 구분하는 방식은 성인의 경우와 다르다. 이 시기 유아는 모든 사물은 살아 있고 각자의 의지에 따라 움직인다고 생각하는데 이런 사고를 물활론적 사고라 한다. 이 시기 유아의 그림에서는 태양과 꽃이 웃거나 울고 있으며, 책상 모서리에 부딪혀 넘어진 이유를 책상이 일부러 자기를 넘어뜨렸다고 생각하여 손바닥으로 책상을 때리면서 "땟지"라고 말하기도 한다.

물활론적 사고는 유아기 초기의 가장 현저한 특성으로 약 4, 5세가 되면 감소하기 시작한다.

(5) 실재론적 사고

실재론은 정신적인 것과 물리적인 것이 미분화된 상태로 존재하여 정신적인 현상에 물리적인 속성을 부여하는 전조작기 유아 특유의 현상 개념을 의미한다. 꿈은 유아의 실재론적 사고가 가장 잘 나타나는 예인데, 이 시기 유아는 자신이 꾼 꿈의 내용이 실제라고 생각한다. 예를 들면 꿈에 아빠가 등장했다면 아빠도 자신의 꿈을 알고 있을 거라고 생각한다.

도덕적 판단도 실재론에 의존하는데, 이 시기의 유아는 놀이에서 규칙이란 변할 수 없으며 반드시 지켜야 하는 것으로 믿으며, 동기나 과정보다도 행위의 결과 여부에 따라 잘못한 정도를 판단하는 경향을 보인다. 따라서 이 시기의 유아는 잘못이 크면 클수록 의도와 관계없이 벌이 더 커야 하며 더 나쁘다고 생각한다.

3) 언어 발달

유아기에는 형태론, 구문론, 의미론, 화용론 등 언어 규칙 체계에 대한 많은 지식을 습득해가며 성인의 언어처럼 길고 복잡한 문장을 익혀 나간다.

2세경부터 유아는 기본적인 의사소통 기술과 대상, 사회적 상황에 맞추어 자신의 언어를 적절하게 사용하는 화용론적 능력을 발달시킨다. 의사소통을 할 때는 교대로 말을 하고, 상대방을 쳐다보면서 말을 해야 하며, 멀리 있는 사람과 이야기할 때는 목소리를 크게 해야 하거나 다가가야 한다는 것을 알게 된다. 그러나 유아기에는 정보를 탐지하는 것이 아직 미숙하기 때문에 의사소통에서의 문제가 발생하기도 한다. 문장의 의미보다는 자신의 해석에 더 집중하므로 언어적인 모호성 같은 것은 잘 탐지하지 못한다.

3, 4세쯤 되면 유아의 어휘 사용량은 약 1,000개까지 증가한다. 두 단어를 조합하여 문장을 만드는 전보식 언어를 사용하며, 어휘가 폭발적으로 증가하면서 사물의 이름을 많이 알게 되고 호기심과 질문이 많아진다. 그리고 의도적으로 문법을 가르치지 않아도 일반적으로 유아는 기본적인 문법 구조를 습득해가며 점차적으로 성인의 언어와 비슷해지는 경향을 보인다. 의문문과 부정문도 사용하지만 때로는 문법에 맞지 않는 불완전한 문장을 사용하며, 말할 때 몸짓을 크게 하고 질문이 많으며, 우스운 소리나 말놀이 자체를 즐기기도 한다.

유아기가 끝날 무렵이면 거의 완전한 문장으로 대화가 가능하게 되고, 성인의 언어 형태와 흡사하여 의사소통이 원만하게 되며, 글자 이름, 소리, 단어의 변별이 가능하게 된다. 이 시기 유아는 과장하는 말이나 유머 사용하기를 좋아하고, 추상적인 질문을 많이 하며 노래 부르기도 좋아한다. 지각 능력과 변별력의 발달로 문자 및 동화책에 관심을 보이기 시작하며 스스로 읽기도 하고 아는 글자를 찾아보는 행동도 보인다.

4) 정서 및 사회성 발달

(1) 정서 발달

유아기는 정서가 강하게 나타나지만 지속 시간이 짧고 정서 반응이 다양하고 폭발적인 특징을 보인다. 어린 유아들도 작은 일에 대해 격렬한 정서 표현을 하는데 약 4세쯤 되면 이러한 표현은 감소된다.

성인처럼 유아도 일상생활을 통하여 여러 가지 정서적 경험을 하며, 때때로 타인의 정서적 반응과 감정에 대해 인식하려고 애쓴다. 유아기의 정서 발달 중에 가장 큰 변화는 자신과 타인의 정서를 지칭하는 언어 사용 능력과 정서에 대한 이해력이 증가되었다는 것이다(Kubei, 1994). 유아가 자신에 대해 언급할 수 있고 자신을 다른 사람과 구별되는 존재로 인식하게 되면서 자의식이 발달하게 되는데, 자부심, 수치심, 당황스러움, 죄책감과 같은 정서가 이에 해당된다(최경숙 · 박영아, 2005).

2, 3세 유아는 정서를 나타내는 많은 단어들을 사용하며, 성장하면서 정서적인 낱말 그 이상으로 이해하게 되어 정서의 원인과 결과에 대해서도 알아간다. 3, 4세 유아에게

질투심은 흔히 볼 수 있는 정서인데, 이는 신체 · 생리적 현상이라기보다는 인지 · 사회적 발달로 나타나는 행동이다. 예를 들면, 동생의 출생으로 인한 심리적 스트레스가 오줌 싸기, 손가락 빨기 등의 퇴행 행동으로 나타나기도 한다. 4세가 되면 청각적인 것에 대한 두려움이 강해지고, 5세경에는 불안, 수치, 실망, 부러움, 기대, 희망 등의 정서가 분화되어 나타난다. 또한 6세경에는 귀신과 같은 상상적인 대상에 대한 공포를 느끼면서 심리적으로 위축되기도 한다.

5세쯤 되면 정서에 대한 유아의 반성적 사고 능력이 증가하게 되는데, 동일한 사건이 사람들 간에 상이한 감정을 유발할 수 있고, 사회적 규준에 부합하기 위해 정서를 통제하고 관장하는 것에 대한 인식이 증가함을 보여준다.

따라서 부모와 교사는 유아로 하여금 정서를 이해할 수 있도록 도울 수 있다(Saarni, 1979). 불쾌, 슬픔, 분노, 죄의식 등과 같은 정서들을 유아가 잘 조절하도록 도와주기 위해 이야기를 나누며 유아의 정서적 감정과 욕구에 귀 기울임으로써 성인은 유아를 이해하게 되고 그러한 정서를 유아가 통제하도록 도울 수 있다(Hochschild, 1983). 정서적 이해력과 조절력이 높은 유아는 사회적 유능감이 높고 또래와 좋은 관계를 유지하며 즐기는 경향을 보인다고 한다. 이처럼 유아기 동안에 다른 사람의 정서 표현을 인지하고 해석하는 능력은 꾸준히 향상된다.

(2) 사회성 발달

사회적 행동은 사회의 구성원으로서 갖추어야 할 규범이며, 유아는 사회화 과정을 통해 사회가 가지고 있는 가치를 내면화하면서 이를 습득하게 된다.

유아기는 영아기에 비해 대인 관계의 폭이 넓어지고 다양해지는 시기이다. 성장하면서 생활 범위가 가정뿐만 아니라 영유아보육기관과 사회로 점차 확대되며, 이러한 가정과 영유아보육기관의 새로운 경험은 유아의 사회성 발달을 위한 자연스런 기회가 된다. 특히 또래와의 풍부한 경험은 사회성 발달의 중요 요인이므로 또래와 잘 어울릴 수 있는 환경을 조성해 주어야 한다. 그리고 이 시기는 집단 생활의 교육적인 의의가 특별히 강조되는 시기라고 할 수 있다. 이 시기에 주로 맺게 되는 사회적 관계는 부모와의 관계, 형제 관계, 또래 관계 등이다(이순형 외, 2005).

3세쯤 되면 유아는 자신의 능력과 기술을 알게 되면서 점차 자신감을 보인다. 흔히

미운 3살, 제1반항기라고 불리는 이 시기 동안 유아는 "싫어!", "안 해!"라는 말을 주로 사용하면서 부모의 요구에 반항하는 행동을 보이기도 한다. 그리고 4, 5세가 되면 차츰 성에 대한 호기심이 많아져 유아 자신이나 부모, 형제 · 자매, 친구의 성별에 관심을 보인다. 동시에 부모의 사랑과 관심을 독차지하려는 경향이 나타나 형제 · 자매나 동성의 부모가 경쟁의 대상이 되기도 한다.

그러나 이러한 과정에서 부모의 태도나 가치관을 자신의 것으로 받아들이는 동일시가 강하게 나타나며, 이는 이후에 형성되는 초자아의 기초가 된다. 따라서 유아는 초보적 형태의 양심이기는 하지만 도덕적 행동이 어떤 것인가에 대한 개념을 형성하게 된다.

또한 자신을 둘러싸고 있는 관계 속에서 겪는 사회화 과정을 통해 유아는 자아 개념을 형성하게 되며, 친사회적 행동과 성역할 개념도 획득하게 된다. 이때 놀이는 유아의 사회성 발달에 있어 매우 중요한 역할을 한다. 놀이를 통해 유아는 점차 사회적 기술과 역할을 습득하며, 타인의 요구 사항을 이해하게 되고, 현실에서 경험한 좌절 등을 해소하기도 한다. 이러한 과정을 통해 놀이 형태는 연합놀이나 협동놀이로 발전하며, 유아는 자신의 공통적인 흥미, 요구, 비슷한 체격을 가진 또래와의 상호작용을 선호하는 경향을 보이며 또래 관계에서 소속감을 갖게 된다.

IQ가 높으면 머리가 좋고 낮으면 머리가 나쁘다는 것은 잘못된 편견

지금까지 IQ는 지능을 평가하는 지표로 인식되어 왔지만, 사실 IQ검사로는 인간의 지적인 능력 중 극히 일부만을 확인할 수 있을 뿐이다. 원래 IQ검사는 프랑스에서 1905년 교육심리학자인 알프레드 비네가 의무 교육제도의 정규과정에 적응하지 못할 학생을 미리 가려내기 위해 실시한 데서 유래한 것이다. 이러한 검사가 지능을 평가하는 기준이 되면서 공부를 잘하는 아이를 지능이 높다고 평가해왔지만 요즘은 아이의 재능을 단지 IQ 하나로 판단할 수 없다는 다중지능이론이 지지를 받고 있다. 이 이론은 인간의 지능이 8개의 다른 영역으로 구성되며 다양한 지능의 조합으로 수많은 재능이 나타난다고 설명한다.

다중지능 이론은 1983년 하버드대 교수인 하워드 가드너에 의해 처음 만들어졌다. 그는 무의식적으로 공부 잘하는 아이는 '지능'이 높으며 음악, 미술, 체육 등을 잘하는 아이는 '재능'이 있다고 표현하는 것에 대한 연구를 시작했다. 그 결과 성적이 좋거나 피아노를 잘 치는 학생, 운동을 잘하는 학생 모두 두뇌 활동의 결과물로 이러한 재능 모두를 지능이라고 불러야 한다는 결론에 도달했다. 하워드 교수는 지능을 문제의 해결 능력 또는 중요하게 여기는 어떤 것을 만들어내는 능력으로 정의했으며 또 지적 활동의 결과이자 과정이고 동시에 내용이며 양식으로 이 모두를 의미한다고 보았다. 그는 1983년 『정신의 구조 다중지능 이론』이라는 저서를 통해 7개의 지능을 소개했으며 이후 8번째 지능인 자연탐구 지능을 목록에 추가했으며 이후 더 많은 영역에 대해 연구 중이다. 모든 사람은 이 여러 가지 지능을 전부 가지고 있는데 개인에 따라 각기 재능의 우수한 정도가 다를 수 있으며 각각의 지능을 적절한 수준까지 개발할 수 있다는 것이 다중지능 이론의 핵심이다.

IQ 지수로 나타낼 수 없는 아이의 가능성

2008년 방송된 EBS 다큐프라임 '아이의 사생활'의 네 번째 편은 다중지능에 대한 · 흥미로운 내용을 다뤄 화제를 모았다. 이 방송에서는 자신의 직업이나 진로가 적성에 맞지 않아 고민하는 사람들과 성공한 사람들을 비교하는 실험을 진행했는데 성공한 사람들은 발달된 다중지능과 종사하고 있는 직업의 특성이 잘 맞는 것으로 밝혀졌다. 모든 사람은 선천적으로 강점 지능과 약점 지능을 가지고 태어나는데 약점 지능은 보완이 가능하므로 좌절할 필요가 없다. 특히 두뇌 발달이 활발하게 이뤄지는 유아기에는 다양한 놀이와 경험을 통해 약점을 보완할 수 있으므로 부모들의 관심과 노력이 더욱 중요하며 필요하다고 할 수 있다.

Chapter 05

Introduction to Child Care & Education

보육과정

1 보육과정의 개념

2 보육과정의 구성

3 제3차 어린이집 표준보육과정

4 보육과정의 계획과 운영

보육의 핵심적인 요소인 보육과정은 보육이 나아가야 할 방향을 설정해주고, 영유아의 조화로운 성장과 발달에 가장 기초가 되는 재료라고 할 수 있다.

본 장에서는 보육과정에 대한 이해를 돕기 위해 보육과정의 개념, 보육과정의 구성, 제3차 어린이집 표준보육과정, 보육과정의 계획과 운영으로 나누어 살펴보고자 한다.

1 보육과정의 개념

보육과정은 시대 · 사회적 배경에 따라 각기 다르게 발전되어 왔고, 그에 따라 보육과정의 목적 및 내용, 방법과 평가도 변화해 왔다. 보육과정은 영유아의 보육에 있어서 무엇을, 어떻게 가르쳐야 하는가에 대한 핵심적인 내용이며, 어린이집에서 실행 가능한 형태로 계획 · 운영되는 교육과정이나 프로그램이라고 볼 수 있다.

「영유아보육법」에 명시된 보육의 개념을 보면 보육과정의 개념이 좀 더 명확해진다. 보육은 '영유아를 건강하고 안전하게 보호 · 양육하고 영유아의 발달 특성에 맞는 교육을 제공하는 어린이집 및 가정양육 지원에 관한 사회복지 서비스'라고 기술되어 있는데 이는 보호와 교육의 두 측면 모두가 보육과정에 포함되어야 함을 시사한다. 이런 측면에서 볼 때에 보육과정은 보육의 방향성을 제시해주는 길잡이로서 영유아 발달에 대한 철학 및 보육목표, 보육내용, 보육방법, 보육평가가 포함된 기본 설계도라고 할 수 있다.

2 보육과정의 구성

1) 구성 방향

영유아를 위한 보육과정은 발달에 적합하고 영유아의 발달적 요구에 부응해야 하며, 발달에 적합한 보육내용을 포함하여 구성되어야 하다. 따라서 보육과정을 구성할 때는 「영유아보육법」에 명시된 범위 내에서 기본 방향을 설정한 후, 다음과 같은 보육과정의 계획이 일관성 있게 이루어지도록 해야 한다.

첫째, 보육의 대상을 고려해야 한다. 영유아의 발달 특성과 학급당 원아 수를 고려해야 한다. 즉, 영유아의 연령별 보육과정의 계획과 더불어 보육교사 대 영유아 비율에 대한 검토도 뒤따라야 한다.

둘째, 보육 일수와 보육 시간을 검토해야 한다. 「영유아보육법」에 규정된 바와 같이 '주 6일 이상, 하루 12시간 이상 운영'의 원칙하에 보호자의 근로 시간 등을 고려하여 조정 · 운영할 수 있다. 또한 관공서의 공휴일에 관한 규정에 의한 공휴일을 제외하고 연중 계속 운영하고, 지역 및 어린이집의 여건에 따라 보호자와 원장의 협의에 의하여 공휴일에도 운영할 수 있다고 명시되어 있다. 따라서 어린이집에서는 이 기준에 맞추어서 어린이집에 다니게 될 영유아와 부모, 지역사회의 특성 등을 고려하여 가장 적절한 보육 프로그램을 계획해야 한다.

셋째, 편제를 고려해야 한다. 즉, 표준보육과정의 영역에 기초하여 편성해야 한다(0–1세 보육과정 및 2세 보육과정: 기본생활, 신체운동, 의사소통, 사회관계, 자연탐구, 예술경험 영역의 6개 영역, 3–5세 보육과정: 신체운동 · 건강, 의사소통, 사회관계, 자연탐구, 예술경험 영역의 5개 영역). 이외에도 어린이집의 공간과 학습 자료가 고려되어야 한다.

2) 구성 요소

영유아를 위한 보육과정의 구성은 영유아의 전인적 발달을 위하여 우선적으로 보육목표를 설정한 후, 이에 기초하여 보육내용의 선정 및 조직이 뒤따라야 한다. 그리고 이에 적합한 교수-학습방법을 통해 보육활동을 수행한 후, 최종적으로 전체 보육과정을 평가하는 단계들로 이루어진다. 보육과정을 구성하는 이 네 요소들은 순환적이고 상호적으로 구성되어야 한다.

(1) 보육목표의 설정

보육목표는 보육과정의 전체 방향을 규정하고 보육과정의 실행을 통해 달성하여야 할 구체적인 내용을 의미한다. 적절한 보육목표의 설정은 질 높은 보육과정의 구성에 있어서 가장 기초가 되며 결정적인 요소로서, 미래의 국가 경쟁력인 능력 있는 민주 시민 양성의 초석을 다지는 데 필요하다. 따라서 보육목표를 설정할 때 국가 및 교육 이념이 반영된 철학, 사회적 · 문화적 맥락, 학습자인 영유아, 보육과정의 내용 등을 고려해야 한다.

특히 「영유아보육법」에 명시된 것처럼, 영유아의 이익을 최우선적으로 고려하여 영유아가 안전하고 쾌적한 환경에서 건강하게 성장할 수 있는 보육이념 하에 보육목표를 설정해야 한다.

(2) 보육내용의 선정 및 조직

보육내용의 선정은 무엇을 가르칠 것인가의 문제로서 보육내용은 보육 철학, 시대 · 사회 · 문화적 배경과 가치, 부모의 요구 등에 따라서 결정된다. 보육내용의 선정은 보육목표와 일관된 보육내용을 선정해야 하며, 영유아의 전인적 성장을 위해 도움이 되는 신체적 · 정서적 · 언어적 · 사회적 · 인지적 발달을 도모할 수 있는 내용이 모두 포함되어야 한다. 아울러 보육내용은 보육목표에 따라서 달라지지만 크게 지식, 가치, 기능 등을 포함하여 실행 가능한 것으로 선정해야 한다.

보육내용의 조직은 어떻게 가르칠 것인가의 문제로 보육내용을 영유아의 연령, 발달 특성을 고려하여 계열화하여 구성한다. 즉, 보육내용의 조직 시 구체적인 것에서 추상적인 것으로, 단순한 것에서 복잡한 것으로, 쉬운 것에서 어려운 것으로 계열성 있게 조직해야 한다. 이외에도 보육내용을 반복적으로 경험하게 조직하고, 그 내용들이 하나의 통합된 의미를 가지도록 통합적으로 조직하는 것이 바람직하다.

(3) 교수-학습방법

보육목표를 달성하기 위해 어린이집에서 실제로 보육내용을 적용하고 실행하는 과정인 교수–학습방법은 영유아가 보육활동을 해나가면서 의미 있는 경험이 되도록 고려하여 선정해야 한다.

교수–학습방법의 종류는 어린이집의 보육철학, 교사의 신념과 교수 유형 등에 따라서도 매우 다양하게 적용될 수 있는데 대 · 소집단 활동, 협동학습, 모델링, 토의, 실험, 설명하기, 프로젝트 활동 등의 방법을 영유아의 연령이나 발달 특성에 맞게 활용할 수 있다.

(4) 보육평가

보육평가는 계획하고 수행된 보육과정이 제대로 목표를 달성하였는지를 확인해 보고, 다음 보육과정 계획 수립을 위한 기초 자료로 활용하기 위한 과정이다. 따라서 보육평가는 영유아의 지식 습득 정도를 파악하거나 영유아와 다른 영유아를 비교하는 것이 아니라, 개별 영유아의 발달 상황을 이해하고 도와주는 긍정적인 측면에서 평가가 이루어져야 한다. 보육평가는 보육과정의 평가, 영유아평가, 교사평가, 환경평가, 부모평가 등의 영역에서 이루어진다. 이때 영유아의 발달특성을 고려하여 관찰법, 작품 분석, 포트폴리오 등의 방법을 적절히 선정하여 사용해야 한다.

3 제3차 어린이집 표준보육과정

1) 표준보육과정의 기초

제3차 어린이집 표준보육과정은 누리과정의 확대 · 도입 등 보육환경의 변화를 반영하고 보육의 질 제고를 위해 2013년에 개정 · 고시되었다(보건복지부 고시 제2013-8호). 제3차 어린이집 표준보육과정은 어린이집에서 운영해야 할 보편적이고 공통적인 보육 목표와 내용을 제시한 국가 수준의 보육과정으로, 0-1세 보육과정, 2세 보육과정, 3-5세 보육과정(누리과정)으로 구성된다(보건복지부, 2013c).

어린이집에서는 어린이집에 다니는 만 0~5세의 영유아들을 위해 0~2세 영아들에게는 제3차 어린이집 표준보육과정을, 3~5세 유아에게는 유치원교육과정과 어린이집의 표준보육과정이 통합된 3-5세 연령별 누리과정을 적용하여 운영한다.

(1) 추구하는 인간상

- 심신이 건강하고 행복한 사람
- 자율적이고 창의적인 사람
- 자신과 타인을 존중하고 배려하는 사람
- 자연과 우리 문화를 사랑하는 사람
- 다양성을 인정하는 민주적인 사람

(2) 목적 및 목표

<table>
<tr><th colspan="7">목적</th></tr>
<tr><td colspan="7">영유아의 심신의 건강과 전인적인 발달을 도와 행복을 도모하며 민주 시민의 기초를 형성하는 것을 목적으로 한다.</td></tr>
<tr><th colspan="7">영역별 목표</th></tr>
<tr><th>영역
보육과정</th><th>기본생활</th><th>신체운동</th><th>의사소통</th><th>사회관계</th><th>예술경험</th><th>자연탐구</th></tr>
<tr><td>0–1세 보육과정</td><td>건강하고 안전한 일상생활을 경험한다.</td><td>감각 및 기본 신체운동 능력을 기른다.</td><td>말소리를 구분하고 의사소통의 기초를 마련한다.</td><td>친숙한 사람과 관계를 형성한다.</td><td>아름다움에 관심을 가진다.</td><td>보고, 듣고, 만지면서 주변 환경에 관심을 가진다.</td></tr>
<tr><td>2세 보육과정</td><td>건강하고 안전한 생활습관의 기초를 마련한다.</td><td>감각, 신체조절 및 기본 운동 능력을 기른다.</td><td>의사소통 능력의 기초를 기른다.</td><td>나를 인식하고 다른 사람과 더불어 생활하는 경험을 한다.</td><td>아름다움에 관심을 가지고 예술경험을 즐긴다.</td><td>주변 환경에 호기심을 갖고 탐색하기를 즐긴다.</td></tr>
<tr><td>3–5세 보육과정</td><td colspan="2">신체운동 · 건강
기본 운동 능력과 건강하고 안전한 생활 습관을 기른다.</td><td>일상생활에 필요한 의사소통 능력과 바른 언어 사용 습관을 기른다.</td><td>자신을 존중하고 다른 사람과 더불어 생활하는 능력과 태도를 기른다.</td><td>아름다움에 관심을 가지고 예술경험을 즐기며, 창의적으로 표현하는 능력을 기른다.</td><td>호기심을 가지고 주변 세계를 탐구하며, 일상생활에서 수학적 · 과학적으로 생각하는 능력과 태도를 기른다.</td></tr>
</table>

| 출처 | 송연숙 · 최애경 · 유수경(2017). 보육과정.

(3) 연령별 보육과정의 내용범주

	기본생활	신체운동	의사소통	사회관계	예술경험	자연탐구
0-1세 보육과정, 2세 보육과정	건강하게 생활하기	감각과 신체 인식하기	듣기	나를 알고 존중하기	아름다움 찾아보기	탐구하는 태도 기르기
	안전하게 생활하기	신체조절과 기본 운동하기	말하기	나와 다른 사람의 감정 알기	예술적 표현하기	수학적 탐구하기
	–	신체활동에 참여하기	읽기	더불어 생활하기	예술 감상하기	과학적 탐구하기
	–	–	쓰기	–	–	–

↓

	신체운동 · 건강	의사소통	사회관계	예술경험	자연탐구
3-5세 보육과정 (누리과정)	신체 인식하기	듣기	나를 알고 존중하기	아름다움 찾아보기	탐구하는 태도 기르기
	신체조절과 기본운동하기	말하기	나와 다른 사람의 감정 알고 조절하기	예술적 표현하기	수학적 탐구하기
	신체활동에 참여하기	읽기	가족을 소중히 여기기	예술 감상하기	과학적 탐구하기
	건강하게 생활하기	쓰기	다른 사람과 더불어 생활하기	–	–
	안전하게 생활하기	–	사회에 관심 갖기	–	–

| 출처 | 중앙육아종합지원센터(2013). 어린이집 표준보육과정 및 0~2세 보육프로그램의 이해.

2) 표준보육과정의 편성과 운영

(1) 편성

- 어린이집의 운영 시간에 맞추어 편성한다.
- 표준보육과정에 제시된 각 영역의 내용을 균형 있게 통합적으로 편성한다.
- 영유아의 발달 특성 및 개인차, 경험을 고려하여 놀이를 중심으로 편성한다.
- 영유아의 일과 중 일상생활을 포함하여 편성한다.
- 어린이집과 보육실의 특성에 따라 융통성 있게 편성한다.
- 성별, 종교, 신체적 특성, 가족 및 민족 배경 등으로 인한 편견이 없도록 편성한다.

(2) 운영

- 보육계획(연간, 월간, 주간, 일일계획 등)에 의거하여 운영한다.
- 실내 · 외 환경을 다양한 흥미 영역으로 구성하여 운영한다.
- 영유아의 능력과 장애 정도에 따라 조정하여 운영한다.
- 부모와 각 기관의 실정에 따라 부모교육을 실시한다.
- 가정과 지역사회와의 협력과 참여에 기반하여 운영한다.
- 교사 재교육을 통해 어린이집 표준보육과정 운영을 개선해 나간다.

(3) 교수-학습방법

- 주도적인 놀이를 중심으로 교수-학습 활동이 이루어지도록 한다.
- 흥미를 중심으로 활동을 선택하고 지속할 수 있도록 한다.
- 생활 속 경험을 소재로 하여 지식, 기술, 바람직한 태도를 기르도록 한다.
- 교사와 신뢰감을 형성하고 개별적인 활동이 이루어지도록 한다.
- 교사, 환경, 또래와 능동적인 상호작용이 이루어지도록 한다.
- 주제를 중심으로 여러 활동이 통합적으로 이루어지도록 한다.
- 만 0~1세아, 만 2세아는 일상생활 및 개별 활동, 휴식 등이 균형 있게 이루어지도록 한다.

- 만 3~5세아는 실내 · 실외 활동, 정적 · 동적 활동, 대 · 소집단 활동 및 개별 활동, 일상생활 및 휴식 등이 균형 있게 이루어지도록 한다.

(4) 평가

1 보육과정 운영평가

- 어린이집 표준보육과정의 목표와 내용에 근거하여 보육내용이 적절히 편성 · 운영되는지 평가한다.
- 어린이집 표준보육과정의 운영 내용 및 활동이 영유아의 발달 수준과 흥미, 요구에 적합한지 평가한다.
- 영유아의 발달 수준, 흥미, 요구에 적합한 경험 및 학습을 촉진할 수 있는 다양한 활동과 교수학습방법이 계획되고 통합적으로 운영되는지 평가한다.
- 일과 운영 및 보육활동 구성 시 놀이 활동과 일상생활 활동의 양과 내용이 영아 및 유아 각 연령의 발달에 적합하게 계획되고 운영되는지 평가한다.
- 만 0~1세아, 만 2세아는 집단 활동보다 개별적인 상호작용과 교수법을 중심으로 상호작용이 진행되는지를 평가한다.
- 어린이집 표준보육과정 운영평가 결과를 수시로 반영하여 보육과정 운영계획을 수정 · 보완하거나 다음 연도의 계획 수립 및 운영에 반영하는지 평가한다.

2 영유아평가

- 어린이집 표준보육과정의 목표와 내용에 근거하여 영유아의 특성과 변화 정도를 평가한다.
- 지식, 기술, 태도 등을 평가한다.
- 일상생활과 보육과정 활동 전반에 걸쳐 평가한다.
- 관찰, 활동 결과물 분석, 부모면담 등 다양한 방법을 사용하여 종합적으로 평가하고, 그 결과를 기록한다.
- 평가 결과는 영유아에 대한 이해와 어린이집 표준보육과정운영 개선 및 부모면담 자료로 활용한다.

4 보육과정의 계획과 운영

1) 보육과정의 계획

영유아를 위한 보육과정은 대상 연령의 폭이 넓고, 동일 연령 내에서도 개인차와 발달 속도의 차이를 보일 수 있으므로 이를 고려하여 다양하게 계획할 수 있다. 이에 따라 보육과정의 계획은 영유아의 연령이나 발달 특성별로 구분하여 연간 · 주간 · 일일 보육계획을 사전에 미리 계획하여 일관성 있고 상호적으로 작성해야 한다.

특히 영아의 경우에는 급속한 발달과 성장이 일어나는 시기이므로 영아의 발달에 적합하고 개별적인 특성을 반영한 보육과정의 계획이 필요하다. 영아를 위한 보육과정은 일상생활 경험들이 모두 교육적으로 의미 있는 경험이 되도록 계획해야 한다. 반면 유아기는 호기심이 많고 독립적인 발달 양상을 나타내므로 이런 발달 특성을 보육과정의 계획시 반영해야 한다.

따라서 이러한 점을 감안하여 보육과정의 계획을 편의상 만 0~2세 영아와 만 3~5세 유아로 구분하고, 연간 보육계획, 월간 보육계획, 주간 보육계획, 일일 보육계획으로 기간별로 제시하였다.

(1) 연간 보육계획

연간 보육계획은 어린이집에서 1년 동안 이루어지는 전체적인 보육내용에 대한 포괄적인 계획이다. 어린이집이 지향하는 목적과 철학에 기초하여 표준보육과정에서 제시하고 있는 보육의 목표, 내용 등을 고려하여 영유아의 흥미, 주제나 계절, 어린이집과 지역사회의 행사 등을 반영하여 작성한다. 또한 친숙한 주제에서 추상적인 주제로 확대되도록 연간 주제를 선정하고, 연간 주제에 기초하여 소주제를 결정한다.

1 영아(만 0~2세)

영아를 위한 연간 보육계획은 영아의 발달 특성에 맞게 학기 초에는 영아가 새로운 환경에 적응하도록 도와주는 초기 적응과 관련된 주제 즉, 교사와의 애착 형성, 인사하기, 낮잠, 놀이 등을 선정할 수 있다. 또한 영양 섭취, 수면, 배변 등의 신체적인 욕구 충족이 고려된 내용 및 신체적 보호와 안전을 위한 내용을 고려한다. 이렇게 영아를 위한 연간 보육계획은 학습을 위한 주제를 선정하기보다는 영아의 발달 특성을 고려하여 영아에게 친숙한 것부터 반드시 획득되어야 할 개념 위주로 선정하는 것이 좋다. 다음 |표 5-1|은 영아를 위한 연간 보육계획의 예이다.

2 유아(만 3~5세)

유아를 위한 연간 보육계획은 연령에 따라 차이가 있다. 상대적으로 어린 시기인 만 3세는 다소 포괄적인 주제를 다루고, 기본생활습관, 긍정적인 자아 개념을 기를 수 있는 활동들은 반복적으로 경험하도록 계획한다. 만 4세의 경우는 만 3세보다 더 구체적인 주제를 선정하는 것이 바람직하다. 그리고 만 5세 유아의 경우는 전인적인 발달을 촉진하기 위해 유아의 흥미와 욕구를 고려하여 보다 구체적이고 세분화된 주제를 선정하고 체계적으로 계획한다. 다음 |표 5-2|는 유아를 위한 연간 보육계획의 예이다.

| 표 5-1 | 연간 보육계획의 예(만 1세)

주제	주	소주제	주제	주	소주제
새로운 것이 낯설어요	1	어린이집에 왔어요	나는 할 수 있어요	1	즐겁게 할 수 있어요
	2			2	
	3	만나고 친해져요		3	말할 수 있어요
	4			4	
	5	우리 반에 무엇이 있을까요?		5	찾을 수 있어요
	6			6	
	7	밖으로 나가 보아요	움직이는 것이 재미있어요	1	바깥놀이는 재미있어요
	8			2	
느낄 수 있어요	1	만져보아요		3	몸을 움직여요
	2			4	
	3	살펴보아요		5	
	4			6	움직이게 할 수 있어요
	5	들어보아요		7	
	6		좋아하는 놀이가 있어요	1	그림책으로 놀아요
	7	맡아보아요		2	
	8			3	춤추고 놀아요
	9	맛보아요		4	
	10	온몸으로 느껴보아요		5	흉내내요
놀이할 수 있어요	1	놀잇감은 재미있어요 1		6	
	2			7	
	3	놀잇감은 재미있어요 2		8	응가, 쉬놀이가 좋아요
	4			9	
	5	물놀이는 재미있어요	새로운 것도 좋아요	1	함께 놀아요
	6			2	
	7	까꿍놀이는 재미있어요		3	선생님이 좋아요
	8			4	

| 출처 | 중앙육아종합지원센터(2013). 어린이집 표준보육과정 및 0~2세 영아보육프로그램 운영의 이해.

|표 5-2| 연간 보육계획의 예(만 5세)

월	주제	주	소주제
3	즐거운 어린이집	1	새로 만난 우리 반
		2	새로 꾸민 우리 반
		3	어린이집 탐험
		4	사이좋은 친구
4	봄과 동·식물	1	봄의 모습
		2	식물의 봄맞이
		3	동물들의 봄맞이
		4	우리들의 봄 이야기
5	소중한 가족	1	소중한 나
		2	나와 우리 가족
		3	함께 하는 가족놀이
		4	여러 가족의 모습
6	우리 동네	1	우리 동네 모습
		2	우리 동네 기관 1
		3	우리 동네 기관 2
		4	다양한 직업
		5	함께 하는 이웃
7	신나는 여름	1	여름의 모습
		2	건강한 여름나기
		3	즐거운 물놀이 1
		4	즐거운 물놀이 2
8	교통과 안전	1	내가 궁금한 교통수단
		2	편리한 교통시설
		3	미래의 교통수단
		4	안전한 교통문화

월	주제	주	소주제
9	세계 속의 우리나라	1	우리나라의 생활
		2	우리나라의 문화유산
		3	세계 여러 나라와 사람들
		4	세계 여러 나라의 생활
		5	함께 하는 세계
10	가을과 자연	1	가을의 변화
		2	가을 곡식과 열매
		3	우리들의 가을 이야기 · 추석
		4	가을 나무와 숲
11	지구와 환경	1	우리가 사는 지구
		2	지구의 변화
		3	고마운 지구
		4	지구의 보호
12	겨울과 놀이	1	겨울의 모습
		2	동 · 식물의 겨울나기
		3	겨울철 건강과 안전
		4	이웃과 함께 하는 겨울
		5	새해맞이와 놀이
1	기계와 생활	1	편리한 생활도구
		2	우리 주변의 기계
		3	우리는 발명가
		4	미래의 생활
2	초등학교에 가요	1	궁금한 초등학교
		2	일학년이 되면
		3	즐거웠던 어린이집 1
		4	즐거웠던 어린이집 2

| 출처 | 보건복지부(2012). 5세 누리과정에 기초한 어린이집 프로그램 ①.

(2) 월간 보육계획

월간 보육계획은 연간 보육계획을 토대로 작성한 1개월 내외의 보육계획으로, 연간 보육계획의 목표를 달성하기 위한 구체적인 내용을 계획하는 것으로서 소주제에 대한 내용이 활동별로 수립되어 있다. 영아반의 경우 연간 보육계획에서 제시한 주제가 월별로 수립되지는 않으므로 주제별 보육계획이라는 용어가 적절하다. 월간 보육계획은 연간 보육계획과 연계성이 유지되게 작성한다.

1 영아(만 0~2세)

영아를 위한 월간 보육계획은 영아의 발달에 적합한 활동인지를 우선적으로 고려해야 한다. 다음 |표 5-3|은 영아를 위한 월간(주제별) 보육계획의 예이다.

2 유아(만 3~5세)

유아를 위한 월간 보육계획은 교육적 의미를 담고 있는 활동으로 고려해서 구성해야 한다. 다음 |표 5-4|는 유아를 위한 월간 보육계획의 예이다.

|표 5-3| 월간(주제별) 보육계획의 예(만 2세)

주제		알록달록 가을이에요(6주)					
주		1주	2주	3주	4주	5주	6주
소주제		가을이에요	가을나들이	나뭇잎이 물들어요	자연물로 놀이해요	알록달록 색깔나라	재미있는 그리기나라
등원 및 맞이하기		아침에 먹고 온 음식을 이야기해 보기					
기본생활 및 안전		스스로 겉옷을 벗어보기 길을 잃었을 때는 제자리에서 기다리기			겉옷을 벗어 옷걸이에 걸어보기 주변의 어른에게 '도와주세요' 이야기해 보기		
일상생활	점심 및 간식	바르게 앉아서 먹어보기 (새로운) 음식을 먹어보기					
일상생활	낮잠	자고 나서 내 베개를 정리해 보기					
일상생활	배변 활동	배변 후 선생님의 도움받아(스스로) 옷을 올려 보기 지퍼, 단추 잠궈 보기					
실내자유놀이	신체	낙엽비가 내려요	나뭇잎처럼 움직여 보기	나뭇잎 징검 다리 건너기	콩주머니 던지기	색 풍선놀이	같은 색깔 벽돌 도미노
실내자유놀이	언어	과일 열매 까꿍 카드	나들이 사진 보며 이야기 나누기	나뭇잎에 그림 편지 쓰기	자연물(탐색) 그림책	색깔에도 이름이 있어요	내가 좋아하는 색깔이 있어요
실내자유놀이	감각 · 탐색	내 짝을 찾아 주세요 (과일 반쪽 찾기)	숟가락으로 밤, 호두 옮기기	단풍잎(은행잎) 방석	조각 천 염색하기	색 탁구공을 옮기기	알록달록 색소금 만들기
실내자유놀이	역할쌓기	낙엽을 청소해요 큰나무, 작은 나무 쌓아보기	가을 소풍놀이 블록 돗자리 만들기	나뭇잎(단풍잎, 은행잎) 왕관 쓰고 놀이하기 가을동산 만들기	열매, 나뭇잎 소꿉놀이 나무무늬 블록으로 식탁, 의자 구성하기	삼색 밀가루 반죽으로 요리하기 알록달록 색깔 길 만들기	삼색 밀가루 케이크 (생일파티놀이) 무지개 촉감 블록 쌓고 무너뜨리기
실내자유놀이	미술	알록달록 가을 나무 꾸미기	산책가방 만들기	나뭇잎 왕관 만들기	솔방울에 색깔 입히기	색깔 공을 굴려 그림 그리기	까만 크레파스 그림
실내자유놀이	음률	열매 마라카스를 흔들기	오리소풍에 맞춰 춤추기	나무악기 연주하기	춤추는 씨앗 (큰북두드리기)	리듬악기 두드리며 가을바람 노래 부르기	색스카프 흔들기

주제		알록달록 가을이에요(6주)					
주		1주	2주	3주	4주	5주	6주
소주제		가을이에요	가을나들이	나뭇잎이 물들어요	자연물로 놀이해요	알록달록 색깔나라	재미있는 그리기나라
실외놀이		동물 인형 목욕 시키기	여러 가지 색, 모양의 나뭇잎이 있어요	가을나들이	나뭇가지에 매달린 물체 탐색하기	흙으로 놀아요	색 돋보기로 바깥 풍경 관찰하기
		여러 가지 색, 모양의 나뭇잎이 있어요	가을나들이	나뭇가지에 매달린 물체 탐색하기	흙으로 놀아요	색 돋보기로 바깥 풍경 관찰하기	무지개 낙하산놀이
귀가 및 연계	귀가	가을 날씨 이야기하며 귀가하기			나뭇잎의 변화 살펴보며 귀가하기		
	가정 및 지역사회 연계	가정과의 연계-가족과 함께 공원 나들이해 보기 지역사회와의 연계-공원으로 산책가기(어린이집에서 가까운 근린공원으로 산책가기)					
비고		잘자요 달님 숲속에 숲속에 날마다 자라요	풀밭에 풀밭에 나무에 나무에 봉숭아 하나 둘 셋	나무 사과야 빨리 익어라 행복한 껴안기	재미나 그림책 무엇을 만들까? 사과를 자르면	깜짝깜짝 색깔들 맛있는 그림책 사과가 쿵	엉뚱한 그림책 크고 작고 무엇을 만들까?
		이 주제는 10월 중순~11월에 실시해 보도록 하는 것이 바람직하다. 가을의 날씨를 고려하여 진행 시기를 정하고 색깔 주제와 연계하여 6주 동안 계획하되, 교사가 융통성 있게 운영할 수 있다.					

| 출처 | 중앙육아종합지원센터(2013). 어린이집 표준보육과정 및 0~2세 보육 프로그램의 이해.

| 표 5-4 | 월간 보육계획의 예(만 5세)

주제		신나는 여름			
주		1주	2주	3주	4주
소주제		여름의 모습	건강하게 여름나기	즐거운 물놀이 1	즐거운 물놀이 2
기본생활		• 에어컨 바람 적게 쐬기	• 땀날 때 잘 씻기	• 물놀이 전에 준비운동하기	• 안전한 장소에서 물놀이하기
등원		• 시원한 옷차림에 대해 이야기하기	• 여름철 음식이나 물건에 대해 이야기하기	• 주말에 물놀이했던 경험에 대해 이야기하기	• 집에서 해본 물놀이에 대해 이야기하기
오전 자유 선택 활동	쌓기	• 아이스크림, 음료수 가게 구성하기 • 비가 가는 길을 만들어요	• 여름용품 가게 구성하기 • 산이나 바닷가에 텐트를 쳐요	• 물놀이 장소 만들기 • 신나는 물놀이터 만들기	• 낚시터 만들기
	역할놀이	• 아이스크림, 음료수 가게놀이 • 뱃놀이	• 여름용품 가게놀이 • 산과 바다로 캠핑을 떠나요	• 물놀이하는 장소 놀이하기 • 물놀이 장소의 가게놀이	• 생선 가게 꾸미기 • 생선 가게놀이
	미술	• 여름 나뭇잎과 꽃으로 표현한 여름 모습 • 시원한 여름바다 꾸며 감상하기	• OHP 필름에 여름용품 그림 그리기 • 세상에서 제일 시원한 나만의 부채 만들기	• 물놀이 경험을 표현해요 • 물놀이 장소의 가게 꾸미기 • 물놀이 장소의 가게에서 파는 것 만들기	• 낚싯대와 물고기 만들기 • 물놀이 도구 만들기 • 물놀이 도구 보완하기
	언어	• 여름 동화 짓기 • 여름 꽃 책 만들기 • 바다에 무엇이 있나요?	• 여름용품 이름표 만들기 • '바닷가에 놀러 갔어요' 읽고 여행계획 짜기 • 여름철 건강 캠페인 문구 적어보기	• '구리와 구라의 헤엄치기', 막대인형놀이 • 여러 가지 수영법 설명서 • 물놀이 책을 만들어요	• 『할머니의 바닷가』 책 보기 • 신나는 물놀이 방법 사전 만들기 • 물에서 하는 스포츠 책 만들기
	수·과학	〈수〉 날씨 달력을 만들어요 〈과학〉 • 물은 어디로 갔을까? • 나만의 음료수 만들어 마시기	〈수〉 • 좋아하는 여름철 음식 그래프 • 부채와 선풍기의 공통점과 차이점 〈과학〉 바람이 불면 왜 시원할까?	〈수〉 물에 뜨는 것과 뜨지 않는 것, 꼬리물기 〈과학〉 • 물에 뜨는 것과 뜨지 않는 것 • 물에 뜨는 것과 뜨지 않는 것은 왜?	〈수〉 물이 나간 거리 그래프로 만들기 〈과학〉 • 물돋보기로 관찰해요 • 왜 물이 멀리, 가까이 나갈까?
	음률	• 새 노래 '싱그러운 여름' • '싱그러운 여름'을 연주하고 신체로 표현하기	• 여름에 들을 수 있는 자연의 소리를 듣고 느껴보기 • 자연의 소리를 듣고 리본막대와 스카프로 표현하기	• '참외밭의 삽살개' 연주하기 • '즐거운 여름' 신체 표현하기	• 새노래 '여름 방학' • 난타로 연주하고 신체로 표현하기

주제	신나는 여름			
주	1주	2주	3주	4주
소주제	여름의 모습	건강하게 여름나기	즐거운 물놀이 1	즐거운 물놀이 2
대 · 소집단 활동	〈이야기나누기〉 • 물의 여행 • 날씨를 알려드립니다 〈신체〉 우르르 쾅쾅 비가 와요 〈미술〉 별난 우산 꾸미기 〈요리〉 맛있는 팥빙수를 만들어요	〈이야기나누기〉 여름을 시원하게 보내는 방법 〈조사〉 우리집에서 즐겨먹는 여름철 음식 조사하여 발표하기 〈게임〉 부채로 친구 얼굴에 붙은 휴지 떼어내기 〈요리〉 열대과일로 만드는 별난 화채	〈이야기나누기〉 • 물놀이 경험 나누기 • 물놀이 책을 소개해요 〈음악〉 '즐거운 여름' 합주하기 〈신체〉 다양한 수영 방법 흉내내기 〈과학〉 수리수리 마수리	〈이야기나누기〉 • 물놀이와 여행에서의 안전 • 왜 물이 멀리 나가거나 가까이 나갈까? 〈동화〉 할머니와 둘이서 〈신체〉 물놀이 모습 표현해보기 〈게임〉 단어 낚시로 만든 동시 '여름에 무엇을 할까?'
실외 활동	• 오늘의 바깥 기온은? • 여름의 모습 관찰하기 • 색과 물을 이용한 그림 그리기	• 햇볕과 그늘 아래서 바람 느껴보기 • 여름철 음식점놀이	• 풀에서 물놀이하기 • 물 미끄럼틀놀이	• 물놀이 도구로 놀이하기 • 누가누가 멀리 쏘나
점심 및 휴식	• 짜지 않게 먹기 〈음악감상〉 비 소리와 가야금 소리	• 차가운 음식 적당히 먹기 • 여름에 들을 수 있는 자연의 소리를 들으면서 휴식하기	• 상한 음식 조심하기 〈음악감상〉 쇼팽의 '빗방울 전주곡'	• 단 음식 적게 먹기 〈음악감상〉 조지 윈스턴의 'Summer'
오후 자유선택 활동	• 아이스크림, 음료수, 가게 물건 만들기 • 우르르 쾅쾅 비가 와요 • 비가 가는 길을 만들어요	〈실외〉 • 그늘 아래서 손과 얼굴에 물을 묻히고 부채질하기 • 여름철 건강 캠페인 피켓 들고 동생반에서 캠페인하기	〈실외〉 • 모래밭에 물놀이 장소 만들기 • 음악에 맞추어 물로 그림 그리기	〈실외〉 • 우리 동네 생선가게 견학 • 물풍선을 옮겨요
귀가 및 가정과의 연계	• 여름의 모습 사진 가져와 전시하기 • 가정에서 폐품 가져오기	• 가정에서 대형마트 여름용품 홍보 전단지 여름용품 가져오기 • 가정에서 즐겨 먹는 여름철 음식 조사해 오기	• 가족들과 물놀이했던 사진 가져오기 • 물에 뜨는 것과 가라앉는 것 조사하기	• 물놀이 도구를 만들 수 있는 재활용품 가져오기 • 가정의 여름 휴가방법이나 여행계획 장소, 여행지 등에 대해 알아오기

| 출처 | 보건복지부(2012). 5세 누리과정에 기초한 어린이집 프로그램 ①.

(3) 주간 보육계획

주간 보육계획은 매주 진행될 소주제 관련 활동을 요일별, 시간대별, 실내 · 외 공간별, 흥미 영역별로 1주일 동안 어떻게 배분하여 진행할 것인가에 대한 계획이다. 주간 보육계획은 월간 보육계획에 기초하여 작성하고, 한 주간에 실시하게 될 모든 활동들을 구체적으로 계획하고 세부적인 내용까지 포함한다. 따라서 표준보육과정에서 제시하고 있는 영역을 중심으로 관련된 활동을 다양하게 계획하여 작성한다.

1 영아(만 0~2세)

감각 발달이 활발한 영아의 특성을 고려하여 감각적 경험을 해볼 수 있는 활동과 교육적 개념들이 일상생활 속의 경험으로 반복적으로 통합되게 계획한다. 걸음마기 영아의 경우는 자유선택 활동의 종류가 적고 단순한 내용의 것이 제공되며 연령이 높아질수록 종류나 내용이 많아진다.

다음 |표 5-5|는 영아를 위한 주간(소주제별) 보육계획안의 일반적인 예이다.

2 유아(만 3~5세)

만 3~4세는 만 5세에 비해 주의집중력이 짧고 호기심이 많으므로 이를 만족시켜줄 수 있는 풍부하면서도 쉬운 활동으로 계획하고, 만 5세를 위한 주간 보육계획을 작성할 때는 다양한 활동 이외에도 좀 더 길어진 주의집중 시간을 고려하여 대 · 소집단 활동을 계획한다.

다음 |표 5-6|은 유아를 위한 주간(소주제별) 보육계획안의 일반적인 예이다.

|표 5-5| 주간(소주제별) 보육계획안의 예(만 2세)

<table>
<tr><td colspan="2">주 제</td><td colspan="3">알록달록 가을이에요</td><td>1주</td><td colspan="2">가을이에요</td></tr>
<tr><td colspan="2">목표</td><td colspan="6">가을의 변화에 대해 알아본다.</td></tr>
<tr><td colspan="2">요일 / 활동</td><td>월</td><td>화</td><td>수</td><td>목</td><td>금</td><td>토</td></tr>
<tr><td colspan="2">등원 및 맞이하기</td><td colspan="6">아침에 먹고 온 음식을 이야기해 보기</td></tr>
<tr><td rowspan="4">일상생활</td><td>기본생활 · 안전</td><td colspan="6">스스로 겉옷을 벗어보기/ 길을 잃었을 때는 제자리에서 기다리기</td></tr>
<tr><td>점심 및 간식</td><td colspan="6">바르게 앉아서 먹어보기/ 새로운 음식 먹어보기</td></tr>
<tr><td>낮잠</td><td colspan="6">자고 나서 내 베개를 정리해 보기</td></tr>
<tr><td>배변 활동</td><td colspan="6">배변 후 선생님의 도움 받아(스스로) 옷을 올려보기
– 지퍼, 단추 잠궈보기</td></tr>
<tr><td rowspan="6">실내자유놀이</td><td>신체</td><td colspan="6">낙엽비가 내려요</td></tr>
<tr><td>언어</td><td colspan="6">과일 까꿍 카드</td></tr>
<tr><td>감각 · 탐색</td><td></td><td colspan="5">내 짝을 찾아주세요(과일 반쪽 찾기)</td></tr>
<tr><td>역할 · 쌓기</td><td colspan="6">낙엽을 청소해요</td></tr>
<tr><td>미술</td><td></td><td colspan="5">알록달록 가을나무 꾸미기</td></tr>
<tr><td>음률</td><td colspan="3"></td><td colspan="3">열매 마라카스 흔들기</td></tr>
<tr><td colspan="2">실외놀이</td><td colspan="3">동물인형 목욕시키기</td><td colspan="3">여러 가지 색, 모양의
나뭇잎이 있어요</td></tr>
<tr><td rowspan="2">귀가 및 연계</td><td>귀가</td><td colspan="6">가을 날씨 이야기하며 귀가하기</td></tr>
<tr><td>가정 및
지역사회 연계</td><td colspan="6">가정과의 연계–가족과 함께 공원 나들이 해보기</td></tr>
</table>

|출처| 보건복지부 · 중앙육아종합지원센터(2013). 제3차 어린이집 표준보육과정에 기초한 연령별 보육 프로그램의 활용.

| 표 5-6 | 주간(소주제별) 보육계획안의 예(만 4세)

주제		어린이집과 친구		실시 기간	20○○년 3월 3주		
소주제		어린이집에서 만난 친구					
구분		월	화	수	목	금	토
기본생활		실내 계단에서 걸어다니기					
등원		친구와 반갑게 인사하기					
오전 자유 선택 활동	쌓기		친구와 사이좋게 탑 쌓기				
	역할놀이	친구 초대하기					
	미술	우리 반 친구나무 만들기		자연의 색과 무늬로 친구의 옷 꾸미기		친구 얼굴 그리기	
	언어	칭찬놀이(친구들에게 칭찬 글, 그림 카드 쓰기)		친구의 표정 속에 담긴 마음은?	뭐라고 해야 하지?		
	수·과학·조작	〈수〉 ○○반 친구들 모여라		〈조작〉 사이좋은 친구 빙고 게임	〈과학〉 얼마나 늘어날까?		
	음률		친구와 함께 고무줄로 모양 표현해요	딱 하나만 빼고		'딱 하나만 빼고' 노랫말 바꾸기	
대·소집단 활동		〈게임〉 릴레이 기차놀이	〈이야기나누기〉 친구와 나의 같은 점과 다른 점을 찾아요	〈음악〉 친구야 쉿!	〈신체〉 친구하고 마주보고	〈동시〉 만약 친구가 없다면	
실외 활동		둘이 짝이 되어 캐치볼 주고받기		친구와 함께 징검다리 건너기			
점심 및 낮잠		젓가락 이용하여 반찬 먹어보기					
오후 자유 선택 활동		나와 친구 이름 점선 따라 써보기			〈실외〉 어디까지 왔나?	친구와 스트레칭	
귀가 및 가정과의 연계		가족에게 친한 친구 소개하기					
비고		〈이야기나누기〉 서로의 마음을 알아봐요 〈신체〉 둘이 하나를 만들어요					

| 출처 | 보건복지부(2013b). 4세 누리과정에 기초한 어린이집 프로그램.

(4) 일일 보육계획

일일 보육계획은 주간 교육계획에 기초하여 영유아가 등원해서 귀가할 때까지의 모든 보육활동을 구체적으로 포함한 계획이다. 즉 일일 보육계획은 하루일과별 구체적인 시간의 흐름에 따른 구체적인 계획과 실행을 포함한다. 일일 보육계획은 영유아의 활동에 대한 관심도나 흥미, 각 활동의 소요 시간 등을 고려하여 융통성 있게 수립하며, 주간 보육계획에 기초하여 작성한다. 또한 영유아의 연령에 따라 다양하게 이루어질 수 있다.

1 영아(만 0~2세)

영아를 위한 일일 보육계획은 간식, 배변, 수면, 휴식 등 영아의 신체 리듬을 고려하여 계획하여야 한다. 또한 개별적인 활동이나 소집단 활동을 위주로 계획하는 것이 바람직하다. 즉, 영아를 위한 일일 보육계획은 개별적인 요구가 배려되는 따뜻한 보호와 교육적인 경험이 동시에 이루어질 수 있는 계획의 고려가 필수적이다. 특히 학기 초의 경우는 어린이집에 대한 적응이 이루어지는 시기이므로 영아의 개별적인 신체 리듬과 일과에 융통성을 발휘하여 일일 보육계획안을 작성해야 한다.

다음 | 표 5-7 | 은 영아를 위한 일일 보육계획의 예시이다.

2 유아(만 3~5세)

유아를 위한 일일 보육계획의 경우는 영유아의 발달을 돕는 다양한 활동들이 통합적으로 계획되고 운영되는 것이 바람직하며, 유아-유아, 유아-교사, 유아-교구 등의 상호작용이 균형 있게 일어나도록 계획되어야 한다. 또한 유아를 위한 일일 보육계획은 연령에 따라 약간씩 차이를 보일 수 있다. 예를 들어 만 3~4세는 소집단 활동이나 개별 활동 위주로, 만 5세는 대 · 소집단 활동과 단위 활동이 더 많게 계획할 수 있다. 또한 만 5세는 만 3~4세에 비해 낮잠이 반드시 필요하지 않으므로 개인차에 따라 휴식을 취하거나 정적 활동을 제공할 수 있다.

다음 | 표 5-8 | 은 유아를 위한 일일 보육계획의 예시이다.

|표 5-7| 일일 보육계획안의 예(만 2세)

주제	알록달록 가을이에요	실행날짜 (날씨)	20○○년 10월 29일 월요일 (날씨: 맑음)
소주제	가을이에요		
시간 및 활동명	활동계획 및 방법	준비물 및 유의점	실행
7:30~9:00 등원 및 통합보육	• 등원하는 영아 반갑게 맞이하기 • 영아의 기분과 건강상태 확인하기 • 스스로 소지품 정리할 수 있도록 도와주기 • 투약 의뢰서 유무 확인하기 • 통합 보육실에서 자유놀이하기	출석 카드 투약 의뢰서 일일연락장 영역별 놀잇감	• 부모님과 등원하는 영아에게 아침에 무엇을 먹었는지를 물어보거나, 자신이 무엇을 먹었는지에 대해 이야기를 나누었다.
9:00~9:30 화장실 가기 및 오전 간식	• 화장실 다녀오기 및 손 씻기 • 준비된 간식 가지고 자리에 앉기 • 간식 먹은 후 함께 자리 정리하기	시리얼 우유	
9:30~10:50 오전 실내 자유놀이	• 새로운 영역 활동 개별적으로 소개하기 • 관심 있는 영역에서 자유롭게 활동하도록 돕고, 긍정적 상호작용 나누기 • 교사의 도움이 필요한 놀이에 적절히 참여하기 〈신체〉 낙엽비가 내려요 • 이전에 산책 활동 통해 낙엽을 뿌리며 관찰한 경험 회상하기 • 환경 인쇄물로 만든 낙엽을 위로 던지며 움직임 관찰하기 〈언어〉 과일 · 열매 까꿍 카드 • 벽에 붙인 과일 · 열매 사진을 보고 함께 탐색하기 • 까꿍판에 같은 사진 넣어 함께 열어보고 탐색하기 • 벽에 붙인 사진과 까꿍판과 같은 사진 고르기 〈감각 · 탐색〉 〈역할 · 쌓기〉 낙엽을 청소해요 • 종이 낙엽이 떨어진 바닥을 함께 빗자루로 쓸고 쓰레받기에 담아보기	과일 열매 사진 까꿍판 환경 인쇄물 종이낙엽 영아용 빗자루와 쓰레받기 영역별 기본 놀잇감	〈언어〉 벽에 붙은 과일 사진을 보고 '사과'라고 말하기도 하고 까꿍판을 열고 '사과'가 나오자 벽을 바라보며 사진을 찾는 모습이 관찰되었다. 벽에 있는 사진과 까꿍판 사진을 탐색한 후 같은 사진을 찾아볼 수 있었다. 〈역할〉 종이 낙엽을 빗자루로 쓸어서 쓰레받기로 담다가 몇 개가 담기 힘들자 손으로 벽을 바라보며 사진을 찾는 모습이 관찰되었다. 벽에 있는 사진과 까꿍판 사진을 탐색한 후 같은 사진을 찾아볼 수 있다.
10:50~11:10 정리 · 정돈 및 화장실 가기	• 놀잇감 바르게 사용하도록 안내하고 함께 정리하기 • 화장실 다녀오기		
11:10~11:50 실외놀이 및 손 씻기	〈실외 활동〉 동물인형 목욕시키기 • 전 주에 했던 활동 회상 질문하기 • 좋아하는 동물인형을 스스로 선택하여 함께 목욕놀이하기 〈대체 활동〉 실내에서 동물인형 목욕시키기 • 화장실 다녀오기 및 손 씻기	동물인형 수조 목욕의자 스펀지 비누 수건	• 여러 가지 동물인형 바구니를 함께 들고 나갔다. 비누칠을 해주면서 "세수해!"라고 말하기도 하고, 수건에 동물인형을 눕혀서 "시원해!"라고 말하기도 했다.

시간 및 활동명	활동계획 및 방법	준비물 및 유의점	실행
11:50~13:20 점심식사 및 이 닦기	• 골고루 음식 먹고 함께 정리하도록 안내하기 • 이 닦기 • 먼저 먹은 친구는 자유롭게 놀이하기	현미밥 맑은 콩나물국 채소치즈 계란말이 연근조림 배추김치	• 밥을 먹다가 숟가락을 떨어뜨리자 한 친구가 자기 숟가락을 들고 "줄까?"라고 했다. 다른 수저로 교체해 주니까 "좋아?"라고 친구에게 말을 했다.
13:20~15:00 낮잠	• 편안한 분위기 느끼도록 낮잠 준비 • 편하게 낮잠 자기 • 개인 이불 함께 정리하기		
15:00~15:30 화장실 가기 및 오후 간식	• 화장실 다녀오기 및 손 씻기 • 준비된 간식 가지고 자리에 앉기 • 간식 먹은 후 함께 자리 정리하기	간장비빔쌀국수 사과	
15:30~16:50 오후 실내 자유놀이	• 원하는 영역에서 자유롭게 놀기 • 놀잇감 바르게 사용하도록 안내하고 함께 정리하기		〈신체〉 낙엽을 보여주며 "우리 공원에서 보았지요?"라고 말하니까 어떤 친구는 고개를 끄덕이기도 했다. 미리 만든 종이 낙엽을 손으로 집어 서로에게 뿌려주며 친구와 어울려 놀이할 수 있었다. "또!"라고 말하며 손을 잡아 끌기도 하였고, 낙엽을 뿌리는 활동이 반복되었다.
16:50~17:30 실외놀이 및 손 씻기	〈실외 활동〉 실외놀이터에서 자유놀이 〈대체 활동〉 실내 유희실에서 자유놀이 • 화장실 다녀오기 및 손 씻기		
17:30~19:30 귀가 및 통합보육	• 통합보육 하면서 개별적으로 귀가하기 • 자신의 소지품 함께 정리하기 • 선생님과 친구에게 "안녕!" 인사하기		• 귀가하는 친구에게 "오늘 뭐 했는지 엄마에게 말해보자."라고 했더니 손을 위로 올리면서 웃었다. 궁금해 하는 어머니께 낙엽을 뿌리는 활동을 흉내내는 것 같다고 말씀드렸다.
일일 평가	• 산책을 하면서 낙엽을 줍고 손으로 뿌리기도 한 경험이 영아들에게 인상 깊었던 것 같다. 낙엽비 활동을 할 때 이전 경험이 자연스럽게 회상되어 매우 즐거워 하였는데, 좀 더 활발한 활동 지원을 위해 내일은 넓은 공간에서 활동을 해보아야겠다.		
비고	• 개별 침구 요청: 민수 어머니께 귀가 시간에 금요일에 보내드린 개별 침구를 보내주지 않아 여벌 침구로 낮잠 지도를 했다고 말씀드리고 내일 침구를 보내달라고 말씀 드림		

| 출처 | 송연숙 · 최애경 · 유수경(2017). 보육과정.

| 표 5-8 | 일일 보육계획안의 예(만 4세)

<table>
<tr><th>일시</th><td>20○○년 ○월 ○○일 ○요일</td><th>날씨</th><td>흐림</td></tr>
<tr><th>주제</th><td>교통기관</td><th>소주제</th><td>교통안전규칙 알아보기</td></tr>
<tr><th>목표</th><td colspan="3">편리하고 안전하게 교통기관을 이용한다.</td></tr>
<tr><th>시간 및 구분</th><th colspan="2">활동계획 및 방법</th><th>준비물 및 유의점</th></tr>
<tr><td>07:30~09:00
등원 및 통합보육</td><td colspan="2">• 통합보육실에서 자유놀이하기
• 엄마, 아빠와 인사하고 헤어지기</td><td>투약의뢰서, 일일연락장</td></tr>
<tr><td>09:00~09:15
오전 간식</td><td colspan="2">• 사과, 우유
• 음식 남기지 않고 다 먹기</td><td></td></tr>
<tr><td rowspan="4">09:15~10:45
오전
자유선택 활동</td><td colspan="2">〈쌓기〉 공간 블록을 이용하여 다양한 차 만들기
• 승용차를 타본 경험을 이야기 나눈다.
• 승용차의 구조에 대해 이야기 나눈다.</td><td>공간 블록, 핸들, 승용자동차 벽면게시물</td></tr>
<tr><td colspan="2">〈역할〉 비행기 타고 여행을 가요
• 비행기를 타고 가고 싶은 곳을 이야기 나눈다.
• 비행기놀이에 필요한 것을 이야기 나눈다.
• 필요한 역할을 정하여 놀이한다.</td><td>의자, 승무원 의상 등</td></tr>
<tr><td colspan="2">〈요리〉 바퀴 모양 샌드위치
• 바퀴 모양 샌드위치를 만드는 방법에 대해 이야기 나눈다.
• 요리할 때 주의사항을 알아본다.
• 요리한 후 맛본다.</td><td>식빵, 잼, 바나나, 요리순서도, 빵칼, 밀대, 꼬치</td></tr>
<tr><td colspan="2">〈음률〉 자동차는 바빠요
• 노래를 듣는다.
• '자동차는 바빠요' 플래시를 감상한다.
• 노래를 불러본다.</td><td>'자동차는 바빠요' 플래시</td></tr>
<tr><td>10:45~10:55
정리 · 정돈</td><td colspan="2">• 가지고 놀던 놀잇감을 제자리에 정리한 후 화장실 다녀오기</td><td></td></tr>
<tr><td>10:55~11:20
대 · 소집단
활동</td><td colspan="2">• 교통표지판 따라 움직여봐요(5분)
– 교통표지판의 의미에 대해 이야기 나눈다.
– 교통표지판을 몸으로 표현할 수 있는 방법에 대해 이야기 나눈다.
– 음악을 듣다가 교통표지판이 나오면 신호를 몸으로 표현해 본다.</td><td>다양한 교통표지판 사진, 흥겨운 음악 음원</td></tr>
</table>

시간 및 구분	활동계획 및 방법	준비물 및 유의점
11:20~12:20 실외 활동	〈실외 활동〉 세발 자전거 경주(15분) • 경륜 사진을 보고 게임 방법과 규칙에 대해 이야기 나눈다. • 편을 나누고 게임을 한다.	경륜 사진, 세발 자전거 2대, 신호기, 점수판, 결승점 표시판, 안전 헬멧, 팔 · 무릎보호대
12:20~13:20 점심식사 및 이 닦기	• 좋아하는 음식과 싫어하는 음식 함께 먹어보기	검은 쌀밥/ 건새우아욱국/ 사태떡찜/ 참나물무침/ 김치
13:20~14:00 정리 · 정돈 및 낮잠 자기	• 점심식사가 끝난 유아는 책보기 등 조용한 활동을 하며 기다리기 • 베개 및 이불 찾아 자기자리에 눕기	보육실에 비치된 자동차 책
14:00~15:30	• 동화 듣기 • 낮잠 자기 및 음악 들으며 누워서 휴식하기	
15:30~16:00	• 약식, 수정과 • 간식 먹은 후 스스로 자리 정리하기	
16:00~16:30	〈체육 활동〉 장애물 건너기/ 온몸체조 (대체 활동: 실내 자유선택 활동 실시)	체육강사
16:30~18:00 오후 자유선택 활동	〈쌓기〉 공간 블록을 이용하여 다양한 차 만들기(확장)	다양한 차의 벽면 게시물
	〈언어〉 교통안전 어린이 • 그림 카드를 보고 안전하고 바른 행동에 대해 이야기 나눈다. • 게임방법을 설명한다.	교통안전 질문이 담긴 녹음자료, 헤드폰, 교통안전 관련 그림 카드 총 18쌍
	〈미술감상〉 배가 나오는 명화를 감상해요 • 명화에 나오는 배에 관심을 갖고 생각과 느낌을 이야기나누기	배와 관련된 명화
18:00~19:30 통합보육 및 귀가	자신의 소지품 정리하기/ 선생님과 친구에게 인사하기	일일연락장, 영역별 놀잇감
전체 평가	비가 와서 하루일과 대부분을 실내에서 지냈고, 비가 갠 오후에 남은 유아들을 대상으로 실외 활동을 진행함	
비고	체육 활동을 할 때 불편한 옷차림을 한 유아가 있으므로 가정과 의논하여 차후 활동 시에는 적절한 옷차림을 할 수 있도록 지도가 필요함	

| 출처 | 보건복지부 · 중앙육아종합지원센터(2013). 제3차 어린이집 표준보육과정에 기초한 연령별 보육 프로그램의 활용.

2) 일과 운영

영유아는 어린이집에서 생활의 대부분을 보내게 되므로 영유아가 도착해서 귀가할 때까지 어떤 활동과 경험을 하느냐의 문제는 매우 중요하다. 따라서 하루일과를 잘 계획하고 운영하는 것은 효율적인 보육과정의 운영을 위해 필요하며, 이를 위해 일과 운영 시 고려할 점과 일과의 구성에 대해 살펴보고자 한다.

(1) 일과 운영 시 고려할 점

하루일과는 어린이집에 따라 달리 운영되며 여러 형태의 일과계획 및 운영이 가능하다. 다음은 일과 운영 시 고려할 사항들이다.

첫째, 부모 및 지역사회의 실정, 계절, 기후 등 여러 가지 사항을 고려하여 융통성 있게 운영한다.

둘째, 실내·외 활동, 대·소집단 활동, 교사 주도 활동과 유아 주도 활동 간의 균형잡힌 일과계획과 운영이 이루어져야 한다.

셋째, 일일 보육 시간을 고려해야 한다.

넷째, 일관성 있는 일과 운영을 통해 정서적 안정감을 주어야 한다. 하루일과는 정해진 시간보다는 정해진 순서대로 융통성 있게 운영하는 것이 중요하다. 매일 반복되는 일과 순서에 의해 영아는 앞으로의 일을 예측하면 심리적 안정감을 가질 수 있기 때문이다.

다섯째, 영유아의 발달적 특성을 고려하여 영유아의 기본적인 욕구 충족뿐만 아니라 안전한 보호와 함께 전인적 발달을 촉진할 수 있는 다양한 보육활동이 통합적으로 이루어지게 구성되어야 한다. 이를 위해서 영유아 개개인의 생활 리듬을 고려하여 최대한 편안하고 융통성 있는 일과를 계획하여야 한다.

(2) 일과의 구성

하루의 일과는 어린이집의 실정과 보육계획 등에 따라 차이가 있을 수 있으며, 대개 등원, 자유선택 활동, 정리 · 정돈, 대 · 소집단 활동, 간식 및 점심, 휴식 및 낮잠, 손 씻기와 배변, 귀가 등으로 구성된다.

- 등원: 어린이집의 영유아는 부모의 출근 시간에 맞춰 일찍 등원하므로 보육교사는 이 점을 고려하여 등원 시간을 탄력 있게 운영해야 한다. 이 시간에 보육교사는 부모로부터 영유아에 대한 건강 상태, 투약 여부 및 투약 시간, 귀가 시 변동 사항 등의 특별한 정보를 받아 하루일과에 적용한다.
- 자유선택 활동: 영유아의 발달 정도와 흥미를 고려한 다양한 활동과 자료를 영역별로 제시하여 영유아 스스로가 선택하여 활동에 참여하는 시간이다. 영유아는 실내 · 외에서 경험할 수 있는 다양한 놀이 활동 중에서 자신의 요구와 흥미에 따라 자유롭게 선택하여 활동에 참여한다.
- 정리 · 정돈: 자유선택 활동이 끝난 뒤 각자 사용했던 놀잇감과 자료를 제자리에 두는 활동으로, 정리 시간 5~10분 전에 치우는 시간을 미리 알려서 하던 활동을 마무리 짓도록 계획한다.
- 대 · 소집단 활동: 영유아들은 주제, 일과 등에 따라 대집단 또는 소집단으로 활동한다. 또한 영유아의 특성과 각 활동의 성격을 검토한 후에 대 · 소집단 활동을 효율적으로 구성하며, 대집단 활동은 한 반의 유아가 함께 모여서 하는 활동으로 출석, 날씨, 일과계획, 주제 이야기나누기, 동화, 게임 등을 할 수 있다. 소집단 활동으로는 실험 및 관찰, 동극, 요리 등을 할 수 있다.
- 간식 및 점심: 하루일과 중 간식과 점심은 균형 있는 영양 섭취뿐만 아니라 올바른 식습관을 기르는 시간으로 즐겁고 편안한 분위기에서 간식과 점심을 먹을 수 있도록 계획할 수 있어야 한다. 특히 12개월 이전의 영아는 약 3~4회의 우유를 먹으므로 교사는 미리 부모에게 영아가 먹는 분유의 양, 횟수 및 먹는 간격, 분유의 종류, 개인적인 취향을 알고 있어야 한다. 유아의 경우는 유아가 스스로 먹는 속도와 양을 조절하도록 하고, 편식 지도와 바람직한 식습관 지도가 이루어져야 한다.
- 휴식 및 낮잠: 휴식과 낮잠은 영유아가 피로하지 않도록 하나의 활동으로 계획되어야 하는데, 특히 영아의 경우는 수면이 하루 생활의 많은 부분을 차지하므로 매일

일정한 시간을 배정하여 계획한다.

- 손 씻기 및 배변: 건강한 생활과 밀접한 관련이 있는 손 씻기 및 배변은 하루일과에서 지속적으로 실시하여 습관화도록 한다.
- 귀가: 하루일과를 평가해보기도 하고 다음 날의 활동을 소개하고 안전한 귀가에 대해 안내하는 시간으로 계획한다.

다음은 어린이집에서 이루어지는 하루일과의 예이다.

영아반 하루일과의 예(만 2세)		유아반 하루일과의 예(만 4세)	
시간	주요일과	시간	주요일과
07:30~09:00	등원 및 통합보육	07:30~09:00	등원 및 통합보육
09:00~09:30	손 씻기 및 기저귀 갈기/ 오전 간식	09:00~10:30	오전 자유선택 활동/ 오전 간식
09:30~10:50	오전 실내 자유놀이	10:30~10:50	정리 · 정돈 및 화장실 가기
10:50~11:10	정리 · 정돈 및 화장실 가기	10:50~11:20	대 · 소집단 활동
11:10~11:50	실외놀이 및 손 씻기	11:20~12:20	실외 활동 및 손 씻기
11:50~13:20	점심식사 및 이 닦기	12:20~13:20	점심식사 및 이 닦기
13:20~15:00	낮잠	13:20~14:00	조용한 활동, 정리 · 정돈 및 낮잠 준비
15:00~15:30	화장실 가기 및 오후 간식	14:00~15:30	낮잠 및 휴식
15:30~16:50	오후 실내 자유놀이	15:30~16:00	낮잠 깨기 및 정리 · 정돈
16:50~17:30	실외놀이 및 손 씻기	16:00~16:30	오후 간식
17:30~19:30	귀가 및 통합보육	16:30~18:00	오후 자유선택 활동
		18:00~19:30	통합보육 및 귀가

| 출처 | 보건복지부 · 한국보육진흥원(2017a). 2017 어린이집 평가인증 문서 자료집.

너는 네가 어떤 존재인가를 아니?
인생의 매 순간이
이 우주의 새롭고 특별한 순간들이다.
그 순간은 절대로 또다시 찾아오지 않는다.
소중한 순간들은 한 번으로 끝난다.
그렇다면 우리는 우리의 아이들에게 무엇을 가르칠 것인가?
우리는 그 아이들에게 둘 더하기 둘이 넷이고,
프랑스의 수도는 파리라는 것을 가르친다.

언젠가 되어야 우리는 그들에게 그들 자신이 어떤 존재라는 걸 가르칠 것인가?

우리는 그들 각자에게 말해줘야 한다.

“난 네가 어떤 존재인가를 아니?
넌 하나의 경이야.
넌 매우 특별한 사람이야.
네가 나이를 먹은 지난 여러 해 동안
너와 같은 아이는 이 세상에 한 명도 없었어.
너의 다리, 너의 팔, 너의 솜씨 있는 손가락,
네가 걷는 모습,
그 모든 것이 특별해.
넌 셰익스피어가 될 수도 있고
미켈란젤로 같은 화가나 베토벤 같은 음악가도 될 수 있어.
넌 무엇이든지 할 능력을 갖고 있지.
넌 정말 놀라워.

그리고 그건 다른 사람들도 마찬가지야.
그들 역시 놀라운 존재들이지.
넌 네가 어른이 되었을 때,
너처럼 똑같이 놀라운 존재인 다른 사람들에게
상처 주는 일을 할 수 있다고 생각하니?
넌 그때 가서 이 세상을
세상의 모든 아이들에게 살만한 가치가 있는 장소로 만들어야 해.”

그렇다!
우리 모두는 이 세상을
그런 장소로 만들지 않으면 안 된다.

글/ 파블로 카잘스

Chapter 06

Introduction to Child Care & Education

영유아의 건강 · 영양 · 안전관리

영유아기는 성장과 발달이 급속히 이루어지는 시기로 영유아에게 건강하고 안전한 환경을 제공하는 것은 영유아의 올바른 성장과 조화로운 발달을 가져온다. 특히 영유아가 어린이집에서 머무르는 시간이 늘어나면서 어린이집의 책임이 더욱 더 커지고 있다.

따라서 본 장에서는 영유아의 신체적 · 정신적 건강을 도모하고 안전한 환경을 제공하기 위해 어린이집에서 강조되어야 할 건강 · 영양 · 안전관리에 대하여 살펴보고자 한다.

1 건강관리

1) 건강관리의 이해

영유아기는 다른 어떤 시기보다 질병에 대한 취약성이 높을 뿐만 아니라 건강한 생활에 기초가 되는 기본생활습관과 태도를 형성하는 중요한 시기이다. 따라서 어린이집에서는 영유아의 건강에 영향을 미치는 여러 요인들과 영유아의 발달 특성에 대한 이해에 기초하여 영유아의 건강관리를 해야 한다.

실제 영유아의 건강 상태는 어느 한 가지 요소가 아니라, 여러 가지 복합적인 요인의 상호작용으로 이루어진다. 어린이집에서 상대적으로 많은 시간을 보내는 영유아는 어린이집의 공간, 소음, 습도, 공기, 청결 등과 같은 물리적 환경 등에 의해서 영향을 받는다. 그러나 영유아의 건강은 어린이집 입소 이전부터 부모로부터 받는 유전적 요인과 영양 상태 등의 요인들에 의해서도 더 큰 영향을 받을 수 있다.

그러므로 영유아와 함께 생활하는 부모와 교직원들은 영유아의 조화로운 성장 · 발달의 토대인 영유아의 건강을 위하여 서로 협력해야 할 필요가 있다.

2) 어린이집에서의 건강관리

어린이집에서 할 수 있는 영유아의 건강관리는 영유아에 대한 건강 정보의 수집과 주의 깊은 관찰 및 어린이집에서의 정기검진을 통해 이루어질 수 있다. 또한 지속적인 질병관리는 질병의 조기 발견과 예방을 가져올 수 있다.

(1) 건강 정보의 수집

어린이집의 교사들은 영유아의 건강 상태를 지속적으로 관찰하고 영유아들의 모습이나 행동 변화에 면밀히 주의를 기울여야 한다. 여기서 얻어진 정보뿐만 아니라, 가정으로부터 제공받는 영유아에 대한 건강 정보는 문제점의 조기 발견과 응급상황의 신속하고 적절한 대처를 가져올 수 있다. 따라서 어린이집에서는 영유아들의 건강에 대한 다양한 정보를 미리 수집하여, 영유아들의 건강을 증진시킬 수 있는 최적의 환경을 제공해야 한다.

이외에도 어린이집에서 알고 있어야 할 영유아의 건강 관련 정보는 다음과 같다(이영자 · 신동주, 2012).

- 영유아와 부모의 건강 내력
- 영유아의 예방접종 기록
- 생활 적응에 영향을 미칠 수 있는 장애, 감각 기관 손상, 발달적 특성, 성장과정에서 발생한 특이한 문제 등에 관한 사항
- 성장의 척도가 될 수 있는 영유아의 신장, 체중, 머리둘레 등에 대한 기록
- 시력, 청력, 치아 상태, 영양 상태 등과 관련된 검진 결과
- 수두 등과 같이 전염성이 있는 질병에 걸렸던 기록
- 부작용이 있는 약품 및 알레르기 반응을 보이는 식품
- 전에 앓았던 질병이나 손상, 수술 경험 또는 입원 경력
- 위급 상황 시 연락처

(2) 영유아의 건강 관찰 및 검진

1 건강 관찰

영유아의 건강을 파악할 수 있는 가장 유용한 방법인 교사의 관찰은 교사가 영유아의 등·하원 시 또는 일과 활동이 진행되는 동안 이루어질 수 있다. 이때 교사는 영유아들의 기분과 건강 상태를 세심히 살펴서 영유아의 몸과 마음의 건강을 확인하고 관리해야 한다. 다음 |표 6-1|은 교사가 점검해야 할 건강 관찰 항목들을 정리한 것이다.

|표 6-1| 건강 관찰 항목

관찰 대상		관찰 사항
병색의 유무	일반적인 외모	• 체중의 변화, 피로감이나 이상한 흥분의 징후, 피부색 등
	머리	• 가려워 긁은 표시, 탈모, 청결 상태 등
	얼굴	• 얼굴 표정, 얼굴색, 긁힌 자국, 멍, 뾰루지 등
	눈	• 충혈 상태, 눈이 부었는지, 빛에 대한 감수성, 자주 비비는지, 다래끼, 상처, 눈 움직임의 이상 등
	귀	• 물이 있는지, 홍조, 소리를 듣거나 말을 걸었을 때의 적절한 반응 여부
	코	• 자주 비비는지, 재채기, 콧물 등
	입	• 치아 안쪽 상태, 충치, 상처, 입으로 호흡하는지 등
	목구멍	• 편도선이 붓거나 붉은지, 목구멍이나 편도선에 해진 곳이 있는지, 숨을 쉴 때 이상한 냄새가 나는지 등
	목	• 갑상선이 부어 있는지 등
	가슴	• 쌕쌕거리며 호흡하는지, 가래 끓는 소리가 나는지, 숨 가쁨, 기침 등
	피부	• 가슴과 등의 피부색 확인(창백한지 또는 붉은지, 뾰루지, 긁힌 자국, 타박상, 멍, 흉터, 심한 열, 땀 등)
청결감		• 얼굴, 머리, 손 등의 청결도, 손톱, 의복 상태 등
행동의 변화		• 활동 정도, 식욕의 변화, 잦은 화장실 사용, 수면 문제

2 정기 건강진단

어린이집의 원장은 영유아와 보육교직원에 대하여 정기적으로 건강진단을 실시하고, 영유아의 건강진단 실시여부를 어린이집 생활기록부에 기록하여 관리해야 한다. 그리고 영유아 건강진단은 매년 1회 이상 정기적으로 실시해야 하는데, 보호자가 별도로 건강검진을 실시하고 그 검진결과 통보서를 제출한 영유아에 대해서는 건강진단을 생략할 수 있다.

건강진단을 실시한 결과 전염성 질환에 감염된 것으로 밝혀지거나 의심되는 영유아 및 어린이집 거주자를 어린이집으로부터 격리시키고, 전염성 질환에 감염된 것으로 밝혀지거나 의심되는 보육교직원을 즉시 휴직시키거나 면직시키는 등의 조치를 해야 한다. 또한 치료가 필요한 영유아에 대해서는 보호자와 협의하여 필요한 조치를 해야 한다.

영유아 건강검진 실시 기준은 문진과 진찰, 신체계측, 발달평가 및 상담, 건강교육, 구강검진의 검사 항목으로 총 7회에 걸쳐 검진을 실시하고 관련서류를 어린이집에 비치하여야 한다.

| 표 6-2 | 항목별 검진 방법

검진 항목	검진 방법
문진 및 진찰	• 문진표, 진찰, 청각 및 시각 문진, 시력검사
신체계측	• 키, 몸무게(체질량지수), 머리둘레
건강교육	• 안전사고 예방, 영양, 영아돌연사증후군 예방, 구강, 대 · 소변 가리기, 전자미디어 노출, 정서 및 사회성, 개인위생, 취학 전 준비
발달평가 및 상담	• 한국 영유아 발달선별검사(K-DST)를 통한 평가 및 상담
구강문진 및 진찰	• 구강문진표 및 진찰
구강보건교육	• 매뉴얼을 이용한 보호자 및 유아 구강보건교육

| 출처 | 국민건강보험공단 홈페이지(http://www.nhis.or.kr).

(3) 질병관리

교사는 아픈 영유아를 적절히 보살필 수 있어야 하는데, 아픈 영유아를 보살필 때 다음과 같은 원칙을 유념해야 한다(조성연 외, 2004).

첫째, 아픈 영유아가 있을 경우에는 조용한 활동을 하면서 쉬거나 잠을 잘 수 있게 한다.
둘째, 해열제, 감기약, 지사제 등에 대해서 교사가 임의적 판단에 따라 투약하지 않는다.
셋째, 아픈 영유아에게 적절한 실내온도와 습도를 조절해 주고 공기를 자주 환기시켜 쾌적한 환경에서 지낼 수 있게 한다.

1 전염병

전염성 질병의 경우는 공기 전염과 신체적 접촉 등을 통해 다른 영유아에게 쉽게 전염되기 때문에 각별한 관리가 요구된다. 따라서 보육교사는 영유아에게 흔히 나타나는 질병의 증상을 미리 파악하여 영유아가 질병에 걸리지 않도록 예방할 뿐만 아니라, 질병에 걸린 경우에는 신속하고 적절한 관리를 해야 한다. 특히 전염성 질환에 감염된 것으로 밝혀지거나 의심되는 영유아를 발견 시 즉시 감염병 확산 방지를 위하여 보호자에게 알려 의료 기간의 진료를 받도록 안내하고 어린이집으로부터 격리 치료하도록 조치해야 한다.

다음 | 표 6-3 | 은 전염병 및 휴원 기간을 나타낸 것이다.

|표 6-3| 휴원을 요하는 전염병

병명	증상	잠복 기간	결석 기간
홍역	• 발열, 재채기, 결막염, 발진	9~13일	• 발진이 없어질 때까지 (발진 후 5일간)
수두	• 발열, 발진, 물집이 생김	10~21일	• 딱지가 떨어질 때까지 (발진 후 7일간)
유행성 이하 선염(볼거리)	• 발열, 귀 밑이 부어오름	7~21일	• 귀 밑 부기가 다 빠질 때까지 (3주 혹은 그 이상)
풍진	• 가벼운 감기 같은 증세, 발열, 발진	10~21일	• 증상이 없어질 때까지 (대개 발진 후 5일)
백일해	• 열이 없고 밤에 기침이 심함	7~14일	• 특유의 기침이 없어질 때까지 (발병 3~4주 후)
유행성 감기	• 발열, 기침, 콧물, 목이 아픔, 뼈마디가 아픔	1~3일	• 주요 증상이 사라질 때까지
유행성 결막염	• 눈이 붓고 흰자위가 충혈되며 눈곱이 많이 생김	7일	• 주요 증상이 사라질 때까지
농가진	• 얼굴이나 수족에 쌀알 크기부터 대두 크기의 발진, 수포가 생김	2~5일	• 염증기가 지나 환부 치료, 포대를 할 때까지
수족구병	• 38℃ 정도의 고열, 1~2일 간에 입 속과 손바닥 및 발바닥에 수포가 생김	3~6일	• 주요 증상이 사라질 때까지
전염성 설사증	• 설사의 횟수가 많고 변이 묽고 열이 나며 감기 증상을 동반함	2~4일	• 주요 증상이 사라질 때까지
간염(A형)	• 식욕 부진, 두통, 열, 황달, 관절통	10~15일	• 증상이 없어질 때까지 (대개 발진 후 5일간)
디프테리아	• 미열, 인후통, 기침, 쉰 목소리, 두통, 편도선 비대, 회색 반점	2~4일	• 배양검사가 2회 이상 음성으로 나올 때까지

|출처| 삼성복지재단(2003). 삼성어린이집 영유아 프로그램 총론.

2 예방접종

많은 영유아들이 생활하는 어린이집에서는 전염성 질환에 노출된 가능성이 높다. 따라서 적절한 시기에 필요한 예방접종을 하는 것이 중요하다. 예방접종을 할 때에는 부모에게 예방접종 시기와 백신의 종류를 지속적으로 안내하고, 영유아의 상태를 알아본 후 접종하도록 한다. 영유아의 예방접종 여부 확인 및 관리를 위하여 생활기록부에 예방접종 여부 및 내역에 관한 사항을 기록하여 관리해야 한다. 다음 |표 6-4|는 소아용 표준예방 접종일정표이다.

|표 6-4| 소아용 표준예방 접종일정표

예방접종 종류	나이	접종시기
결핵(BCG 피내용)	0~4주	생후 4주 이내 접종
B형 간염	0~6개월	3회 접종(0, 1, 6개월)
뇌수막염(Hib)	2~15개월	3회 접종(2, 4, 6개월), 추가접종(12~15개월)
소아마비(폴리오)	2개월~만 6세	3회 접종(2, 4, 6개월), 추가접종(만 4~6세)
폐렴구균	2~59개월	3회 접종(2, 4, 6개월), 추가접종(12~15개월)
디프테리아/ 파상풍/ 백일해 (DPT)	2개월~만 12세	3회 접종(2, 4, 6개월), 추가접종(15~18개월, 만 4~6세, 만 11~12세)
디프테리아/ 파상풍/ 백일해 +폴리오(콤보 백신)	2개월~만 6세	3회 접종(2, 4, 6개월), 추가접종(만 4~6세)
수두	12~15개월	1회 접종(12~15개월), 추가접종(만 4~6세)
홍역/ 유행성이하선염/ 풍진 (MMR)	12~15개월	1회 접종(12~15개월), 추가접종(만 4~6세)
일본뇌염(생백신)	12~35개월	1회 접종(12~24개월), 추가접종(12개월 후)
일본뇌염(사백신)	0~6개월	3회 접종(12~36개월), 추가접종(만 6세, 12세)
인플루엔자	6개월~만 4세	우선접종권장 대상자
장티푸스	24개월~만 12세	고위험군에 한하여 접종

|출처| 질병관리본부 예방접종도우미(http://nip.cdc.go.kr). 신생아 · 소아예방접종표.

3 투약관리

어린이집에서 아동에 대해 해열제 · 감기약 등을 투약할 경우 미리 부모의 투약의뢰서 또는 부모의 투약요청 의사를 확인(유선 등)하고 해당내용에 대한 증빙이 가능할 때 투약을 실시한다. 투약한 내용에 대해서는 알림장과 대화수첩을 통해 기록한다.

4 응급처치

어린이집의 장은 영유아에게 질병 · 사고 또는 재해 등으로 인하여 위급상태가 발생한 경우 즉시 응급의료기관에 이송해야 하고, 아동이 접근할 수 없는 안전한 장소에 응급조치를 위한 비상약품 및 간이 의료기구 등을 비치해야 한다. 응급처치는 사고를 당한 영유아에게 의사의 치료를 받기 전까지의 즉각적이며 임시적인 처치이다. 실제로 사고는 예고 없이 일어나기 때문에 보육교사는 부상당한 영유아가 전문적인 치료를 받을 때까지 손상이나 통증이 악화되지 않도록 하는 응급처치 방법을 알아야 한다. 그리고 긴급 상황이 발생했을 때, 교사가 신속하고 침착하게 정확한 처치를 취함으로써 가능한 한 피해를 줄여야 한다. 이외에도 응급처치동의서를 구비해두는 것이 바람직하다.

다음은 어린이집에서 많이 발생하는 응급 상황에 대한 응급처치와 대처방법을 설명한 것이다.

| 표 6-5 | 응급처치와 대처방법

응급 상황	조치법
코피날 때	• 입으로 숨을 쉬고 콧망울을 누른다. • 머리를 앞으로 숙여 코피가 목 뒤로 흘러 들어가지 않도록 한다. • 목 주위의 옷을 느슨하게 하고 코를 풀지 않게 한다. • 양쪽 콧등을 손가락으로 5분 동안 세게 눌러서 피를 멈추게 한다. • 이마나 양쪽 눈 사이에 찬 물건이나 얼음주머니를 대준다.
화상을 입었을 때	• 심한 화상을 당했을 때는 옷을 억지로 벗기려고 하지 않는다. • 소독된 거즈나 깨끗한 손수건으로 상처 부위를 덮는다. • 상처에 차가운 물을 빨리 끼얹거나 흐르는 차가운 물에 상처의 열을 식힌다. • 되도록 물집을 터뜨리지 않도록 한다.

응급 상황	조치법
머리를 다쳤을 때	• 상처는 소독약을 바르고 세게 눌러서 피를 멈추게 한다. • 혹이 있으면 차가운 찜질을 하고 푹 쉬게 한다. • 토하거나 졸면서 잠만 자려할 때, 귀나 코에서 피가 날 때에는 병원으로 데려 간다.
목에 이물질이 걸려 숨을 못 쉴 때	• 아픈 사람의 뒤쪽에 서서 두 손을 배꼽 위에 포개어 꼭 잡는다. 그런 다음 두 손을 위쪽으로 6~10회 정도 아주 힘껏 잡아 당긴다.
이물질을 삼켰을 때	• 유독물질을 마셨을 경우는 물이나 우유를 먹여서 함께 토하게 한다. • 빙초산이나 강한 세척제를 마셨을 경우는 토하게 하지 말고 빨리 많은 양의 우유를 먹인 후에 병원에 간다. • 가솔린이나 기름 종류를 마셨을 때에는 토하면 위험하므로 토하지 말게 하고 그대로 병원에 간다.
뾰족한 물건에 찔렸을 때	• 족집게를 이용하여 가시를 빼낸다. • 비눗물로 찔린 곳을 씻어낸다.
눈에 이물질이 들어갔을 때	• 화학약품이나 작은 먼지가 들어갔을 경우 깨끗한 물을 받아 놓거나 흐르는 물에 대고 씻어내도록 한다. • 이물질이 깊이 박혔을 경우에는 안대나 깨끗한 거즈를 대고 병원으로 간다.
경련을 일으킬 때	• 머리 밑에 베개나 이불 등을 놓아 충격을 받지 않도록 한다. • 혀를 물지 않도록 젓가락이나 수저에 거즈나 수건을 감아서 입 옆으로 집어 넣어 이와 이 사이에 물린다. • 경련이 가라앉은 후에는 반듯이 눕히고 고개를 옆으로 돌려서 토한 것이 기도로 넘어가지 않도록 한다. 옷을 느슨하게 해준다. • 경련이 오래 계속되면 의사에게 진찰을 받도록 한다.
뼈가 부러지거나 금이 갔을 때	• 편한 자세로 눕히고 보온해 준다. • 유아를 안심시키고 부러진 부분을 움직이지 않도록 한다. • 유아를 부러진 상태 그대로 병원에 옮기되 가능하면 부목을 댄다. • 만약 피가 난다면 피나는 부위를 심장보다 높게 하고 세게 눌러서 피를 멎게 한다.
귀에 이물질이 들어갔을 때	• 귀에 벌레가 들어간 경우 밝은 빛의 손전등 불빛을 귀에 비추어 벌레가 불빛을 보고 밖으로 나오게 한다. • 죽은 벌레나 작은 물체가 귀에 들어간 경우에는 베이비오일을 한두 방울 귀 속에 떨어뜨린 후 귀를 아래쪽으로 향하게 하면 죽은 벌레가 오일에 묻어서 밖으로 나온다.
동물이나 벌레에 물렸을 때	• 동물에 물렸을 때 흐르는 물로 상처부위를 깨끗이 씻고 소독약을 바른다. • 벌에 쏘였을 경우 침이 남아 있으면 제거하고 암모니아수를 바른다.

응급 상황	조치법
의식을 잃었을 때	• 이물질에 의해 기도가 막혔는지 확인된 경우에는 이물질을 삼켰을 때의 처치를 한다. • 의식은 없으나 숨은 쉬는 경우 가슴과 배를 바닥에 닿게 하고 고개를 옆으로 돌린 자세로 눕힌다. • 의식도 없고 숨을 거의 못 쉬며 기도가 막히지는 않았을 때에는 인공호흡을 실시한다. – 유아의 턱이 바닥과 수직이 되도록 하여 기도로 공기가 잘 들어가 숨을 잘 쉴 수 있도록 반듯하게 눕힌다. – 코와 입에 한꺼번에 공기를 불어넣는다. – 공기를 불어넣는 시간을 4초 정도로 하며 공기를 불어넣고 나서 입을 떼고 숨을 쉰 다음 다시 불어넣는 동작을 반복한다.
전기에 감전이 되었을 때	• 감전된 유아를 직접 만져서는 안된다. • 우선 플러그, 퓨즈 상자에서 전기를 단절시킨다. • 전기 차단이 어려우면 막대를 이용하여 전기로부터 어린이를 떼어 놓는다. • 숨을 쉬는지 확인하고 몇 초 후에도 숨을 쉬지 않으면 즉시 인공호흡을 실시한다. • 구조대가 올 때까지 담요 등으로 덮어 따뜻하게 하고 편안하게 눕혀 놓는다.
응급 연락처	• 경찰서, 소방서, 지정병원-소아과, 정형외과, 성형외과의 연락처를 만들어 두고 응급 발생 시 빠르게 대처한다. • 응급환자 발생 시 119번이나 1339번으로 1339 응급환자 신고전화 ⇒ 정보센터 안내요원에게 환자가 발생한 지역과 환자의 상태 및 연락처 등을 설명 ⇒ 기타사항에 대하여는 안내요원의 질문에 따라 응대 • 연중생활응급처치 및 심폐소생술 교육(http://www.ps-emc.or.kr/sub_index.html) • 한국생활안전연합(www.safia.org) • 한국어린이안전재단(www.childsafe.or.kr) • 어린이안전네트워크(www.safia.org) • 소방방재청(www.fema.go.kr)

| 출처 | 부산광역시교육청(2017). 유치원 원감 업무 도움 자료.

3) 건강교육

(1) 기본생활습관 지도

1 손 씻기

교사는 영유아가 음식을 먹기 전, 대 · 소변 후, 실외 활동 후, 애완동물을 만졌을 때, 피 · 토사물 · 코 흘린 것 등 신체분비물을 만졌을 때, 손이 더러운 경우에 해당될 때에는 반드시 손을 씻도록 지도한다. 영유아에게는 학기 초부터 손 씻기의 중요성, 올바르게 손 씻는 방법, 손을 씻어야 할 때를 지속적으로 반복 지도함으로써 항상 손을 씻는 습관을 갖도록 지도한다. 세균 감염을 막는 가장 좋은 방법인 손 씻기 습관을 형성하도록 하기 위해, 교사가 항상 손을 청결히 유지함으로써 좋은 행동 모델이 되어야 한다.

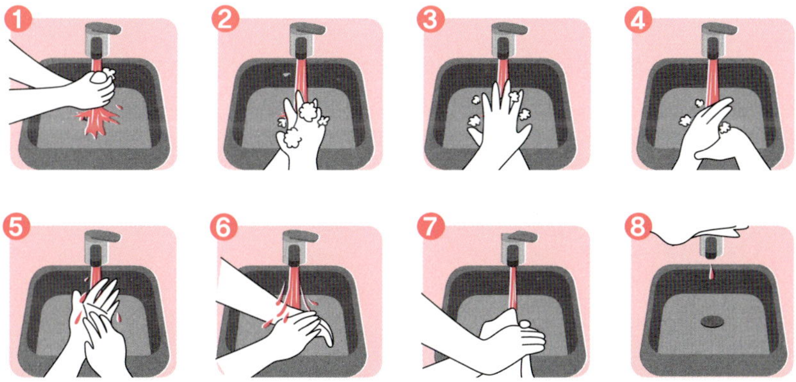

2 이 닦기

건강한 치아를 위해서는 매일 이를 닦는 습관을 기르는 것과 함께 정기적인 치과 검진으로 치아를 지속적으로 관리해 주고, 치아 건강에 적절한 음식물을 섭취하는 것이 중요하다.

이를 위해 교사나 부모는 적절한 방법으로 칫솔질을 가르쳐 주고, 점차 영유아가 스스로 해보도록 유도해준다. 또한 일상생활과 계획된 보육활동 중에 이 닦는 방법과 치아관리의 필요성에 대해 이야기를 나누거나 경험해 보게 한다.

3 배변 훈련

어린이집에서 이루어지는 배변 훈련은 기저귀 갈기와 배변 훈련을 포함한다. 기저귀 갈기는 정해진 곳에서 갈아주고, 기저귀를 갈기 전후의 위생관리를 철저히 해야 한다.

배변 훈련의 경우에는 개인차가 있지만 충분한 배변 시간, 여벌의 옷 준비, 배변 후 손 닦기 지도에 대해서 교사가 유의해서 지도해야 한다.

4 낮잠과 휴식

유아들의 낮잠은 오전 생활 동안 쌓인 피로를 풀고 활기찬 오후 활동을 위해 꼭 필요한 것으로, 5~6세경까지 하루에 1~2시간 정도의 낮잠을 자게 하는 것이 좋다. 그러나 수면의 개인차가 있으므로 억지로 재울 필요는 없다. 휴식의 경우에는 신체 운동량이 많은 실외 활동 후, 현장학습이나 견학 등을 다녀온 후에는 휴식 시간을 가질 수 있다.

보육교사는 일과 운영 시 낮잠과 휴식이 이루어질 수 있도록 계획하고, 영유아의 수면 습관을 파악하고 쉽게 잠들 수 있는 환경과 분위기를 조성해 준다.

(2) 정신건강 지도

교사가 영유아의 정신건강을 위해서 유의해야 할 사항은 다음과 같다(조성연 외, 2004).

- 손톱 물어뜯기, 짜증부리기, 틱 현상, 퇴행 행동 등과 같이 스트레스나 갈등으로 인해 나타나는 유아의 신호에 민감해야 한다.
- 부모와의 긴밀한 상호작용을 통해 영유아 주변에서 일어나는 일에 대하여 알고 있어야 한다.
- 영유아의 정신건강을 위해 체계적이고 지속적인 계획을 마련한다.
- 부모와 영유아가 도움을 받을 수 있는 전문기관을 알고 있으며, 필요한 경우에는 알려준다.

2 영양관리

1) 영양관리의 이해

충분한 영양 섭취와 올바른 식습관 확립은 평생의 건강을 좌우하는 기초가 될 수 있다. 어린이집에서는 매일 반복되는 일상생활에서 영유아의 성장과 발달에 필요한 수유, 이유식, 급식, 간식 등을 단계별로 위생적이고 안전하게 제공해야 한다.

이를 위해 어린이집에서는 다음 사항을 유의하여 영양관리를 해야 한다.

- 급식은 어린이집에서 직접 조리하여 공급하는 것을 원칙으로 한다.
- 영유아에게 필요한 열량과 영양소를 적절하게 섭취할 수 있도록 영양사가 작성한 식단에 의해 제공한다.
- 영유아의 개별적 기호와 식습관을 고려하여 다양한 형태로 조리하여 제공한다.
- 매일의 일상생활에서 영유아가 바른 식생활을 하도록 균형있는 급식계획을 세우고 실시한다.
- 식재료관리, 조리과정, 배식관리가 청결한 상태에서 이루어져야 한다.
- 제철과일, 견과류, 오이, 감자, 고구마 등의 자연식품을 영유아에게 자주 제공한다.
- 지역에서 생산하는 식재료를 구입하여 새로운 음식에 대한 적응력도 키워준다.
- 바람직한 식생활 습관을 형성하도록 지속적이고 반복적으로 지도한다. 교사도 영유아와 함께 음식을 먹으면서 영유아의 식습관 등을 관찰하고 즐거운 분위기를 조성한다.
- 기타 특별한 음식을 필요로 하는 영유아에게는 보호자(부모 등)의 의사를 반영하여 음식을 제공한다. 입소 시 보호자 면담 등을 통해 영유아의 식품 알레르기 여부를 확인하여 급 · 간식 제공시 알레르기 유발 식품이 제공되지 않도록 주의한다.
- 가정통신문, 홈페이지, 게시판 등을 통해 식단을 공개한다.

2) 어린이집에서의 급식관리

(1) 수유

모유 수유인 경우 가능한 가정에서 착유하여 어린이집에 보내 수유하는 방법이 매우 바람직하다. 모유는 냉장보관하고 조제유는 습기가 차지 않고 통풍이 잘 되는 신선한 곳에 보관하여 영아에게 수유를 할 때는 안정된 자세로 편안하게 안아 모유(우유)를 먹인다.

(2) 이유식

아기가 태어난 후 3~4개월이 지나면 모유만으로는 정상적인 성장 발달이 어렵고 인공영양만으로도 3개월이 지나면 영아의 성장에 필요한 여러 가지 영양소가 부족하므로 모유나 우유 이외에 다른 음식을 첨가해 주어야 한다. 또한 생후 6개월이 지나면 영아 스스로가 점차로 딱딱한 음식에 흥미를 느끼므로 이유식을 통해 다양한 음식을 섭취하도록 도와주어야 한다.

(3) 간식 및 급식

영유아기는 성장 발달이 활발히 진행되는 시기로 영양 요구량은 많으나 소화기의 용량이 작고 기능도 미숙하여 정규 식사만으로는 충분한 영양을 섭취하기 어렵다. 간식은 정규 식사로는 모자라는 영양소 및 열량을 보충하고 피로 회복, 기분 전환을 위해 정규 식사 사이에 먹는 음식이다. 따라서 영유아의 요구와 신체적 특성을 고려하여 오전과 오후로 나누어서 2회로 제공하는 것이 바람직하다. 간식 먹는 시간은 약 15분 정도가 적당하다.

영유아가 어린이집에서 많은 시간을 보내므로 영유아의 성장에 필요한 영양을 고려하여 균형있는 식단을 계획하여 양질의 식사를 제공해야 한다. 계획적인 급·간식은 영유아의 균형잡힌 영양 공급과 함께 편식을 방지하고 즐거운 식생활을 할 수 있도록 돕는다. 급·간식이 이루어질 때 교사는 식사에 즐겁게 참여하여 영유아 스스로 음식을 골고루 먹을 수 있도록 지도해야 한다. 식사 시간이 30분 이상이 넘어가지 않도록 한다.

(4) 급식의 위생관리

어린이집의 원장 및 급식을 조리 · 제공하는 보육교직원은 어린이집에서 식중독 환자가 발생하지 않도록 위생관리를 철저히 해야 한다. 특히 어린이집 내 조리실은 항상 청결을 유지하되 매일 위생 점검을 실시하는 등 위생관리를 철저히 해야 한다.

1 시설 및 기구의 위생관리

- 식기 및 행주는 열탕소독(100℃에서 30초 이상)이나 증기소독(110~120℃에서 30분 이상)에서 30분 이상이 가장 안전하다.
- 정기적으로 식기, 도마, 칼, 행주, 고무장갑, 수세미 등 그 밖의 주방 용구를 세척 · 살균 및 소독하고 사용 후에는 소독하여 보관한다.
- 조리실과 급식실의 바닥과 벽면은 음식물 찌꺼기로 인하여 곰팡이가 생기기 쉽고 미끄러질 수 있으므로 매일 청소하고 환기한다.
- 배수통에 음식찌꺼기가 남아 있으면 악취가 날 수 있기 때문에 주의해야 한다.

2 급식 식품의 위생관리

- 식품을 구입할 때는 각 식품의 출하 시기, 가격, 신선도, 용기의 위생 상태를 확인한다.
- 육류, 어류 및 달걀 등은 신선도가 높은 것을 구입하고 당일 사용한다.
- 각 식품의 감별법을 알고 신선한 식품을 구입한다.
- 채소 및 과일류는 농약, 기생충알이 붙어 있을 수 있으므로 깨끗한 물로 씻어 제거한 다음, 중성세제의 찌꺼기가 없도록 헹군다.
- 조리된 음식물은 2차 감염이 되지 않도록 위생적인 용기에 뚜껑을 덮어서 보관한다.
- 부패 · 변질되기 쉬운 식품 등의 원료 및 제품은 냉동 · 냉장시설에 보관하는 등 철저하게 관리한다.

- 유통기한이 경과되거나 상한 원료 또는 완제품을 조리할 목적으로 보관하거나 이를 음식물의 조리에 사용해서는 안된다. 또한 이미 급식에 제공되었던 음식물을 재사용해서는 안된다.
- 보존식은 채취일자와 폐기일자를 기록하여 72시간 동안 냉동 보관(-18℃)한다.

3) 식생활교육

생의 초기인 영유아기에 올바른 식생활을 형성하도록 도와주는 것은 영유아의 심신의 기초를 만들어주는 것이다. 식생활 지도는 가능한 일찍부터 시작하여 연령별 발달수준에 적합한 내용으로 이루어지도록 한다.

(1) 연령별 식사 행동 특성

어린이집에서는 영유아의 올바른 식생활 습관 형성을 도와주기 위해 식습관 발달에 따른 행동 특성을 이해하고 지도해야 한다. 연령에 따른 식사 행동의 특성(조성연 외, 2013)을 요약하였다.

| 표 6-6 | 연령별 식사 행동 특성

연령	행동 특성
6개월	• 하루 3~4회의 우유를 먹는데 한 차례에 8~10분 정도 소요되며 차차 속도가 빨라지게 된다. 이외에도 반유동식이나 단단한 음식을 조금씩 먹게 된다. 숟가락이 보이면 입 모양을 바꾸고 입술로 손가락을 덮는다. 또 어른의 손을 쥐기도 하여 음식을 자주 엎지르게 된다.
9개월	• 하루 세 차례의 이유식과 낮잠 뒤에 두 차례의 우유를 주는 것이 일반적이다. 우유를 빠는 힘이 세지고 쭉쭉 들이키기 때문에 먹는 속도도 빨라져서 3~4분 밖에 걸리지 않는다. 고형식도 잘 씹어 먹고 숟가락을 내밀면 입을 벌리고 아랫입술을 끌어당겨 음식을 받아들인다. 그릇에 입을 대고 물 같은 것을 마시게 하면 계속해서 한두 모금 마시지만 그릇을 떼면 입 밖으로 흘려버리는데 흘린 음식을 손가락으로 집어먹기도 한다.

연령	행동 특성
11개월	• 식사가 순조롭게 진행되지 못할 때가 생기는데, 그것은 식사를 하는 동안 가만히 앉아 있지 못하고 이리저리 몸을 움직여 장난감을 갖고 놀기 때문이다. 우유 먹는 횟수는 영아에 따라 다르지만 하루에 한 차례가 적당하다. 컵에 손을 대고 안에 담겨 있는 것을 마시기 위해 머리를 젖히기 시작한다. 하지만 제대로 마시지 못해 흘리는 일이 잦아지는데 이때 야단을 쳐서는 안된다. 실패의 체험을 통해 기술이 진보하기 때문이다. 좋아하는 음식과 싫어하는 음식을 가리는 것이 더욱 분명해지는 것도 이 무렵이다.
12~18개월	• 우유병을 이용하는 횟수가 줄어들고 컵을 입에 대고 마신다. 하지만 우유병으로 마시고 싶어하는 영아도 있으므로 어린이집에서는 낮잠 자기 전후에 개별적으로 사용을 허용하기도 한다. 그릇에 담겨 있는 음식을 보면 숟가락을 사용하려 하는데 음식물 속에 숟가락을 넣지만 떠올리는 동작은 어렵다. 그래서 손으로 집어 입 속에 넣곤 한다. 물이나 국 등은 서툴지만 혼자서 양손에 쥐고 마실 수 있게 된다. 이때의 두드러진 특징은 서툰 상태에서도 도움을 받으려 하지 않고 처음부터 끝까지 혼자서 먹으려 한다는 것이다.
18~21개월	• 먹는 방법이 능숙해지는데 혀를 사용해서 음식을 잘게 씹을 수 있다. 또 얼굴을 움직여 입 속의 음식을 먹기 쉽게 조절하여 삼킬 수 없는 것은 입에서 뱉을 수도 있다. 즉, 혼자서 식사하는 기능의 발달을 확인할 수 있다. 숟가락을 한 손에 쥐고 다른 손으로 음식을 숟가락 위에 올려놓거나 팔꿈치를 사용하여 입으로 가져가는 등, 숟가락 사용법이 점차 능숙해진다. 양손으로 컵을 사용하지만 접시는 자주 놓친다. 먹으면서 흘리는 것도 이 무렵의 특징이다. 이 시기는 식사 시간이 길어지기도 하는데, 그것은 식사 중의 변화에 민감하여 이동이 잦기 때문이다. 그러므로 어린이집에서도 키 높은 식탁 의자에 앉히는 방법을 고려해 본다.
21~24개월	• 식욕이 왕성해지면서 먹고 마시는 것을 적극적으로 탐하기 시작하여 음식에 대해 좋고 싫음을 분명히 밝히게 된다. 또 맛이나 혀의 감촉뿐 아니라 눈에 보이는 음식의 형태에 대해서 좋고 싫음도 나타내게 된다. 식탁 앞에서의 조건이 까다로워지는 것도 이때인데 항상 사용하는 숟가락이나 컵 등을 요구하는 일이 생긴다. 식사 중 음식이나 도구를 사용하여 장난하는 일도 많이 생기지만 그대로 혼자 먹도록 유도하는 것이 다음 단계로의 발달을 촉진하는 결과가 된다.
3세	• 식욕이 매우 좋은 시기이고, 조금씩 주는 음식을 좋아한다. 배가 고플 때는 혼자서도 먹을 수 있다. 또한 어른과 비슷한 수준으로 숟가락을 사용할 수 있다. 그러나 포크나 젓가락 사용은 서툴다. 배가 고프지 않으면 음식을 가지고 꾸물거린다.
4세	• 식욕의 변화가 심해지고, 일부 음식에 대한 선호가 뚜렷이 나타나며 싫어하는 음식을 강요하면 울면서 거부한다. 그리고 음식 준비를 도와주는 것을 좋아한다. 모든 종류의 식사 도구를 사용할 수 있다.
5세	• 잘 먹지만 모든 음식을 다 먹는 것은 아니고, 익숙한 음식을 좋아한다. 그리고 간단한 식사 준비를 할 수 있다.

(2) 식습관 문제

1 편식

편식이란 한 가지 음식을 먹지 않는 경우가 아닌 특정 식품군을 전혀 먹지 않는 경우를 가리킨다. 편식 문제는 이유 실패, 생리적 · 심리적 요인, 사회 · 경제적 요인 등의 원인으로 인해 생기는데, 영유아기에는 식품에 대한 기호가 확실해지는 시기이므로 다양한 식품을 섭취하도록 하지 않으면 섭취한 적이 없는 식품에 대해서 거부감을 갖는 편식이 형성되기 쉽다.

편식은 영양소의 불균형뿐만 아니라, 성격, 인간관계 등에도 영향을 미치므로 반드시 교정해 줄 필요가 있다. 따라서 어린이집에서는 편식 문제의 해결을 위해서 조리방법의 변화, 좋아하는 음식과 섞어서 조리하기, 예쁜 그릇에 담아 주기, 영양이 유사한 다른 식품 대체, 요리 활동에 직접 참여하기 등의 방법을 통해 영유아들이 음식에 대한 흥미를 높이고 다양한 음식에 익숙해지도록 한다.

2 식욕 부진

음식을 먹으려 하지 않을 때에는 부모에게 알리고 그 원인을 찾아야 하며, 부모나 교사가 너무 음식 먹는 것에 민감하게 반응하지 말고, 간식을 자주 주지 않거나 즐거운 급 · 간식 시간이 되도록 한다.

3 비만

최근 들어 소아비만아가 늘어나고 있는데, 비만은 성장, 유지, 활동을 위하여 필요한 열량보다 더 많은 열량을 섭취하거나 활동량이 부족해서, 운동 부족, 잘못된 식습관, 패스트푸드 섭취의 증가 등을 그 원인이 될 수 있다. 소아비만은 열등감이나 부정적 자아 개념 등의 심리적 문제뿐만 아니라 심각하면 소아당뇨 등의 신체적 질환까지 야기하므로 그 심각성이 생각보다 더 크다.

따라서 어린이집에서는 비만 예방을 위해 간식 및 급식의 조리 재료에 대한 검토뿐만 아니라, 영유아의 신체 활동과 같은 보조 활동을 통해서도 균형 있는 식습관을 형성할 수 있도록 더 세심한 신경을 써야 한다.

(3) 식습관 지도

식생활 지도의 기본원칙은 다음과 같다(중앙육아종합지원센터, 2013).

- 1세~18개월 사이에 스스로 먹을 수 있도록 지도해준다.
- 이 시기의 교사는 영아들의 서툰 기술에 수용적이어야 하고 인내심을 가지고 지도해야 한다.
- 식습관 지도는 편안하게 음식을 먹는 분위기에서 이루어져야 한다.
- 식사 시간은 즐거운 분위기가 되도록 조성한다.
- 간식 시간은 15분 정도, 식사 시간은 30분 정도를 기준으로 운영한다.
- 주어진 시간 내에 먹지 못하는 경우에는 영아의 특성, 식성, 정서적 신체적 상태 등을 고려하여 융통성 있게 지도한다.
- 교사는 바람직한 식생활 모델이 되도록 한다.
- 가정과의 연계를 가지고 지속적이고 일관성 있게 지도한다.
- 영아가 스스로 먹을 수 있도록 준비해 주고 필요한 부분만 도와준다.
- 먹는 것과 식사 예절은 지나치게 연관시키지 않는다.
- 음식을 그만 먹겠다고 할 때는 인정해준다.
- 음식은 상이나 벌, 선물로 연계하여 지도하지 않는다.

바람직한 식생활 지도의 내용은 다음과 같다.

1 음식 먹기 전

- 반드시 손을 씻는다.
- 식탁과 의자를 바르게 놓고 깨끗이 한다.
- 식탁 준비를 돕는다.
- 바른 자세로 앉는다.
- 감사하는 마음을 표현한다.

2 음식 먹을 때

- 어른이 먼저 수저를 들고 나서 식사한다.
- 바른 자세로 먹는다.
- 그릇과 수저를 바르게 사용한다.
- 반찬과 밥은 한쪽부터 먹는다.
- 꼭꼭 씹어 먹는다.
- 흘리지 않게 조절하여 먹는다.
- 편식하지 않고 골고루 먹는다.
- 식사의 양을 적당히 조절하여 먹는다.
- 입가에 묻은 음식물은 휴지로 깨끗이 닦는다.
- 식사 시간에 돌아다니지 않는다.
- 음식물을 입 안에 넣고 소리를 내거나 말을 하지 않는다.
- 더러운 음식물을 먹지 않는다.
- 적당한 시간 안에 먹는다.
- 즐겁게 대화를 하면서 먹는다.

3 음식 먹은 후

- 입가에 묻은 음식물은 휴지나 수건 등으로 닦는다.
- 감사하는 마음으로 표현한다.
- 먹은 자리를 깨끗이 치운다.
- 자신이 사용한 시기는 정해진 장소에 가져다 놓는다.
- 식사 후에는 반드시 이를 닦는다.

3 안전관리

영유아는 안전에 대한 인식이나 대처 능력이 부족하고, 안전사고의 위험성이 높은 시기이기 때문에, 철저한 안전관리가 요구되고 있으며 동시에 안전교육의 중요성이 높아지고 있다. 따라서 영유아 스스로가 자신의 안전을 보호할 수 있는 능력과 기술을 갖추도록 지도하는 것이 강조된다. 그리고 보육교직원이 업무를 수행함에 있어 영유아의 생명 안전보호 및 위험방지를 위하여 주의의무를 다해야 하는 책무성이 강화되고 있다.

1) 영유아의 안전사고

(1) 영유아 안전사고의 원인

영유아의 모든 안전사고는 하나의 원인에 의해서라기보다는 여러 원인들이 복합적으로 작용하여 일어나는 경우가 많다. 영유아 안전사고는 시설물에 의한 사고, 교재 · 교구 및 장난감에 의한 사고, 질식, 감전, 교통사고, 화재, 성폭력, 아동학대, 유괴 등 다양한 원인으로 인해 사고가 일어날 수 있다.

(2) 영유아의 발달적 특성과 안전사고

영유아들의 안전사고는 특히 그들의 발달적 특성과 깊은 연관성이 있다. 영유아기는 다른 어느 시기보다 신체적으로나 인지적, 정서적, 사회적 발달 면에서 급격한 변화를 보이는 시기이며 모험심과 호기심이 높은 시기이다. 이러한 발달 특성은 영유아기의 안전을 크게 위협하는 요소로 작용한다. 특히, 어린이집에서 장시간 생활하게 되는 영유아의 경우에는 발달적 특성들을 충분히 고려하여 안전한 실내 환경이 조성되어야 한다.

따라서 영유아의 발달적 특성을 이해하고 이런 특성들로 인해서 발생할 수 있는 안전사고에 미리 대처하는 예방이 무엇보다도 중요하다. 그리고 이에 기초해서 안전한 환경을 제공하는 것이 영유아의 안전사고의 예방 차원에서 보다 효율적이다.

다음은 영유아의 안전사고를 예방하기 위해 알아야 할 영유아의 발달적 특성과 안전한 보육환경과 관련된 예방 조치들을 정리한 것이다.

| 표 6-7 | 영유아의 발달적 특성과 예방 조치

시기	발달적 특성	예방 조치
영아기 (0~1세)	• 모든 것을 성인에게 의존하는 시기이므로 자신의 안전을 스스로 지킬 수 없다. • 손에 잡히는 것은 무조건 입에 넣는 경향이 있다.	• 위험한 상황에 처하지 않도록 항상 주의 깊은 관리 · 감독이 필요하다. • 작은 물체가 목에 걸림으로써 유발되는 질식 사고가 발생할 수 있으므로, 영아 주변에 작은 물건을 두지 않도록 유의해야 한다.
걸음마기 (1~3세)	• 호기심이 많고, 매우 탐색적이다. • 위험한 상황에 처하게 되는 가능성이 가장 높은 시기이다.	• 가능한 모든 위험 요소들을 제거해야 한다. • 약품이나 독성 물질 등은 따로 보관한다. • 걸음마기 영아의 신체적 크기에 알맞게 설계된 놀이기구를 선택한다.
유아기 (3~6세)	• 대근육 활동을 즐긴다. • 모방 행동이 확장된다. • 집 이외의 동네나 이웃까지 활동 범위가 확장된다. • 신체 기능이 현저히 발달함에 따라 활동의 종류가 다양해진다. • 상황을 전체적으로 고려하지 못하고 자신의 활동 대상에만 몰두한다.	• 위험한 상황을 예측하고 이에 대비할 수 있도록 도와주는 것이 필요하다. • 교통 규칙과 지도에 대한 지속적인 교육을 한다. • 유괴 및 성폭력 사고에 대한 교육을 실시하고, 낯선 사람을 따라가지 않는다.

2) 어린이집에서의 안전관리

(1) 안전관리의 원칙

원장 등 보육교직원은 안전관리의 중요성을 인식하고 영유아의 생명 · 안전보호 및 위험방지를 위하여 주의의무를 지키고 다음의 원칙을 지키도록 노력해야 한다.

- 어린이집 원장은 보육교직원 및 부모와 함께 영유아의 안전사고예방을 위해 성실하게 노력하고 안전교육을 실시해야 한다.
- 어린이집은 인근 소방서, 경찰서 및 가스, 유류 등의 안전상태를 점검하는 유관기관에 의해 정기점검을 실시하고 비상연락체계를 구축해야 하며, 자체적으로 정기적인 시설 안전점검을 실시하고 기록 · 관리해야 한다.
- 어린이집 보육교직원은 영유아의 실내 · 외 활동 시 안전을 위해 영유아를 보호 · 감독해야 하며, 원장은 영유아에 대한 물리적 환경과 인적 환경에 대한 안전확보를 위해 시설 및 환경을 조성하고 관리해야 한다.
- 아동범죄예방을 위해 어린이집 내 CCTV 등을 설치 운영한다.
- 어린이집의 원장은 사고에 대비하여 부모와의 비상연락망을 확보하고, 응급처치 동의서를 비치한다.
- 어린이집 안전관리에 관한 총괄적 관리 감독 및 사고 발생 시 효과적인 대응을 위해 원장이 안전관리관 역할을 수행한다.

(2) 실내 · 외 환경의 안전관리

어린이집에서는 사고 발생의 원인과 가능성을 제거하기 위해 실내 · 외 환경을 먼저 점검하고, 주기적으로 관리해야 한다. 매일 · 매월 시설 안전점검을 실시하여 화재 · 상해 등 위험발생 요인을 사전에 제거해야 한다. 다음 |표 6-8|은 어린이집에서 활용할 수 있는 통합 안전점검표이다.

| 표 6-8 | 통합 안전점검표

어린이집 통합 안전점검표 〈월별 점검표〉

(점검상태: 양호○, 보통△, 불량×)

구분	점 검 항 목	점검결과 월	조치사항
안전관리	• 안전관리의 책임 및 위기관리 체계가 적합한가?		
	• 일별 안전점검 체크리스트에 의해 관리되고 있는가?		
	• 응급전화번호 및 비상연락망 등이 잘 관리되고 있는가?		
실외 환경	• 어린이집 주변에 감전 위험은 없는가?		
	• 위험한 적치물, 축대 붕괴, 맨홀 등에 대한 위험은 없는가?		
실내 환경	• 모든 설비는 움직이거나 떨어지지 않도록 바닥과 벽면에 단단히 고정되어 있는가?		
	• 창문, 방충망의 상태는 안전한가?		
현관 · 통로 · 계단 · 비상구	• 출입문, 현관문 등의 안전장치는 정상 작동하는가?		
	• 계단, 통로 부분에 미끄럼 방지처리가 되어 있는가?		
	• 계단의 안전 상태는 양호한가?		
화장실 · 세면대	• 화장실 내 전기 콘센트 등 전기용품은 안전한가?		
	• 세면대의 고정 상태는 안전한가?		
실내 · 외 놀이 기구 및 공간	• 모든 놀이기구가 바닥에 안전하게 고정되어 있는가?		
	• 놀이 시설물의 상태(틈새나 간격)가 영유아의 몸에 끼이지 않는 넓이인가?		
	• 기초대, 지지대 등 매설 부분이 노출되지 않았는가?		
	• 모든 놀이기구 아래와 주위(안전지대)의 충격흡수재 성능은 양호한가?		
	• 보수가 필요한 놀잇감 및 놀이기구가 방치되어 있는가?		
	• 놀이기구의 높이가 영유아에게 적합한가?		
	• 어린이제품안전특별법, 품질경영 및 공산품 안전관리법 등에 의한 안전검사(KC 인증 등)를 필한 제품인가?		
전기 · 가스 · 위험물 안전관리	• 전선, 콘센트, 플러그 등 손상된 부분은 없는가?		
	• 한 개의 콘센트에 용량을 초과해 사용하고 있지 않은가?		
	• 분배전반 및 각종 전기기구의 노후 및 파손된 것은 없는가?		
	• 가스경보기의 설치상태가 양호한가?		

구분	점 검 항 목	점검결과 월	조치사항
소방시설 관리	• 대피를 위한 대피도가 잘 관리되어 있는가?		
	• 소화기, 스프링클러 등 소화장비의 작동 및 관리상태는 양호한가?		
	• 자동화재 탐지설비의 설치상태가 양호한가?		
	• 옥내소화전의 관리 및 작동이 양호한가?		
비상대피 시설관리	• 비상계단 및 미끄럼대 등이 화재 등 유사시 사용이 가능한가?		
	• 피난유도등, 유도표지 등이 잘 갖추어져 있고 정상 작동하는가?		
	• 건물 내 대피경로에 장애가 되는 요소는 없는가?		

| 출처 | 보건복지부 · 한국보육진흥원(2017a). 2017 어린이집 평가인증 문서 자료집.

한편, 유괴 등 범죄의 위험으로부터 아동을 보호하기 위하여 필요하다고 인정하는 때에는 어린이집의 아동을 보호하기 위하여 어린이집의 주변구역을 아동보호구역으로 지정하여 폐쇄회로 텔레비전을 설치하거나 그 밖의 필요한 조치를 할 수 있다.

(3) 차량 안전관리

- 운전기사 채용 시 채용신체검사서 제출, 교통안전교육 이수 여부 확인 및 성범죄 경력을 조회 실시한다.
- 운전자는 통학차량 내부에 안전수칙을 부착하고, 차량용 소화기 및 구급상자를 비치한다.
- 차량운행 시 보육교사 등 어린이집 보육교직원이 동승해야 하며, 36개월 미만 영아는 영아용 보호장구를 착용한다.
- 운전자는 통학차량에 승차한 영유아가 좌석에 앉았는지, 하차한 영유아가 보도 또는 길 가장자리구역 등 자동차로부터 안전한 장소에 도착했는지를 확인한 후에 통학차량을 출발시킨다.
- 등 · 퇴원 차량운행 시 운전기사 및 보육교사 등 동승자는 영유아를 안전하게 담당 보육교사나 보호자에게 인도하고, 모든 영유아가 안전하게 인도되었는지 여부를 확인한다.

- 보육교사 등 동승자는 어린이집에 통학차량이 도착하여 영유아가 하차한 후 지체 없이 통학차량 이용 영유아들의 승 · 하차 상황을 확인하고 담임교사에게 통보한다.
- 담임교사는 통학차량 이용 영유아 중 무단결석 영유아가 있을시 보호자에게 유선 또는 문자, 메신저 등으로 연락하여 영유아의 소재를 확인하고, 확인이 되지 않을 시 통학차량에 영유아가 남아 있는지 재확인한다.

차량안전수칙

❖ 운전자 준수사항

운행 전
- 차량 외부의 이상 유무를 확인한다.
- 차량시동 후 엔진 및 각종 계기판 이상 유무를 확인한다.
- 차량 출발 전 탑승자의 안전벨트 및 문단속을 확인한다.
- 엔진 및 차체의 잡음은 없는지 확인한다.

운행 중
- 창문 밖으로 머리, 손을 내미는 영유아는 주의시킨다.
- 안전운행을 위하여 교통안전규칙을 철저히 지킨다.
- 정차는 후방의 차량에 최대한 방해되지 않는 곳에 한다.
- 운행 중에는 휴대폰, 이어폰 등을 사용하지 않는다.

운행 후
- 타이어 압력 및 트랙은 양호한가 확인한다.
- 주차 브레이크는 정상인가 확인한다.

❖ 교사 준수사항
- 차량에는 영유아를 보호 할 수 있는 교사가 탑승한다.
- 차량에 안전하게 탑승시키고 영유아와 교사는 안전벨트를 착용한다.
- 차량에는 탑승하는 영아의 수만큼 영아용 보호장구를 갖춘다.
- 차량 내 구급상자의 모든 약품의 유효 기간을 확인한다.
- 차량 내에 비상소화기의 충전상태를 확인한다.
- 차를 출발 또는 후진시키기 전에 영유아가 어디 있는지 살핀다.
- 운행 중에는 영유아가 절대로 일어나지 않도록 한다.
- 영유아는 항상 보호자에게 직접 인계한다.

❖ 영유아 준수사항
- 차 안에서 뛰어다니거나 장난치지 않는다.
- 큰 소리를 내지 않는다.
- 자리에서 일어나거나 의자 위에 올라가지 않는다.
- 유리창 밖으로 손이나 머리를 내밀지 않는다.
- 차에서 내릴 때에는 차가 완전히 멈춘 다음 문이 열릴 때까지 기다린다.
- 의자에 등을 대고 바른 자세로 앉아 안전띠를 매도록 한다.
- 앞좌석을 발로 차지 않는다.
- 차 안에 쓰레기를 버리지 않도록 한다.
- 차가 달리고 있을 때에는 차 문을 열지 않는다.

| 출처 | 보건복지부 · 한국보육진흥원(2017b). 2017년 제3차 어린이집 평가인증안내(통합지표).

3) 안전교육

(1) 안전교육 대상자

1 영유아

- 영유아 스스로가 자신의 안전을 보호할 수 있는 능력과 기술을 가지도록 교육한다.
- 어린이집의 장은 비상대응계획을 작성하고, 소방 대피, 지진 대피, 폭설 대비 훈련을 포함한 다양한 유형의 재난 대비 훈련을 월 1회 실시한다.
- 어린이집의 장은 보육대상 아동의 연령을 고려하여 아동복지법령의 안전교육 기준에 따라 매년 안전교육계획을 수립하여 교육을 실시하고, 계획 및 교육 실시 결과를 관할 시장 · 군수 · 구청장에게 매년 1회 보고해야 한다.

안전교육의 기준은 다음 | 표 6-9 | 와 같다.

| 표 6-9 | 안전교육 기준(아동복지법 제31조 및 같은 법 시행령 제28조)

구분	성폭력 · 아동학대 예방교육	실종 · 유괴의 예방 · 방지교육	감염병 및 약물의 오용 · 남용 예방 등 보건위생관리 교육	재난대비 안전교육	교통안전교육
실시 주기 (총시간)	6개월에 1회 이상 (연간 8시간 이상)	3개월에 1회 이상 (연간 10시간 이상)	3개월에 1회 이상 (연간 10시간 이상)	6개월에 1회 이상 (연간 6시간 이상)	2개월에 1회 이상 (연간 10시간 이상)
교육 내용	1. 내 몸의 소중함 2. 내 몸의 정확한 명칭 3. 좋은 느낌과 싫은 느낌 4. 성폭력 예방법과 대처법	1. 길을 잃을 수 있는 상황 이해하기 2. 미아 및 유괴 발생 시 대처방법 3. 유괴범에 대한 개념 4. 유인 · 유괴 행동에 대한 이해 및 유괴 예방법	1. 감염병 예방을 위한 개인위생 실천 습관 2. 예방접종의 이해 3. 몸에 해로운 약물 위험성 알기 4. 생활 주변의 해로운 약물 · 화학제품 그림으로 구별하기 5. 모르면 먼저 어른에게 물어보기 6. 가정용 화학제품 만지거나 먹지 않기 7. 어린이 약도 함부로 많이 먹지 않기	1. 화재의 원인과 예방법 2. 뜨거운 물건 이해하기 3. 옷에 불이 붙었을 때 대처법 4. 화재 시 대처법 5. 자연재난의 개념과 안전한 행동 알기	1. 차도, 보도 및 신호등의 의미 알기 2. 안전한 도로 횡단법 3. 안전한 통학버스 이용법 4. 날씨와 보행 안전 5. 어른과 손잡고 걷기
교육 방법	1. 전문가 또는 담당자 강의 2. 장소 · 상황별 역할극 실시 3. 시청각 교육 4. 사례 분석	1. 전문가 또는 담당자 강의 2. 장소 · 상황별 역할극 실시 3. 시청각 교육 4. 사례 분석	1. 전문가 또는 담당자 강의 2. 시청각 교육 3. 사례 분석	1. 전문가 또는 담당자 강의 2. 시청각 교육 3. 실습교육 또는 현장학습 4. 사례 분석	1. 전문가 또는 담당자 강의 2. 시청각 교육 3. 실습교육 또는 현장학습 4. 일상생활을 통한 반복 지도 및 부모교육

| 출처 | 「아동복지법 시행령」 제28조 제1항 [별표 3].

2 보육교직원

- 어린이집 보육교직원은 영유아의 안전사고 예방을 위해 영유아에 대한 보호와 감독을 철저히 해야 한다.
- 어린이집 보육교직원은 안전점검방법 및 안전점검표의 활용법, 영유아의 발달단계 특성을 고려한 보호 및 안전교육지침 등을 숙지해야 하고 적극적으로 안전교육에 참여해야 한다.
- 화재 등 긴급사태에 대비한 계획수립 및 정기적인 점검 · 훈련을 실시해야 한다.

3 부모

- 어린이집의 장은 영유아의 건강 · 위생, 아동학대, 안전, CCTV 열람 등과 관련된 내용을 포함하여 부모와 충분히 협의 · 고지해야 하며 안전, 아동학대예방 등 관련교육에 부모가 참여할 수 있도록 해야 한다.

(2) 안전교육의 영역

안전교육의 영역은 시설 · 설비 안전교육, 놀이 안전교육, 위험한 물질에 대한 안전교육, 환경 및 공해안전교육, 교통안전교육, 소방안전교육, 미아 및 유괴안전교육, 미디어 안전교육, 자연재해에 대한 안전교육 등이 있다.

안전관리 전문기관

기관	홈페이지	활동내용
보건복지부	www.mohw.go.kr 보건복지콜센터 129	• 사회복지에 관한 국가정책을 담당 • 보건위생 · 방역 · 의정 · 약정 · 생활보호 · 자활지원 · 여성복지 · 영유아 · 노인 · 장애인 및 사회보장
어린이집 안전공제회	www.csia.or.kr 1600-0611	• 어린이집 안전사고 예방 및 사고보상 (보건복지부 산하 특수법인)
국가재난정보센터	www.safekorea.go.kr 재난교육 02-2100-5434	• 재난 대비 국민행동 요령 및 점검 자료 제공 • 대상별 안전교육 교재 및 동영상 제공
국민안전처 어린이안전나라	www.mpss.go.kr/child 02-2100-2114	• 생활안전길잡이(유아, 어린이, 청소년) 제공 • 소방, 교통, 구조, 놀이기구 등 생활안전 자료 제공
도로교통공단	www.koroad.or.kr 1577-1120	• 교통안전(횡단보도 안전, 안전한 걷기 등) • 생활안전(바퀴달린 놀이기구, 놀이 안전)
안전 Dream 아동 · 여성 · 장애인 경찰지원센터	www.safe182.go.kr 국번없이 182, 117	• 실종 및 유괴 예방수칙 • 아동성폭력, 아동학대 관련 정보
아동안전 사이버교육센터	www.childsafedu.go.kr 02-3476-0119	• 아동안전교육을 위한 자료 제공 • 교사를 위한 온라인 강좌 제공
어린이 안전넷 (한국소비자원)	www.isafe.go.kr 043-880-5500	• 교통, 가정, 학교, 놀이 등 안전교육 자료 제공 • 응급처치법 및 어린이 안전정보 제공
어린이안전학교	www.go119.org 02-575-6266	• 교통안전, 가정안전, 화재안전 등 15개 안전교실 • 안전교육지도사 양성
어린이 안전교육관	www.isafeschool.com 02-406-5868	• 교통안전, 화재안전, 승강기 안전, 가정안전 등의 동영상 자료 제공 • 체험 교육관 운영
세이프 키즈 코리아	www.safekids.or.kr/ 02-6925-4290	• 어린이안전관련 e-book, 애니메이션 자료 제공 • 어린이안전사고 통계 자료 및 연구조사 자료 제공
한국어린이 안전재단	www.childsafe.or.kr/ 02-400-9275	• 어린이안전 자료, 학부모/ 선생님 안전 자료 제공 • 어린이안전 게임(가정 내, 시설, 식품안전) 제공

Chapter 07

Introduction to Child Care & Education

어린이집의 보육환경

1 영유아를 위한 보육환경

2 어린이집의 공간 구성

어린이집은 영유아가 거의 하루 종일 지내는 생활과 학습의 공간이다. 따라서 보육환경은 이곳에서 지내는 아이들의 지각, 인지, 감정, 실제 행동에 영향을 주며 타인과의 상호작용 생활을 성공적으로 하게 하는데 결정적 역할을 한다. 이런 이유로 교사들은 영유아의 발달과 학습을 향상시키는 보육환경을 구성하기 위해 교사들이 할 수 있는 모든 것을 알아야 할 의무가 있다. 본 장에서는 보육환경의 의미를 알아보고, 영유아의 발달에 적합한 보육환경을 구성하기 위해 실내 보육환경과 실외 보육환경, 기타 서비스 환경에 대해 살펴보고자 한다.

1 영유아를 위한 보육환경

영유아가 활동하고 머무르는 보육환경은 영유아의 성장과 발달에 중요한 영향을 미치므로 단순한 물리적인 시설 · 설비로만 이해되어서는 안 된다. 이는 누구든지 영유아가 지내는 어린이집을 방문하여 둘러보는 순간 그 기관의 추구하는 바 즉 교직원들의 철학, 생각, 마음이 어우러져 이야기하고 있음을 감지하기 때문이다.

우리가 익히 알고 있는 레지오 에밀리아 접근에서는 물리적 환경이 사람 간의 관계를 촉진시키고 또 다른 환경을 창조하는 변화를 불러오며 인지적 학습뿐만 아니라 사회 · 정서적 학습을 가능하게 하는 잠재력을 가지고 있기 때문에 제3의 교사로서 공간을 중요시하고 있다. 이런 의미에서 레지오 접근에서는 공간을 그 안에 살고 있는 사람들의 생각, 가치, 태도, 문화를 반영하는 수족관이라고 말한다. 이런 이유로 교사가 영유아를 위해 구성하는 공간은 영유아의 삶의 가치를 만들어 가는 공간이 된다. 그러므로 교사는 자신의 보육 철학이 교실의 매체, 설비, 공간 배치에 어떠한 영향을 미치는지 그리고 아이들, 부모, 방문객들에게 어떤 메시지를 전달하고 있는지 신중히 생각해 볼 필요가 있다.

신체를 움직이고 자유롭게 이동할 수 있도록 안전한 통로가 확보된 환경 속에서 영유아는 신체적 발달을 도모할 수 있지만, 지나치게 많은 교구나 좁고 폐쇄된 공간에서는 아이들의 움직임에 대한 기본적인 욕구가 충족되기 어려울 것이다. 공간 내 적절한 영유아의 수, 적절한 개방과 폐쇄, 놀이하기에 적절한 놀잇감의 양, 지나치게 자극적이거나 현란하지 않은 벽, 커튼과 카펫의 색깔, 계절이나 하루의 변화를 느낄 수 있도록 하는 채광 등은 영유아로 하여금 편안하고 안정감을 주어 사회적 행동의 발달을 이끌 수 있다.

놀잇감이 잘 정비되어 있고, 영유아들이 선택하여 놀이할 수 있도록 되어 있다면 영유아는 자율감을 느낄 수 있다. 놀이에 대한 필요한 안내 사항이 글과 그림으로 게시되어 있어 친구에게 물어보거나 성인의 지시를 받지 않고도 아이 스스로 할 수 있도록 구성되어 있다면 영유아는 성취감을 느끼고 통제감을 발달시킬 수 있다. 영유아의 발달 수준에 적합한 도서, 다양한 놀잇감을 비치하여 영유아가 흥미롭게 놀이하도록 함으로써 인지나 언어 발달을 도모할 수 있으며, 또한 아이들의 신체 크기에 맞는 가구나 비품들은 영유아의 생활을 더욱 편안하고 안정감 있게 해주며 자존감을 느끼게 해줄 것이다.

이처럼 보육환경은 영유아의 보호와 양육을 위한 공간으로, 교육을 위한 공간으로 영유아의 건강한 발달과 최상의 교육적 효과를 누릴 수 있도록 계획되어야 한다. 안락하고 쾌적한 공간 속에서 영유아가 원하는 놀이를 선택하고, 놀이의 과정에서 친구 및 교사와 상호작용하며, 자신의 경험을 재구성하고 확장하며 명료화할 수 있어야 한다. 이러한 과정이 즐거운 일상 속에서 안전하게 이루어질 수 있도록 하기 위해 각 기관의 여건과 특성에 따라 실제 공간을 구성하되 일정한 주기를 바탕으로 변화를 주어 보육 목적과 목표, 주제에 맞도록 계획하고 운영되도록 한다.

결국 바람직한 보육환경이란 가정과 같이 편안하고 쾌적한 환경, 영유아의 일상생활이나 다양한 놀이를 적극 격려하도록 계획 · 구성된 환경, 영유아뿐만 아니라 성인인 교사에게도 일하고 싶은 편안한 보육환경을 의미한다(송연숙 · 최애경 · 남미경, 2013).

2 어린이집의 공간 구성

영유아를 위한 어린이집의 공간 구성은 크게 실내 보육환경, 실외 보육환경, 기타 서비스 환경으로 구분할 수 있다. 공간 구성에 들어가기 앞서 현재 적용중인 평가인증제의 보육환경 관련 평가지표(통합지표)를 제시하면 다음과 같다(보건복지부 · 한국보육진흥원, 2017b). 보육환경 관련 평가지표는 보육실 공간 배치 및 흥미 영역 구성이 적절한지, 영유아의 요구를 충족하는 다양한 공간이 마련되어 있는지, 실내 시설 및 설비가 영유아의 발달 수준에 적합한지, 활동 자료가 다양하고 충분하게 구비되었는지, 비품과 활동 자료를 체계적으로 정리 · 보관하고 있는지를 평가한다.

<table>
<tr><th>평가 영역</th><th>평가지표</th><th>평가 항목</th></tr>
<tr><td rowspan="11">2.
보육환경
및
운영관리
(19)</td><td rowspan="5">2-1.
실내 공간
구성(5)</td><td>1. 보육실 내 흥미 영역은 영유아의 연령 및 발달특성을 고려하여 충분한 공간에 구성한다.</td></tr>
<tr><td>2. 영유아의 요구를 충족하는 다양한 공간을 마련하고 있다.</td></tr>
<tr><td>3. 실내 시설 및 설비가 영유아의 발달 수준에 적합하다.</td></tr>
<tr><td>4. 계획안의 주제와 관련된 활동 자료들을 영유아의 연령 수준에 맞게 영역별로 다양하게 구비하고 있다.</td></tr>
<tr><td>5. 비품과 활동 자료를 보관하는 별도의 공간이 있고, 연령별, 주제별 또는 영역별로 정리되어 있다.</td></tr>
<tr><td>지표등급</td><td>우수: Y가 4개 이상, 적합: Y가 3개, 개선 필요: Y가 2개 이하</td></tr>
<tr><td rowspan="3">2-2.
실외 공간
구성(3)</td><td>1. 옥외놀이터 등을 구비하고 있다.</td></tr>
<tr><td>2. 영유아 발달에 적합하고 다양한 놀이기구를 구비하고 있다.</td></tr>
<tr><td>3. 실외 공간에 다양한 활동 영역을 제공하고 있다.</td></tr>
<tr><td>지표등급</td><td>우수: Y가 3개 이상, 적합: Y가 2개, 개선 필요: Y가 1개 이하</td></tr>
</table>

| 출처 | 보건복지부 · 한국보육진흥원(2017b). 2017년 제3차 어린이집 평가인증안내(통합지표).

1) 실내 보육환경

잘 꾸며진 실내 보육환경은 영유아의 정서를 안정시키고 감각을 발달시키고 운동기술과 사회성 발달을 촉진시킨다. 이러한 환경은 영유아와 교사 모두에게 편안하고 매력적이다.

실내 보육환경은 교실의 전체적인 환경과 흥미 영역으로 구성해 볼 수 있다. 전체적인 환경은 폐쇄되고 분절된 공간이 아니라 통합된 공간으로 영유아가 자율적으로 활동할 수 있으며 편안하게 생활할 수 있는 공간이 되도록 구성할 필요가 있다. 보육실에는 기본적인 설비와 함께 영유아를 위한 보육 자료들이 배치되며 자연 소재와 자연물로 실내 공간을 구성하여 자연의 변화와 아름다움을 경험하게 하며 정서적 안정감을 느끼도록 한다.

흥미 영역이란 여러 형태의 교구장이나 분리대 또는 기타의 방법으로 여러 가지 놀이 영역을 구분하는 것을 말하는데 이를 활동 영역이라고도 한다. 보육실에 비치되는 흥미 영역은 연령의 특성을 반영하며 일반적으로 쌓기 영역, 역할 영역, 언어 영역, 수·조작 영역, 과학 영역, 음률 영역, 미술 영역 등이다(김영옥 외, 2010). 흥미 영역은 다양한 활동을 해볼 수 있도록 자율적인 공간으로 구성하되 낮은 분리대와 칸막이, 이동식 교구장, 가리개, 책꽂이 등으로 구분하여 각 영역별 특수성이 유지되면서도 다른 영역과의 연계나 통합이 이루어지도록 구성한다. 또한 영역 간의 통행이 잘 되도록 통로 공간을 확보해주어 모든 영역이 교사의 시야에 들어올 수 있도록 한다. 이와 같은 흥미 영역의 구성은 고정된 것이 아니라 변경 가능하며, 1년을 단위로 4~5번 정도 위치를 재배치하는 것이 바람직하다. 학기 초에는 교사가 구성하여 제공하는 것이 일반적이나 점차적으로 영유아들과 함께 흥미 영역 구성의 불편함이나 편리함에 대한 생각을 공유하고 이를 토대로 재배치해보도록 한다. 이처럼 교실의 흥미 영역을 잘 구성하는 것은 영유아들 간의 갈등 상태를 줄여주고 활동을 더욱 효과적으로 하도록 도와준다.

흥미 영역을 구성할 때 유의해야 할 기초사항들을 살펴보면 다음과 같다(보건복지부, 2013a, 2013b, 2013d; 한국보육진흥원, 2011; 육아정책개발센터, 2008).

- 흥미 영역은 보육실의 면적, 유아 수, 흥미 영역에 필요한 공간 크기 등을 함께 고려하여 구성한다. 한 흥미 영역당 동시에 3~4명의 유아가 놀 수 있을 정도의 공간

을 확보하는 것이 바람직하므로, 유아 수가 20명이고 보육실 면적이 20명 놀기에 적당하다면 약 5~6개 영역 배치가 적절하다. 또한 영역의 특성에 따라 공간 크기는 다소 다르게 정하는 것이 바람직하다. 예를 들어 언어 영역은 다소 정적인 활동이 이루어지는 반면 쌓기놀이 영역은 넓고 높게 블록을 쌓는 동적인 활동이 주로 이루어진다는 점을 고려하여 공간 크기를 정할 필요가 있다.

- 만 0~1세 영아반의 경우는 신체 영역, 언어 영역, 탐색 영역, 일상생활 영역(수유, 기저귀 갈이 영역 등) 등을 구성할 수 있고, 만 2세 영아반의 경우는 신체 영역, 언어 영역, 탐색 영역, 음률 영역, 미술 영역, 역할놀이 영역, 쌓기놀이 영역을 설치 할 수 있다. 유아반(만 3~5세) 보육환경 구성을 위한 흥미 영역으로는 미술 영역, 언어 영역, 수 · 조작 영역, 쌓기놀이 영역, 역할놀이 영역, 음률 영역, 과학 영역 등이 있다. 흥미 영역은 1년 내내 똑같은 영역으로 구성하는 것이 아니라 주제나 놀이 상황에 맞추어 새로운 영역을 구성하기도 하고, 보육실 공간이 좁다면 유사한 성격의 영역을 통합하여 제공하는 등 융통성 있게 흥미 영역을 구성할 수 있다.
- 흥미 영역을 배치할 때는 보육실 내의 공간 구조를 고려하여 소음이 많은 쌓기놀이 영역이나 역할놀이 영역, 음률 영역은 인접하여 배치하고, 언어 영역이나 과학 영역, 수 · 조작 영역 등 소리가 많이 나지 않는 영역은 조용한 곳으로 배치한다. 특히 언어 영역은 유아들의 왕래가 많은 곳을 피하며 미술 영역은 물이 가까이 있는 위치에 배치하거나 세면대가 외부에 있는 경우에는 출입문과 인접한 곳에 배치하는 것이 바람직하다.
- 흥미 영역을 구분할 때는 낮은 교구장을 이용하면 공간의 크기나 형태를 쉽게 바꿀 수 있고 교구장 너머로 놀고 있는 유아를 교사가 늘 관찰할 수 있어서 바람직하다. 벽쪽으로는 좀 더 높은 교구장을 배치하고 보육실의 중앙쪽에는 낮고 양면이 트인 교구장을 배치하는 것이 좋다. 유아들이 흥미 영역에 들어가고 나갈 때 활용하는 입구(문이 따로 있는 것이 아니라 교구장과 교구장 사이의 열린 공간을 의미)는 그 영역에서 유아의 놀이나 옆의 흥미 영역에 있는 또래들을 방해하지 않도록 고려하여 배치한다.
- 흥미 영역 간을 이동할 때는 다른 유아의 놀이를 방해하지 않으면서 이동할 수 있

도록 통로를 마련해주어야 한다. 또한 교사가 보육실을 전체적으로 살펴보며 유아들이 많아 서로 놀이가 방해되고 있거나 유아가 한 명도 없는 영역이 있는지를 관찰하여 필요하면 영역을 잠시 넓혀주거나 합하여 주는 등 융통성 있게 운영한다.

- 흥미 영역에 비치하는 교재 · 교구 등은 유아가 실제 늘 보아왔던 실물을 그대로 사용하는 것이 바람직하다. 그렇지 않을 경우에는 유아용으로 나온 작은 것을 사용한다.
- 벽에 붙이는 모든 부착물은 유아의 눈높이를 고려하여 낮게 붙이고 유리가 있는 시계나 액자 등은 겉면을 투명비닐로 싸거나 플라스틱으로 된 제품으로 교체하여 떨어지지 않도록 고정하도록 한다.
- 교재 · 교구는 유아가 쉽게 선택할 수 있도록 잘 보이게 전시하고 꺼내기 쉽게 비치한다. 또한 유아가 놀고 나서 다시 정리할 때에도 쉽게 제자리를 찾을 수 있도록 그림이나 사진 등으로 자리 표시를 한다.
- 모든 교재 · 교구는 안전해야 하며 자주 세척, 세탁하여 위생을 최대한 고려해야 한다.
- 기본적으로 매번 사용되어야 하는 교재 · 교구나 자료 등은 항상 비치해 놓고, 대부분 주제나 계절에 따라 주기적으로 교체를 한다.

1 영아기 보육환경

「영유아보육법」에는 어린이집 입소 대상을 0~12세로 규정하고 있으나 우리나라의 어린이집 영아반은 대개 6~36개월까지의 영아를 보육하고 있다.

영아기는 인간의 발달과정 중 환경의 영향에 가장 민감한 시기로, 영아는 선천적인 호기심을 통해 주위 환경을 끊임없이 탐색하면서 세상에 대해 학습해 나간다. 따라서 영아를 위한 실내 보육환경은 영아의 생리적 욕구에 기초한 생활공간의 기능이 중시되어야 하며, 영아의 기본적인 욕구인 건강과 안전, 탐색적 욕구, 움직임의 욕구, 정서적 안정감 등을 충족시킬 수 있는 놀이와 학습의 공간이 되어야 한다.

만 0~1세 영아반의 경우 신체 영역, 언어 영역, 탐색 영역, 일상생활 영역(수유, 기저귀 갈이 영역 포함) 등을 구성할 수 있고, 만 2세 영아반의 경우 신체 영역, 언어 영역, 탐색 영역, 음률 영역, 미술 영역, 역할놀이 영역, 쌓기놀이 영역을 설치할 수 있다.

2 유아기 보육환경

「영유아보육법」에는 보육시설 입소 대상을 0~12세로 규정하고 있으나 우리나라의 어린이집 유아반은 대개 만 3~5세까지의 유아를 보육한다.

유아기로 들어서면서 어린이집에서의 일과는 놀이를 통한 학습의 비중이 점차 많아지게 된다. 그러므로 유아를 위한 보육환경은 수유 · 이유 영역이나 기저귀 갈기와 같은 일상생활 영역보다는 수 · 조작 영역, 언어 영역, 과학 영역 등과 같이 보다 다양한 활동을 하도록 구성한다. 각 어린이집은 보육 목적에 따라 흥미 영역을 다양하고 융통성 있게 구성할 수 있으나 장시간 어린이집에 있어야 하는 유아가 많으므로 가정과 같은 정서적 안락감을 주는 편안한 곳이 되도록 한다.

유아반(만 3~5세)의 경우 쌓기놀이 영역, 역할놀이 영역, 미술 영역, 언어 영역, 수 · 조작 영역, 과학 영역, 음률 영역 등이 있다.

다음은 흥미 영역 구성 관련 평가인증 지표 요소이므로 이를 토대로 점검해보자.

흥미 영역 점검 사항	체크
1. 흥미 영역으로 배치되어 있으며 적절한가?	
2. 공간의 크기에 맞게 적합한 수의 흥미 영역이 구성되어 있는가?	
3. 쌓기놀이와 역할놀이는 서로 인접해 있으며 공간이 충분히 확보되어 있는가?	
4. 영아의 경우 대 · 소근육 활동과 감각놀이 중심으로 단순하게 구성되어 있는가?	
5. 일상적 양육을 위한 공간이나 설비가 보육실 내에 마련되어 있는가?	
6. 물품과 놀이 자료가 적절하게 구분되어 제공되는가?	

본 절에서는 영유아를 위한 실내 보육환경을 영유아의 기본적인 욕구를 중심으로 일상생활 영역, 교육과 놀이 영역으로 구분하여 살펴보고자 한다.

(1) 일상생활 영역

영유아보육에서는 먹이고, 화장실 다녀오고 잠재우기 등의 일상생활이 많은 부분을 차지한다. 이러한 일상생활 영역은 식사 및 간식, 휴식, 잠자기, 배변 등 영유아의 기본적인 욕구를 충족시킬 수 있는 곳으로 가정 같은 따뜻한 분위기와 정서적 안정감을 주도록 한다.

1 수유 및 식사, 간식 영역

영아 중 특히 수유기와 이유기의 영아는 정해진 시간에 규칙적으로 먹는 경우가 드물기 때문에 개인적 필요에 따라 수유할 수 있는 수유 영역과 식사와 간식을 할 수 있는 영역이 필요하다. 어린 영아일수록 일일 수유 및 이유식 시간표를 가까운 곳에 두고 활용하는 것이 필요하며, 음식을 조리하는 곳과 가까이 배치하는 반면 놀이 영역이나 기저귀 갈기, 낮잠 자는 영역과 분리하여 배치하되 청결 상태가 항상 유지되도록 한다.

수유, 이유 및 급식을 할 때 영유아들 간의 혹은 교사와의 사회적 상호작용이 일어나도록 영아들이 서로 쳐다볼 수 있도록 탁자나 의자를 마련해 주고, 교사가 수유기 영아를 안고 먹일 수 있도록 편안한 의자, 흔들의자를 마련하는 등의 배려가 필요하다.

또한 어린이집에서 보내는 시간이 많을수록 영유아의 건강이나 영양이 우선적으로 고려되어야 하며, 간식과 식사 시간을 통해 음식 섭취가 즐거운 경험이 되도록 편안한 분위기를 만들어주며 이를 통해 영유아의 식생활 습관이 자연스럽게 형성되도록 한다.

[수유, 이유 및 급 · 간식 준비를 위해 갖추어야 할 구비 자료]

- 개인용 우유병
- 냉장고와 전자레인지, 오븐
- 살균소독기
- 조리대와 싱크대

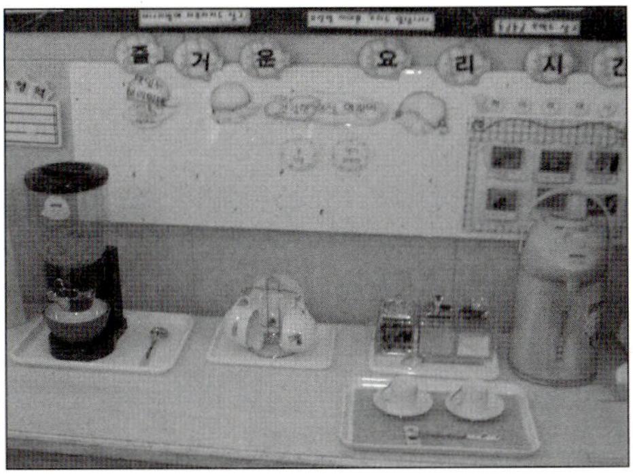

2 기저귀 갈이 영역

기저귀 갈기는 영아에게 반복되는 중요한 일과이다. 영아의 배변은 대 · 소변 훈련 전까지는 대부분 개인 시간표에 따라 이루어지므로 교사는 수시로 기저귀를 점검하고 갈아주어야 한다. 기저귀를 가는 동안 영아와의 개별적 상호작용이 일어나도록 하며, 기저귀를 갈아 줄 때는 물휴지 등으로 깨끗이 닦아주고 대변 시는 물을 이용하여 닦아준다.

[기저귀 갈이 및 화장실에 구비되어야 할 자료]

- 기저귀
- 그림이나 사진
- 안전 거울
- 물휴지, 비누, 로션, 수건
- 딸랑이, 모빌

3 화장실 및 욕실

화장실 및 욕실은 보육실 내 혹은 가까이에 설치하여 영유아가 자유롭게 배변할 수 있도록 도와준다. 화장실에는 세면대, 변기, 욕조 및 샤워기 등을 갖추어 청결하고 위생적이며, 사용하기에 편리하고 밝고 상쾌한 느낌이 들도록 구성하여 화장실에 대해 긍정적인 감정을 갖도록 한다. 세면대는 영유아의 키 높이에 맞게 설치하며 그 위에 거울을 걸어둔다. 화장실의 거울은 자신의 모습을 볼 수 있도록 다양한 모양으로 걸어주어 화장실에서의 재미있는 경험을 지원해 주어도 좋다.

대변기가 있는 공간은 문을 설치하지 않고 변기 사이에 낮은 칸막이를 설치하며, 주변에 세면대와 목욕시설이 있어 필요시 몸을 씻을 수 있도록 한다.

양치용품은 칫솔과 컵을 보관하는 장소(가능하면 살균 소독기 준비)를 마련하여 사용 후 개별적으로 정리하도록 한다. 바닥은 미끄럼 방지시설을 해야 하며 세정 장치와 냉·온수의 온도는 온수 사용 시 화상을 입지 않도록 고정 또는 조정 장치를 설치한다.

화장실 및 욕실 내에 기본생활습관 지도를 위한 그림이나 사진 자료 등을 제시하여 올바른 습관이 실천되도록 지원한다.

[기저귀 갈이 및 화장실에 구비되어야 할 자료]

- 기저귀
- 그림이나 사진
- 안전 거울
- 물휴지, 비누, 로션, 수건
- 딸랑이, 모빌

4 낮잠 및 휴식 영역

침실은 조용하고 아늑하며 따뜻한 공간이어야 한다. 영아와 종일반 영유아를 위하여 별도의 공간을 마련할 수도 있고 필요에 따라서는 보육실을 활용할 수도 있다.

별도의 낮잠 공간이 있는 경우에는 먼저 잠에서 깨어난 영유아는 다른 보육실에 가서 활동하게 되므로 자고 있는 영유아의 숙면을 방해하지 않는 장점이 있으며, 특히 영아의 경우 하루일과 중에도 여러 번 잠을 자야 하므로 숙면을 취하도록 배려해야 한다.

낮잠 시간의 분위기는 조용하고 아늑하게 조성해주어 영유아가 편안함과 안전감을 느낄 수 있도록 한다. 또한 편히 잘 수 있도록 커튼이나 블라인드로 직사광선을 차단해주며, 침구를 위생적으로 관리한다. 낮잠 자기 전에 영유아의 옷을 잠자기 편한 복장으로 갈아입히고 자기 전에 기저귀를 갈거나 화장실에 다녀오도록 한다. 낮잠 시간에는 반드시 교사가 교실에 상주하여 영유아가 자는 것을 점검하고 보살피며, 영유아가 깰 때쯤 커튼을 걷어 밝게 한 후 창문을 열어 환기를 시킨다.

또한 영유아에게는 집과 같은 느낌이 들면서도, 안정되고 편안한 휴식 공간이 된다. 그래서 이 영역에서 휴식을 취하기도 하며 개인적인 정적 활동을 할 수도 있다.

[잠자기 및 휴식 영역에 구비되어야 할 자료]

- 수유기 영아를 위한 요람
- 이유기 영아를 위한 난간이 있는 침대 및 개인용 매트
- 흔들의자, 편안한 의자나 쿠션, 카펫, 러그 등의 깔개

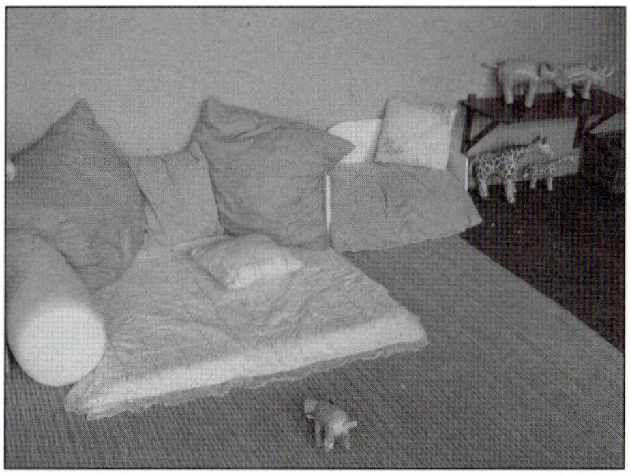

(2) 교육과 놀이 영역

1 신체 영역

영유아는 감각 기관과 신체놀이를 통해 운동 능력 및 협응 능력을 발달시켜 나간다. 영아기에는 기기, 오르기, 걷기, 앉기, 뛰기 등의 운동 능력과 손 뻗기, 움켜쥐기, 잡기, 옷 벗기 등의 협응 능력이 발달한다. 이러한 운동 능력 및 협응 능력 발달을 통해 신체 발육이나 안전 능력, 사회성 발달과 지적 능력이 향상된다(삼성복지재단, 2003).

대근육놀이를 통해 영유아는 신체 기술을 익히고 몸의 자세와 균형을 발달시킬 기회를 가지며, 자신의 몸을 조절하는 법을 배우면서 안전감을 얻게 된다. 어린 영아는 실외 활동을 하기가 쉽지 않기 때문에 실내 보육환경에 신체 영역을 설치하는 것이 바람직하다.

신체 영역은 다른 영역에 비해 넓고 개방된 공간으로 구성하며, 움직임과 활동량이 많은 영유아의 안전을 고려하여 충격을 흡수할 수 있는 카펫, 매트, 러그 등의 깔개를 마련해 준다. 놀이기구는 고정적으로 배치하기보다는 상황에 따라 융통성 있게 구성하는 것이 바람직하다.

영아반	• 만 0~1세: 기어오를수 있는 계단이나 경사로, 운동기구(손이나 발동작으로 이동, 비이동, 조작 운동을 할 수 있는 것), 잡고 걸을 수 있도록 벽을 따라 설치된 봉, 스펀지 블록, 큰 공, 밀고 당기는 놀잇감(단순하고 손에 쥘 수 있는 크기 등) • 만 2세: 미끄럼틀, 점핑 바운서, 조합 놀이대, 볼풀 놀이대 등 고정식 놀이기구, 목마, 자동차, 끌차 등 이동식 놀이기구, 공, 훌라후프 등의 운동기구, 종이벽돌 블록, 스펀지 블록 등
유아반	• 조합 놀이대, 놀이집, 그네, 미끄럼틀, 낮은 철봉, 시소 등 고정식 놀이기구, 차량 모형, 운전대, 타이어 오름대, 드럼통 터널, 안전 널빤지, 받침대, 사다리, 점핑 바운서, 평균대, 흔들 목마, 구르기용 매트, 자전거, 손수레, 다양한 크기의 블록류(플라스틱 공간 블록 등), 크기와 종류가 다양한 공류, 줄넘기, 훌라후프, 던지기용 고리 등

2 언어 영역

언어 영역은 영유아가 책을 보거나 교사가 책을 읽어주는 영역으로 사용될 수 있다. 따라서 따뜻하고 안정된 분위기에서 집중할 수 있도록 조용하고 빛이 잘 드는 곳에 배치하며, 바닥에는 카펫이나 매트를 깔아주고 편히 기댈 수 있는 쿠션이나 푹신한 의자를 마련해 주어 편안하고 매력적인 느낌을 주도록 한다. 책꽂이는 책의 앞면이 잘 보이도록 교구장을 정리해주며, 영유아가 현재 읽고 있는 책인 경우에는 바구니를 이용하여 담아둘 수도 있다.

연령별 발달 수준을 고려하여 다양한 질감을 사용한 책(천, 비닐), 단순한 개념 책이나 쉬운 책, 책 속의 캐릭터 인형을 비롯하여 부드러운 인형류를 제시해 줄 수 있고 이야기가 전개되는 그림 혹은 동시 자료, 동화가 담긴 동화 테이프 등을 비치해주어 스스로 조작하여 활용할 수 있도록 도와준다.

영아반	• 만 0~1세 - 듣기, 말하기: 그림 자료, 사진 자료, 전화기, 짧은 이야기, 노래테이프 등 - 읽기: 입으로 물거나 던저도 좋을 만큼 안전하고 견고한 재질과 형태의 그림책 등 - 쓰기: 영아가 물거나 빨아도 안전한 종류로 짧고 굵은 크레용이나 부드럽게 써지는 색연필, 전지, 쓰기판 등 • 만 2세 - 듣기, 말하기: 손인형, 사진 자료, 친숙한 일상생활용품의 사진과 이름이 있는 그림 카드, 전화기, 짧은 이야기와 노래테이프 등 - 읽기: 글자수가 많지 않은 다양한 주제의 그림책, 사진첩, 재질과 형태가 다양한 책, 촉감책, 퍼즐책, 소리나는 책 그림이나 사진 자료 등 - 쓰기: 굵은 크레용, 굵은 색연필이나 연필 자석, 자석 쓰기판, 종이 등
유아반	• 듣기, 말하기: 작동이 간단한 카세트플레이어, 다양한 주제의 이야기테이프, 헤드폰, 보육교사나 부모 등 친근한 사람의 목소리가 녹음된 테이프, 유아가 스스로 이야기를 꾸미거나 자신이 아는 이야기를 반복하도록 촉진시키는 소품 • 읽기: 다양한 주제의 각종 그림책, 사진첩, 유아들이 만든 그림책, 주제에 따른 화보 모음책, 동요 동시집, 광고나 포스터 등 실생활에서 볼 수 있는 환경 인쇄물, 각종 글자 모양과 글자 퍼즐 등 • 쓰기: 크기와 모양이 다양한 종이, 굵은 색연필이나 연필, 사인펜 등 다양한 필기도구, 소형 화이트 보드와 마카펜, 글자상자, 단어 카드, 자모음 카드, 글자도장, 타자기, 컴퓨터와 프린터 등

듣기 활동을 위해서는 주위에 방해를 주지 않도록 카세트와 헤드폰을 준비하여 동화를 들을 수 있도록 배려하며, 학기 후반으로 갈수록 영유아가 읽은 책에 대한 느낌이나 생각을 기록할 수 있도록 쓰기 관련 자료들을 준비해준다.

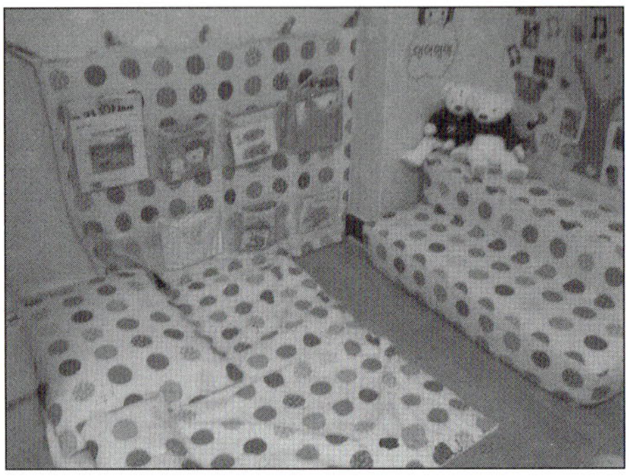

3 탐색 · 수 · 조작 영역

영유아는 보고, 듣고, 만지고, 냄새 맡고, 맛보는 등의 감각을 사용하여 사물을 탐색하고, 직접 조작해보는 신체 접촉을 통해 사물에 대한 이해를 넓혀 간다. 즉 탐색과 조작 활동을 통해 소근육, 눈과 손의 협응력, 시각과 촉각 능력, 논리적 사고력 등이 향상된다.

따라서 교사는 영유아에게 적합한 놀잇감과 활동을 마련해주며, 관찰을 토대로 필요한 시기에 개입하여 영유아를 격려하고 놀이를 확장시켜줘야 한다. 특히 영유아가 작은 놀잇감을 가지고 놀 때는 반드시 곁에서 관찰하여 입이나 귀, 코에 넣거나 위험한 곳에서 사용하지 않도록 주의한다. 놀잇감은 정기적으로 교환해주고 선호하는 것은 여러 개 준비해 제공하도록 한다. 놀잇감은 영유아들이 직접 만지고 조작해보는 자료이므로 손으로 만지고 놀 수 있는 적당한 크기여야 하며, 유해 성분이 없으며 위생에도 주의를 기울이도록 한다.

유아의 경우에는 개별적인 탐색을 즐기는 조작 활동을 위한 교구와 유아 간의 상호작용을 유발하는 그룹 게임 등을 마련해 줄 수 있다. 이러한 조작 활동을 통해 소근육과 시각적 변별의 발달이 이루어지며 논리적인 사고력이 증진되기도 한다.

영아반	• 만 0~1세: 소리나는 상자, 누르면 튀어나오는 놀잇감, 고무나 플라스틱으로 된 고리 끼우기, 구슬을 조작하여 이동을 볼 수 있는 레일, 모양 찾아 맞추기, 색깔 맞추기 등 • 만 2세: 큰 조각 퍼즐, 모양 찾아 맞추기, 색깔 맞추기, 큰 구슬 꿰기 등의 조작 활동 자료, 촉감상자, 소리상자 등
유아반	• 수 활동 자료: 일 대 일 대응, 분류, 비교, 순서짓기, 부분과 전체, 측정, 공간과 도형, 규칙성 등의 개념 발달에 도움이 되는 생활주제와 연관된 수 관련 자료 • 수세기 구체물: 작은 동물 모형, 조개류, 솔방울, 숫자 카드, 수세기 자석판, 달력 등 • 보육주제와 관련된 다양한 퍼즐: 그림 맞추기, 숫자 퍼즐, 색 퍼즐, 도형 퍼즐 등 • 판 게임이나 게임 자료: 주사위 게임, 가위바위보 게임, 윷놀이, 칠교놀이 등

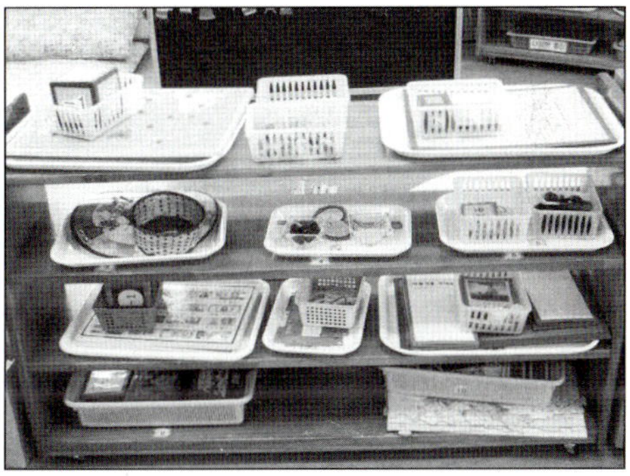

4 미술 영역

영유아는 다양한 매체를 통하여 자유롭게 표현해 봄으로써 재료 및 도구의 특성과 사용기법을 익힐 뿐만 아니라 창의적인 자기표현과 감상의 기회를 가질 수 있다. 따라서 교사는 영유아의 탐색, 표현, 감상의 발달적 수준을 고려하여 적절한 매체를 지원해줄 필요가 있다.

미술 영역은 그리기, 만들기, 꾸미기, 찍기, 구성하기 등의 다양한 활동이 이루어지는 곳으로, 평면 활동과 입체 활동에 필요한 다양하고 풍부한 재료를 비치하며 영유아의 필요에 따라 손쉽게 사용하도록 준비해준다. 또한 재료는 연령이나 주제, 시기에 따라 교체하거나 첨가해주며 일반적인 기본재료는 쉽게 활용할 수 있는 공간에 위치해준다.

미술 영역은 자료 보관, 작업 공간, 전시 공간 등 많은 공간을 필요로 하며, 조용하고 밝고 개수대 가까운 곳에 위치하는 것이 바람직하다. 미술 활동 유형에 따라 테이블 위에 비닐지를 깔아 지저분해지거나 파손되는 것을 예방하며, 유아가 편하게 활동할 수 있도록 작업복도 준비해준다. 바닥은 물이 떨어져도 청소가 용이한 바닥재를 사용하고, 물이나 물감을 흘렸을 때 쉽게 닦을 수 있도록 스펀지나 마른 수건들을 준비해 두도록 한다.

영아반	• 만 0~1세: 벽이나 바닥, 책상 위에 넓게 붙인 큰 도화지와 무독성 크레파스, 부드럽게 써지는 색연필, 밀가루 점토, 스티커, 여러 가지 모양 도장 등 • 만 2세: 다양한 재질과 색깔의 종이류, 색연필, 크레용, 크레파스 등 그리기 도구, 우유갑, 잡지책, 안전가위, 풀, 밀가루 점토, 스티커, 여러 가지 모양 도장 등
유아반	• 필기구류: 크레파스, 색연필, 볼펜, 사인펜 등 • 물감류: 수채화물감, 한국화물감, 먹물 등 • 종이류: 도화지, 두꺼운 도화지, 색도화지, 신문지, 한지, 화선지, 색종이, 골판지 등 • 만들기 도구류: 풀, 가위, 펀치, 고무줄, 클립, 테이프 등 • 만들기 재료류: 수수깡, 모루, 솜, 나무젓가락 등 • 점토류: 찰흙, 지점토, 밀가루 점토 등 • 폐품류: 우유갑, 요구르트병, 상자, 천조각, 종이상자 등

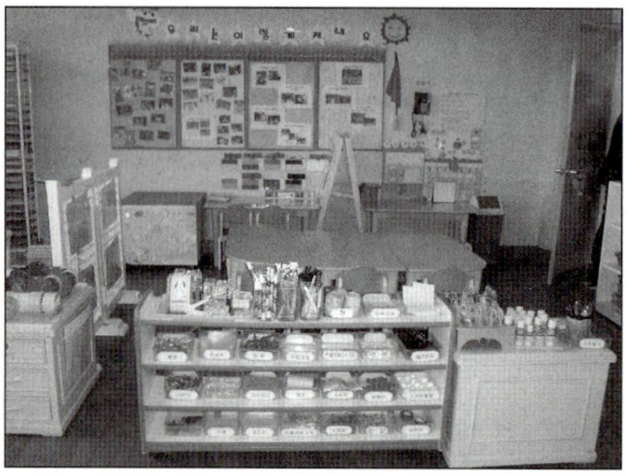

5 음률 영역

음률 영역은 영유아가 마음대로 편하게 움직일 수 있는 공간과 다양한 종류의 소리와 움직임, 악기를 탐색하면서 즐기는 공간을 필요로 한다. 음률 영역은 활동적이고 소음이 많은 영역이므로 다른 영역에 방해가 되지 않도록 하며, 소음을 줄일 수 있도록 바닥에 카펫을 깔거나 교구장 등을 이용하여 분리된 공간을 마련해준다.

음률 영역에 비치하는 악기들은 음질이 좋은 것으로 선택하며, 악기도 다양하게 제시한다. 악기를 처음 제시해 줄 때는 충분히 마련하여 영유아들 간의 갈등이 일어나지 않도록 한다. 새로운 악기가 제시될 때는 기존의 악기 수를 점차 줄이며 완전히 없애지는 않도록 하여 유아로 하여금 악기의 특성을 익혀가면서 점차 악기를 이용한 합주도 시도해 보도록 한다.

영아반	• 만 0~1세: 딸랑이나 안전한 방울, 마라카스, 녹음기, 음악테이프, 소리가 나는 놀잇감, 주변에서 볼 수 있는 소리나는 물건 등 • 만 2세: 북이나 흔들고 두드릴 수 있는 단순한 리듬악기, 녹음기, 음악테이프, 동작 표현을 돕는 소품(색 보자기, 스카프, 리본 막대, 부드러운 수건 등)
유아반	• 리듬악기: 리듬막대, 우드블록, 마라카스, 캐스터네츠, 탬버린, 트라이앵글, 소고, 작은 북 등 • 가락악기: 실로폰, 멜로디언, 피아노, 키보드, 기타 등 • 전통악기: 소고, 장구, 북, 징, 꽹과리 등과 같은 우리나라 전통악기와 외국의 전통악기 • 기타 자료: 음악가 및 악기 사진, 악기 연주 또는 노래 부르는 모습의 사진, 그림이 있는 노래 가사, 그림악보, 음악 포스터 등 • 음악감상 자료: 녹음기, 헤드폰, 다양한 카세트/ CD 플레이어, 음악테이프 등 • 동작활동 자료: 여러 가지 색보자기, 스카프, 리본 테이프, 리본 막대, 각종 동물가면 등

6 쌓기놀이 영역

쌓기놀이 영역은 다양한 크기와 모양의 블록을 이용하여 생활 속의 경험을 재구성하는 공간으로, 보육실의 모든 곳에서 볼 수 있는 개방적이고 동적인 공간에 배치하도록 한다. 활동량이 많은 영역이므로 넓은 공간을 확보하도록 하고, 안전에 유의하고 블록을 나를 때 발생하는 소음 등을 고려하여 바닥에는 카펫을 깔아주는 것이 필요하다. 카펫은 털이 없고 단단한 것을 선택하여 영유아들이 안전하게 구조물을 구성하는 데 지장이 없도록 하며 항상 청결하게 관리하도록 한다.

쌓기놀이 영역을 역할놀이 영역과 인접해서 배치하면 서로 연계되어 놀이가 활발히 진행되기도 하며, 놀이를 위한 소품을 다양하게 준비하여 활동 유형에 따라 교체하거나 첨가해주면 심화된 놀이의 질을 높일 수 있다.

영아반	• 만 0~1세: 우레탄 블록이나 스펀지 블록, 종이벽돌 블록, 헝겊으로 감싸져 있는 블록 등 • 만 2세: 나무 블록, 종이벽돌 블록, 스펀지 블록, 재질이 부드럽고 구멍이 큰 끼우기 인형
유아반	• 다양한 종류의 블록류와 쌓기놀이를 촉진하는 소품류 • 쌓기놀이형 블록: 종이벽돌 블록, 유닛 블록, 우레탄 블록, 속이 빈공간 블록 등 • 끼우기형 블록: 자석 블록, 와플 블록, 띠 블록, 꽃 블록, 눈송이 블록 등 • 인형류 소품: 모형동물, 사람인형, 로봇, 공룡 등 • 탈것류 소품: 작은 자동차나 배 같은 운송 수단 등 • 기타 보육주제와 관련된 소품들: 동물가면, 교통표지판, 신호등, 간판 표시물, 운전대, 소방관 모자, 경찰관 모자, 모형 건물이나 집 등

7 역할놀이 영역

소꿉놀이, 극화놀이, 역할놀이 등이 이루어지는 이 영역은 영유아가 빈번하게 놀이에 참여하고 흥미를 보이는 영역이므로 충분한 공간을 확보하도록 하고 가정과 같은 분위기가 느껴지도록 하며, 여러 역할을 모방해 볼 수 있는 자료를 제공하여 다양한 역할놀이와 상상놀이가 이루어질 수 있도록 한다. 움직임이 많고 활동이 다양하므로 동적인 영역과 인접하여 배치하는 것이 바람직하다.

옷장이나 싱크대, 낮은 선반이나 교구장을 이용하여 다른 영역과의 경계를 지어주고 쿠션, 소파, 매트리스, 거울 등을 마련하여 가정과 같은 분위기를 경험하도록 한다. 학기 초기에는 가정의 가족 역할을 재현해 볼 수 있는 소꿉놀이 유형이 자주 일어나지만 후반으로 갈수록 다양한 사회극놀이를 해볼 수 있도록 다양한 역할에 적합한 자료들과 소품들을 교체하거나 첨가해 주도록 한다.

영아반	• 만 0~1세: 세탁이 용이한 재료로 만들어진 다양한 크기와 촉감의 인형, 자동차류 등 • 만 2세: 일상생활에서 부모를 통해 경험한 단순한 역할놀이용 자료(여러 가지 모양의 그릇 등의 소꿉놀잇감, 전화기, 인형) 등
유아반	• 기본 가구류: 유아 크기의 화장대, 식탁과 소품을 넣을 수 있는 장, 모형 씽크대 등 • 소꿉놀이류: 질감이 다양한 인형류, 유모차, 우유병과 각종 소꿉놀이 그릇류, 모형 주방 기구들, 모형 음식 등 • 여러 가지 역할놀이 소품: 옷입기놀이를 위한 의상류, 다양한 신발류, 장신구 및 소품 등

8 과학 영역

과학 영역은 영유아로 하여금 동·식물 기르기, 다양한 수집물 관찰·분류하기, 과학 도구 사용하기, 기계와 도구 탐색하고 사용해보기 등의 다양한 활동을 해볼 수 있는 곳으로 일상생활에서 경험할 수 있는 내용을 중심으로 직접적이고 구체적인 경험이 가능하도록 구성해 줄 필요가 있다.

구분	내용
영아반	• 만 0~1세: 소리나는 상자, 누르면 튀어나오는 놀잇감, 고무나 플라스틱으로 된 고리 끼우기, 구슬을 조작하여 이동을 볼 수 있는 레일, 모양 찾아 맞추기, 색깔 맞추기 등(수·조작 영역, 탐색 영역으로 대체 가능함) • 만 2세: 돋보기, 식물, 동물, 주변에서 찾아낸 여러 모양의 돌이나 나무껍질, 조개껍데기 같은 여러 가지 자연물 등의 탐색 활동 자료 등
유아반	• 기본 자료: 거울, 자석, 확대경, 전기, 프리즘, 다양한 시계, 온도계 등 • 물체와 물질의 특성 및 움직임과 관련된 도구 • 생명체 관련 자료 – 식물: 자연에서 수집한 자연물, 식물과 관련된 자료 – 동물: 동물과 관련된 자료 • 자연현상과 관련된 자료: 자연현상과 관련된 사진, 온도계, 습도계 • 기타: 관찰 용지, 필기도구 등

2) 실외 보육환경

일반적으로 실외 보육환경은 어린이집의 보육 철학, 규모, 지형, 위치 등에 맞게 구성된다. 실외 공간은 중요한 삶터로 모든 영유아에게 꼭 필요한 공간이며, 특히 장시간을 보내는 종일반에서는 더욱 그러하다.

영아를 위한 실외 환경 구성에도 실내 환경과 같이 영아의 발달 수준에 적합하고 놀이를 지원해주는 기본적인 원칙을 고려하며, 빛, 채광, 그늘, 바람 등으로 분위기를 전환할 수 있거나 감각적 경험이 가능하도록 실외 환경을 조성하도록 한다. 유아를 위한 실외 환경은 대근육 활동뿐만 아니라 소근육 활동, 자연 탐색, 물모래놀이 등을 할 수 있는 기회를 제공하도록 한다.

실외 보육환경은 넓은 공간과 신선한 공기를 경험하고 자연물을 탐색할 수 있는 기회를 제공한다. 이러한 실외의 개방된 공간과 자유로움은 영유아의 긴장을 완화시키며 즐거움을 제공해준다. 또한 실외 환경은 실내 환경에서 얻기 어려운 다양한 경험을 제공해주기 때문에, 교사는 영유아들이 대근육을 마음껏 움직이고 신체 운동을 충분히 하도록 풍부한 실외 보육환경을 제공해야 하며, 계절에 따라 실외 활동의 시간을 조정하는 등 세심한 계획을 세워 운영한다.

실외 활동은 실내 활동에 비해 영유아를 위험에 노출시킬 가능성이 높으므로 실외 환경의 안전에 대한 점검을 정기적으로 실시해야 하며, 바깥놀이 시 활용하는 놀이기구를 쉽게 꺼내고 함께 정리 · 정돈할 수 있도록 작은 창고를 마련해 주는 것도 필요하다.

한편 장애아통합 보육을 위한 실외 환경의 구성에서는 실외놀이 영역을 자유롭게 다닐 수 있도록 턱을 없애고 통로를 평평하게 만들어야 하며, 테이블도 휠체어가 자리 잡을 수 있도록 테이블 한쪽에 의자를 비치하지 않는 등 세심한 주의를 기울여야 한다.

어린이집에서는 정기적으로 영유아들이 안전하게 대 · 소근육 활동 및 다양한 실외 활동을 할 수 있도록 옥외놀이터를 설치하고 발달에 적합한 놀이기구를 갖추어야 한다. 또한 놀이터를 설치할 때는 「어린이놀이시설 안전관리법」에 따라 설치 검사를 받는 것이 바람직하다. 하지만 실외 환경의 경우 20인 이하의 가정 어린이집의 여건과 대규모 어린이집의 시설이나 설비가 다르므로 여기서는 교사가 준비할 수 있는 실외 흥미 영역을 중심으로 살펴보고자 한다.

(1) 신체 활동 영역

영유아가 활발히 신체 활동을 할 수 있는 충분한 공간과 시설이 필요하다. 신체 활동을 위한 시설로는 고정된 시설과 이동 가능한 시설이 있다. 고정된 시설로는 그네, 미끄럼틀, 시소, 정글짐 등이 분리되어 설치되거나, 복합 종합놀이시설로 배치할 수 있으며, 놀이시설의 용도나 다른 시설물과의 관계를 고려하여 설치하도록 한다. 이러한 경우에는 안전을 위해 모래, 잔디나 충격을 흡수할 수 있는 표면 처리가 되어야 한다.

이동 가능한 시설로는 평균대, 타이어 등을 이용한 구조물이 있으며 영유아의 흥미와 발달 수준에 따라 구조물의 위치, 높이나 간격 등을 조절한다. 놀이기구 외에도 공간이 좁다면 달리기, 공놀이, 술래잡기 등을 할 수 있는 자연적 공간으로 활용하거나 인접한 공원이나 산책로, 놀이터 등을 활용하는 것도 효율적이다.

(2) 구성놀이 영역: 물, 모래놀이, 미술 활동 영역

지저분해지기 쉽거나 너무 축축하여 실내에서 실시하기 어려운 활동이나 많은 공간을 필요로 하는 활동은 실외에서 효과적으로 실시할 수 있다. 물놀이와 모래놀이는 함께 이루어지거나 자료들이 공동으로 사용되는 경우가 많으므로 인접하여 배치하는 것이 바람직하다. 모래밭 근처에는 수도나 물을 사용할 수 있는 장소를 설치하여 모래놀이, 물놀이 공간을 구성하여 주고, 차양막이나 그늘막을 설치하고 안전하고 깨끗한 흙과 모래, 물을 유지하도록 점검할 필요가 있다.

상품화된 자료보다는 재활용 제품의 플라스틱 그릇, 주전자, 냄비 같은 소꿉놀이기구, 다양한 크기의 통, PVC 수도관 등 영유아가 사용하기에 안전하고 개방적인 매체들이 적합하며, 놀이 후에는 사용된 놀잇감을 정리 보관할 수 있도록 휴대용 수레나 찬장, 선반을 제공해주도록 한다.

화창한 날에는 미술 영역의 이젤과 준비물을 가지고 나와 영유아들이 작업하도록 도와줄 수 있다. 이젤이 번거로울 경우에는 야외 탁자 외에 구석진 담장, 큰나무 아래 등에서 미술 활동을 하도록 지원해준다.

(3) 탐색 활동 영역: 감각 탐색 영역, 자연 탐색 영역

탐색 활동 영역은 영유아에게 자연의 아름다움과 질서의 개념을 배울 수 있는 기회를 제공하는데 감각 탐색 영역과 자연 탐색 영역으로 구분할 수 있다(장영희, 2000). 감각 탐색 영역은 영유아의 시각, 청각, 촉각 등 오감각을 활용하여 자연의 바람, 공기, 햇빛, 하늘, 소리 등을 탐색하는 경험을 제공한다.

자연 탐색 영역은 식물의 재배와 동물의 사육을 경험하는 기회를 제공한다. 영유아가 채소나 꽃, 나무 등의 식물을 심고 가꾸어 보는 경험을 통해 식물의 성장 변화를 관찰할 수 있으며, 자연에 대한 관심을 기를 수 있다. 어린이집과 인접한 거리에 낮은 산이나 공원이 있을 경우에는 최대한 이를 활용할 수 있도록 하고, 여의치 않을 경우에는 주말농장, 텃밭 가꾸기, 산책 등의 프로그램을 구성하여 이를 수시로 활용하도록 한다. 닭, 토끼 같은 작은 동물들은 사육장을 설치하여 돌봄으로써 영유아에게 동물의 생태에 대한 관심을 가지도록 한다. 또한 실외 탐구 활동 영역에서는 실내에서 하기 어려운 여러 가지 과학 활동들도 해볼 수도 있다.

(4) 휴식 공간

실외 보육환경에는 동적인 활동만이 일어나는 것이 아니라 혼자 있거나 조용한 놀이를 하기 원하는 영유아를 위해 편안히 쉴 수 있는 조용한 공간도 필요하다. 나무 그늘, 파라솔, 야외용 텐트, 정자, 실내와 연결된 테라스 등이 이용될 수 있으며 간이의자, 테이블, 벤치, 돗자리 등을 준비하여 편안한 공간이 되도록 한다.

3) 서비스 환경

(1) 교직원을 위한 환경

영유아를 위한 보육활동을 계획하고 서로의 의견을 교환하며 하루의 일을 정리하고 내일을 계획하는 공간으로, 어린이집의 공간이 넓을 경우에는 원장실과 교사실, 사무실을 별도로 분리하여 둘 수 있으나 공간이 좁을 경우에는 함께 구성하기도 한다. 주로 시설 운영관리 제반에 관한 업무와 학부모와의 상담 장소로 활용된다.

영유아나 외부 방문객들이 신뢰감과 환영받는다는 인상을 줄 수 있도록 정리 · 정돈이 잘 되어 있어야 하며, 출입구는 투명 창으로 구성하여 드나드는 모든 사람들을 지원할 수 있도록 하며 기관의 홍보 자료나 보육 관련 잡지, 전문서적, 프로그램 패널 등을 비치하도록 한다.

또한 교직원을 위한 공간은 교사 간의 사회적 상호작용을 지원하며, 교사 회의를 하거나 휴식을 취하기도 하는 공간이므로 휴식을 위한 공간 구성도 필요하다.

(2) 자료실

자료실은 교재 · 교구 등 보육활동에 필요한 자료들을 보관하는 곳이다. 자료를 주제별, 내용별, 재료별, 계절별, 연령별로 체계적으로 분류하여 자료를 보관하고 진열하여 현황이 한눈에 들어오도록 한다. 자료는 보관뿐만 아니라 효율적인 관리가 중요한데 활동 자료를 쉽게 찾아볼 수 있도록 교재 · 교구대장과 목록표를 만들어 비치하도록 한다.

(3) 출입구 및 현관

현관은 영유아, 교직원, 부모 및 그 밖의 사람들이 등원하면서 처음으로 접하는 공간이므로 누구든지 환영받는다는 기분이 들도록 구성할 필요가 있다. 따라서 현관의 이미지는 그 기관의 보육 철학이 담긴 메시지를 담아야 하며 어린이집에서 이루어지는 교육 및 보육내용을 전시하여 방문하는 이들에게 자연스럽게 시설을 알릴 수 있도록 한다. 또한 공간이 허락되면 편안함을 제공하는 의자와 테이블을 준비하여 만남과 기다림 속에서 부모들이 자녀 및 다른 부모들, 또는 교사와 이야기 나누는 곳으로 사용하도록 한다.

현관의 문은 성인과 영유아들이 모두 손쉽게 사용할 수 있도록 너무 무겁지 않아야 하며, 한쪽 방향으로 여닫는 문이 안전하다. 현관문의 손잡이는 영유아의 허리와 눈높이 사이에 위치하도록 하며 가장자리에 도어 안전장치를 하여 영유아의 안전사고가 일어나지 않도록 한다.

(4) 벽, 창문, 복도의 계단

어린이집의 벽과 부분적 게시판은 영유아의 활동과정에 대한 기록물이나 정보 등을 전시하고 의사소통하는 곳으로 활용될 수 있다.

특히 벽은 영유아의 안전을 위해 「영유아보육법 시행규칙」 중 '보육시설 내부의 마감재료' 에 관한 규정과 「건축법 시행령」 중 '건축물의 피난 방화 구조' 에 관한 규정 및 소방시설 유치 및 안전관리에 관한 규정 중 '방염' 에 관한 규정을 준수해야 한다.

창문은 파손이 잘 되지 않는 안전유리를 사용하며 채광 및 영유아가 바깥 환경을 편안하게 볼 수 있는 조건을 고려하여 설치하도록 한다.

(5) 조리실

영유아의 식사 및 간식을 제공하는 곳으로 채광이 좋고 환기시설을 하여 청결하고 위생적인 환경을 유지하도록 한다. 식기를 소독하고 위생적으로 취사 및 조리할 수 있는 설비, 비품 도구(예 냉장고, 싱크대, 조리대, 세척기, 소독기, 환풍기, 조리기구, 식기류 등) 등이 필요하며 조리실의 벽면과 바닥은 방수와 청소가 용이한 특수 처리를 한다. 조리사는 위생복을 입어 깨끗한 이미지를 주도록 하고 조리실은 식당과 연결되는 문이 있어 영유아가 스스로 배식을 받거나 반납할 수 있도록 하며 영유아의 허리 높이 위치에 배수대를 설치하도록 한다.

활동해 봅시다

만 2세 영아나 만 3세 유아를 위한 보육실 공간을 구성하고자 합니다. 다음 여건의 보육실에 흥미 영역을 영아는 4개, 유아는 5개 이상의 영역을 배치해보세요. 실제적인 모습으로 구성하기 위해 교구장의 위치, 책상과 의자 등도 그려봅시다.

매력적이고 탐색적인 교실 반영하기

교사가 구성하는 교실 공간은 유아가 삶의 가치를 만들어가는 환경이 된다. 그러므로 교사는 자신의 가치가 교실의 매체, 설비, 공간 배치에 어떠한 영향을 미치는지 신중히 생각해 보아야 한다. 기관을 방문하는 사람들은 영유아의 작품과 사진, 벽면 전시 내용, 색, 메시지를 보면서 해당 기관의 철학에 대해 많은 것을 알게 된다. 탐색적이고도 아름다운 교실을 구성하기 위한 몇 가지 아이디어를 제공하면 다음과 같다.

01 | 매체와 자료를 담는 용기는 가능한 플라스틱 재질이나 색깔 있는 매체가 아니라 자연적이고 투명한 재질로 바꾸어 보자. 또한 크기, 모양, 형태, 색 등을 고려하여 매체들을 배치함으로써 미학이 가미되도록 하자.

02 | 창을 막고 있는 피아노, TV 등을 치우고 융통성 있는 이젤 등으로 대체하여 자연채광이 교실로 들어오도록 하자. 그리고 초록 식물, 나뭇가지 등과 같은 자연물을 끌어들여 교실의 생동감을 높이자.

03 | 공학적 기기와 인공적인 빛을 영유아들의 학습을 지원하는 학습매체로 그 활용도를 높여보자.

04 | 교실 벽면의 환경을 미적으로 꾸며주는 기능에서 벗어나 영유아들의 활동과정을 기록하여 정보를 공유하는 기능으로 활용하도록 하자. 벽을 막고 있는 영역 선반들은 벽과 수직이 되도록 돌려놓고 벽을 비움으로써 영역별 기록 작업이 가능하도록 하자.

05 | 영유아의 작품, 미술작품들을 전시하되 집에서 하는 것처럼 아름답게 전시하자. 영유아의 작품이 호감이 가도록 전시되어 있다면 그 메시지는 바로 심미감을 중요하게 생각한다는 것이다.

06 | 다양한 문화권에서 볼 수 있는 일상 사물 및 미술 관련 작품, 실제적인 매체들도 전시하도록 하자. 이러한 환경은 영유아들에게 지역사회와 문화의 가치를 인정하고 존중하는 기회를 제공한다.

07 | 영유아들이 가정보다는 어린이집에서 더 많은 시간을 보낸다는 것을 염두에 두고, 아름답게 구성하도록 하자.

08 | 주제와 어울리는 2, 3가지 색을 선정하고 명도와 채도를 고려하여 사용함으로써 색상의 변화를 주자. 제한된 색으로 이미지를 구현하고 통일된 색감의 표상으로 분위기를 톤다운 시켜보자. 인테리어 디자인 개념으로 교실 공간을 구성함으로써 미학을 불러오자.

09 | 매체를 구입할 때도 미학을 고려하고 정리 · 정돈을 잘하자.

10 | 기관과 교실이 영유아와 학부모 그리고 방문객들을 환영하고 있다는 느낌을 전달하도록 하자.

Chapter 08

Introduction to Child Care & Education

보육교직원

1 보육교직원의 정의 및 유형

2 보육교직원의 자질과 역할

3 보육교직원의 자격 및 교육

어린이집은 시설, 설비 등의 물리적 환경과 보육 프로그램도 중요하지만 보육교사를 중심으로 하는 보육교직원이라는 인적 환경이 중요하다. 좋은 시설과 양질의 보육과정에 우선하여 그것을 운영하는 교사의 자질, 태도 등에 따라 보육의 질이 결정되기 때문이다. 본 장에서는 보육교직원의 유형, 자질과 역할, 자격 및 교육에 대해서 간단히 살펴보고자 한다.

1 보육교직원의 정의 및 유형

1) 보육교직원의 정의

보육교직원이란 넓은 의미에서 보면 보육과 관련된 일을 하는 사람으로 정의된다. 여기서는 협의로 정의하여 보육교직원이란 어린이집에서 보육과 관련된 일에 종사하는 사람으로서 「영유아보육법」에 규정된 자, 즉 어린이집 영유아의 보육, 건강관리 및 보호자와의 상담, 그 밖에 어린이집의 관리 · 운영 등의 업무를 담당하는 자로서 어린이집의 원장 및 보육교사와 그 밖의 직원을 말한다.

「영유아보육법」에서는 어린이집에 배치하여야 할 종사자로 원장, 보육교사, 특수교사, 간호사(간호조무사), 영양사, 조리원, 그 밖의 보육교직원을 두도록 규정하고 있다. 그 밖의 교직원으로는 어린이집의 규모와 특성에 따라 의사(또는 촉탁의사), 사회복지사, 관리인, 위생원, 운전기사, 치료사 등의 보육교직원을 둘 수 있다(「영유아보육법」 제2조 5항). 특히, 보육교사는 영유아를 보육하고 어린이집의 원장이 불가피한 사유로 직무를 수행할 수 없을 때에는 그 직무를 대행한다고 규정되어 있다.

2) 보육교직원의 유형

보육교직원의 유형은 여러 학자들의 견해에 따라 다양하게 분류된다. 우선, 이원영(1990)은 보육교직원의 유형을 교육 기능 종사자와 보호 기능 종사자로 나누었다. 교육 기능 종사자로는 원장, 원감, 보육교사를 두고 보호 기능 종사자로는 보모, 영양사, 간호사, 의사, 사회복지사, 상담자, 사무원, 운전기사, 관리원을 들었다. 이외에도 자원봉사자를 들 수 있는데 이들은 어린이집의 필요에 따라, 그들의 능력에 따라 교육 기능도 할 수 있고 보호 기능도 할 수 있다.

또한 데커와 데커(Decker & Decker, 2001)는 보육교직원을 영유아보육 프로그램을 직접적으로 계획하고 실천하며 평가하는 관련직과 프로그램을 지원하고 도와주는 비관련직으로 구분하였다. 프로그램 관련직에는 보육에 직접적인 책임을 맡는 원장, 보육교사, 특수교사, 보조교사 등으로 구분하였다. 그리고 프로그램 비관련직에는 프로그램의 수행을 도와주는 일을 담당하는 일반사무직, 조리원, 운전기사, 영양사, 간호사(간호조무사) 등으로 구분하였다.

보육교직원의 배치는 「영유아보육법」에 규정되어 있으며, 배치 기준은 다음과 같다.

| 표 8-1 | 보육교직원의 배치 기준

구 분	배 치 기 준	비 고
원 장	• 전 어린이집별 1인	• 정원 기준 • 단, 영유아 20인 이하를 보육하는 어린이집은 어린이집의 원장이 보육교사를 겸임할 수 있음(원장이 보육교사 겸직 시 원장 자격증과 보육교사 자격증을 모두 소지하여야 함)
보육교사	• 만 1세 미만 → 영아 3인당 1인 • 만 1세 이상 만 2세 미만 → 영아 5인당 1인 • 만 2세 이상 만 3세 미만 → 영아 7인당 1인 • 만 3세 이상 만 4세 미만 → 유아 15인당 1인 • 만 4세 이상 미취학 유아 → 유아 20인당 1인 • 취학아동 → 20인당 1인 • 장애아 → 3인당 1인	• 현원 기준 • 보육교사의 업무 부담을 경감할 수 있도록 보조교사를 둠 • 유아 40인당 1인은 보육교사 1급 자격자여야 함 • 장애아 9인당 보육교사 1인은 특수교사 자격소지자여야 함
간호사	• 영유아 100인 이상을 보육하는 어린이집	• 현원 기준 • 간호조무사도 가능함
영양사	• 영유아 100인 이상을 보육하는 어린이집	• 현원 기준 • 어린이집 단독으로 영양사를 두는 것이 곤란한 때에는 동일 시·군·구의 5개 이내 어린이집이 공동으로 영양사를 둘 수 있으며, 영양사 채용시 현원을 기준으로 함
조리원	• 영유아 40인 이상을 보육하는 어린이집	• 현원 기준(방과후 제외) • 영유아 40인 이상 80인 이하를 보육하는 어린이집의 경우 조리원 1인을 두며, 영유아 매 80인을 초과할 때마다 1인씩 증원, 영유아 현원은 방과후 아동을 제외한 영유아를 기준으로 함

| 출처 | 「영유아보육법 시행규칙」 제10조 관련 [별표 2].

2 보육교직원의 자질과 역할

1) 원장

원장은 어린이집을 총괄하고 보육교사와 그 밖의 직원을 지도 · 감독하며 영유아를 보육한다. 어린이집을 총체적으로 관리 · 감독하는 한 기관의 책임자로서 원장의 철학, 자질, 능력에 따라 어린이집의 운영과 질이 결정될 만큼 중요한 변수이다. 따라서 영유아 발달과 보육에 관한 전문적인 지식과 기술이 필요한데, 양육에 대한 열정과 보육의 중요성에 대한 확신, 융통성, 타인에 대한 이해와 감정 이입 능력, 통찰력, 애정, 온화함, 겸손함, 명랑함 등의 개인적 자질이 요구된다(최미현 외, 2000).

어린이집의 규모가 작기 때문에 원장은 어린이집을 총괄하고 그 밖의 보육교직원을 지도 · 감독하며 영유아를 보육하는 역할을 겸하는 등 다양한 역할을 수행하기도 한다. 원장은 대개 영유아의 교수 활동에는 참여하지 않고, 어린이집을 대표하여 어린이집에서 여러 가지 역할을 수행할 뿐만 아니라 그에 따른 책임도 진다.

그러나 원장의 주된 역할은 관리적 기능으로 어린이집이 원활하게 운영되도록 하는 데 있다. 즉, 어린이집의 전반적인 운영관리, 보육과정에 대한 계획과 운영 및 실행관리, 재정관리, 부모교육, 원아 모집과 관리, 종사자 인사관리 및 복지관리, 교재 · 교구 구입을 포함한 시설 · 설비관리, 문서 기록 및 보관, 영유아 및 교사 · 학부모와의 상담, 지역사회와의 교류 추진 등의 다양한 역할을 수행한다.

2) 보육교사

(1) 자질

일반적으로 보육교사의 자질은 크게 개인적 자질과 전문적 자질로 나누어진다.

첫째, 개인적 자질이다. 개인적 자질은 개개인의 사람됨과 관련되는 특성으로 주로 인성적 측면의 자질을 말한다. 자애로움, 희망적이고 긍정적인 사고, 원만하고 조화로운 대인관계 능력, 영유아와 공감력, 심신의 건강, 효율적인 의사소통 능력, 통찰력과 판단력 및 주의력 등은 교사로서의 역할을 수행하는 데 필요한 인성적인 특성들이다.

이런 개인적 자질은 특별한 훈련을 통해 길러지기보다는 타고난 개인적 기질에 더 큰 영향을 받는 특성들이지만, 교육이나 훈련을 통해 계발되어야 하는 자질로, 보육교사 스스로 자신의 인성을 형성해 나가는 과정에서 성숙되는 것이라고 볼 수 있다.

둘째, 전문적 자질이다. 전문적 자질은 영유아의 성장과 발달을 위하여 유아를 보호하고 교육해야 하는 교사로서의 역할 수행에 관련된 직접적인 능력을 의미한다. 영유아에 관한 전문지식, 보육과정 및 교수에 대한 전문지식, 교육 기술, 교직에 대한 건전한 태도 및 윤리 의식 등 교사의 전문성과 관련된 자질을 말한다(양옥승 외, 1999 재인용).

(2) 역할

보육교사는 영유아를 보육하고 어린이집의 원장이 불가피한 사유로 직무를 수행할 수 없을 때에는 그 직무를 대행한다. 보육교사는 보육현장에서 다양한 역할을 수행하게 되는데, 영유아와의 상호작용 시간이 길고 영유아의 생활에 깊이 관여하기 때문에, 영유아에게 미치는 영향력은 다른 보육교직원보다도 상대적으로 더 크다.

보육교사는 영유아의 보호와 교육적 측면의 전문가로서 신체적 · 사회적 · 언어적 · 정서적 · 지적 발달을 균형 있게 격려할 수 있도록 보육방법을 연구하고 적용하며, 보육환경을 구성하고 영유아를 가르치는 교육자로서 영유아의 연령과 발달 수준을 의식하여 적절한 자극을 제공해야 한다. 더 나아가 부모들이 자녀 걱정 없이 안심하고 사회경제 활동을 할 수 있도록 부모와의 정보교환 교류자로서 원활한 의사소통을 통해 어린이집에 대한 신뢰감을 형성하게 하는 역할을 담당한다.

보육교사의 역할을 세부적으로 살펴보면 다음과 같다.

첫째, 양육자로서의 역할이다. 보육교사는 영유아의 기본적인 생리적인 욕구를 충족시켜 주어야 하며, 건강을 돌보고 안전을 지켜 주어야 한다. 특히 영유아를 보육하는 보육교사에게 있어서는 대리 부모로서의 역할이 매우 중요하다. 보육교사는 일상적인 수유, 기저귀 갈아주기, 낮잠 재우기 등과 같은 영유아의 생리적 욕구 충족에 대해 민감하게 반응해야 한다. 이때 무엇보다도 그들을 사랑으로 대하고 신뢰관계를 형성할 수 있는 일관성 있는 보육을 하는 것이 중요하다.

둘째, 훈육자로서의 역할이다. 보육교사는 형식적이고 직접적인 가르침보다는 일상생활 속에서 집단생활의 질서와 규칙을 지킬 수 있는 일정한 기준을 마련하고, 내면화시킬 수 있게 도와주어야 한다.

셋째, 의사결정자로서의 역할이다. 보육교사는 날마다 현장에서 수많은 의사결정을 해야 한다. 보육활동의 계획과 조직에서의 의사결정뿐만 아니라, 집단 구성과 활동 시간 배당 등과 같은 의사결정을 내려야 할 일들이 끊임없이 일어난다. 이때 보육교사는 신중한 판단과 결정으로 영유아에게 도움을 줄 수 있는 결정을 내려야 한다.

넷째, 환경조성자로서의 역할이다. 보육교사는 실내·외의 어린이집의 안전하고 위생적인 환경을 조성해야 하며, 효율적인 보육활동을 위해 영유아의 발달 수준과 흥미에 부합하는 다양하고 매력적인 환경 구성을 해야 한다.

다섯째, 학습조력자로서의 역할이다. 보육교사는 영유아의 능력을 정확하게 파악하고 그에 맞는 적절한 지식을 제공하는 지식 제공자로서의 역할과 함께, 영유아들과의 상호작용에서 적절한 질문을 하는 상호작용자, 촉진자로서의 역할을 수행해야 한다. 또한 영유아의 전인적 발달을 효율적으로 도모하기 위하여 영유아의 언어 및 인지 발달, 정서 및 사회성 발달, 신체 발달과 행동 특성을 여러 가지 방법을 통하여 평가하는 역할도 요구된다.

여섯째, 상호협력자로서의 역할이다. 보육교사는 어린이집에 속해 있는 모든 사람들과 상호 협력해야 한다. 즉, 영유아와의 상호작용뿐만 아니라 동료교사를 포함한 어린이집의 다른 보육교직원들과도 밀접히 조력하고 협력해야 한다.

일곱째, 부모 및 지역사회와의 교류자로서의 역할이다. 영유아와 가정의 요구를 파악하기 위하여 부모와 원활한 의사소통을 해야 하며, 부모와 어린이집 사이의 신뢰감을 형성하기 위해 노력해야 한다. 또한 보육교사들은 지역사회에 어린이집의 보육 프로그램을 소개하고, 자원봉사자 선정을 돕고, 지역공동체로부터 지원을 얻는 역할도 수행해야 한다.

3) 그 밖의 보육교직원

어린이집에는 영유아의 보육에 직접적인 관련을 갖지는 않지만, 영유아들의 생활을 돕는 영양사, 조리원, 관리인 및 운전기사, 사무원, 의사 및 간호사 등이 있다. 영유아들에게 양질의 보육경험을 제공하기 위하여 영유아의 복지와 안녕에 대한 관심, 영유아의 주변 환경을 파악하는 민감성, 윤리의식과 도덕적 양심, 심신의 건강과 헌신된 마음을 지니고, 모두 유기적으로 긴밀하게 협력하여 각자의 역할을 충실히 수행하여야 한다.

(1) 영양사

영양사는 영유아의 건강 증진을 위하여 양질의 영양을 공급하는 데 그 역할이 있다. 영양가가 충분하고 계절에 맞는 식단계획을 수립하고, 식품 재료를 구입하고, 취사부들의 취사 활동을 지도하며, 영유아의 영양교육과 식습관 지도, 교직원과 부모들을 대상으로 영유아의 건강·영양, 식습관에 관한 교육 활동을 담당한다. 그러나 현재 우리나라 어린이집의 여건상 영양사를 따로 두는 경우가 많지 않다.

(2) 조리원

어린이집의 규모가 작을수록 조리원을 따로 두지 않고 원장, 보육교사가 함께 겸임하고 있는 실정이다. 실제 급식은 어린이집에서 직접 조리하는 것을 원칙으로 하기 때문에 취사부는 이를 담당하고 조리실을 정기적으로 소독하고, 부패되기 쉬운 음식물은 철저하게 관리하는 역할을 하여야 한다. 즉, 영유아의 간식과 식사를 직접 만들어 제공하는 역할을 하며, 주방, 식기, 식료품 등을 위생적으로 보관하고 청결을 유지해야 한다.

(3) 관리인 및 운전기사

관리인은 어린이집의 보수, 관리, 경비 등의 일을 담당하며, 비품이나 교구의 운반, 실내 · 외 공간의 관리 및 청소 등을 담당한다. 그러나 대부분의 소규모 어린이집에는 관리인을 따로 두지 않고 운전기사가 이 일을 겸임하고 있는 실정이다.

(4) 사무원

사무원은 어린이집의 전반적인 행정사무를 담당하는 직원으로서 각종 공문서의 처리 및 보육교직원과 원아들에 대한 각종 기록의 관리, 원아들의 납입료 수납을 포함한 재정 및 기타 행정업무를 담당한다.

(5) 의사 및 간호사

영유아의 신체적 성장과 운동발달에 관한 장기적인 체크, 건강진단, 전염성 질환 및 예방과 격리조치, 안전사고의 예방과 치료, 투약, 응급조치를 위한 비상약품 및 의료기구의 비치 및 관리, 응급처치 요령의 전달교육 등의 역할을 수행한다.

3 보육교직원의 자격 및 교육

1) 보육교직원의 자격

(1) 원장

「영유아보육법」에서는 원장의 자격 기준을 어린이집의 유형 즉 일반 어린이집, 가정 어린이집, 영아전담 어린이집, 장애아전문 어린이집, 「고등교육법」에 의한 대학(전문대학 포함) 또는 교육훈련시설이 운영(위탁 또는 부설 운영을 말함)하는 어린이집에 따라 자격 기준을 달리하고 있다.

원장의 자격 기준은 다음 |표 8-2|와 같다.

(2) 보육교사

「영유아보육법」에서는 보육교사의 자격을 1급, 2급, 3급으로 세분화하여 자격 기준을 강화하고, 보육교사의 등급별 자격 기준을 다음 |표 8-3|과 같이 제시하고 있다.

|표 8-2| 원장의 자격 기준

구분	자격 기준
일반 기준 (300인 이하 어린이집)	① 보육교사 1급 자격을 취득한 후, 3년 이상의 보육 등 아동복지업무 경력이 있는 사람 ② 「유아교육법」에 의해 유치원 정교사 1급 자격을 취득한 후, 3년 이상의 보육 등 아동복지업무 경력이 있는 사람 ③ 유치원 원장의 자격을 가진 사람 ④ 「초·중교육법」에 의한 초등학교 정교사 자격을 취득한 후, 5년 이상의 보육 등 아동복지업무 경력이 있는 사람 ⑤ 「사회복지사업법」에 따른 사회복지사 1급 자격을 취득한 후, 5년 이상의 보육 등 아동복지업무 경력이 있는 사람 ⑥ 「의료법」에 의한 간호사 면허를 취득한 후, 7년 이상의 보육 등 아동복지업무 경력이 있는 사람 ⑦ 국가 또는 지방자치단체에서 7급 이상의 공무원으로 보육 등 아동복지업무에 5년 이상 근무한 경력이 있는 사람
가정 어린이집 (5인 이상 20인 이하 어린이집)	① 일반 기준에서 정한 자격을 갖춘 사람 ② 보육교사 1급 이상의 자격을 취득한 후 1년 이상의 보육업무 경력이 있는 사람
영아전담 어린이집 (만 3세 미만의 영아만을 20명 이상 보육하는 어린이집)	① 일반 기준에서 정한 자격을 갖춘 사람 ② 간호사 면허를 취득한 후 5년 이상의 아동간호업무 경력이 있는 사람
장애아전문 어린이집 (장애인으로 등록된 영유아만을 20명 이상 보육하는 어린이집)	일반 기준에서 정한 자격을 갖춘 사람으로서 다음의 어느 하나에 해당하는 사람 ① 대학(전문대학 포함)에서 장애인복지 및 재활관련 학과를 전공한 사람 ② 장애영유아 어린이집에서 2년 이상의 보육업무 경력이 있는 사람
대학(전문대학 포함) 또는 교육훈련시설이 운영(위탁 또는 부설 운영을 말함)하는 어린이집	① 일반 기준에서 정한 자격을 갖춘 사람 ② 어린이집을 운영하는 대학의 조교수 또는 교육훈련시설의 전임교수 이상으로서 보육관련 교과목에 대하여 3년 이상의 교육 경력이 있는 사람

| 출처 | 「영유아보육법 시행령」 제21조 제1항 및 제3항 관련 [별표 1].

| 표 8-3 | 보육교사의 자격 기준

구분	자격 기준
보육교사 1급	① 보육교사 2급 자격을 취득한 후 3년 이상의 보육업무 경력이 있는 사람으로서 보건복지부장관이 정하는 승급교육을 받은 사람 ② 보육교사 2급 자격을 취득한 후 보육 관련 대학원에서 석사학위를 취득하고 1년 이상의 보육업무 경력이 있는 사람으로서 보건복지부장관이 정하는 승급교육을 받은 사람
보육교사 2급	① 전문대학 또는 이와 같은 수준 이상의 학교에서 보건복지부령으로 정하는 보육 관련 교과목 및 학점을 이수하고 졸업한 사람 ② 보육교사 3급 자격을 취득한 후 2년 이상의 보육업무 경력이 있는 사람으로서 보건복지부장관이 정하는 승급교육을 받은 사람
보육교사 3급	① 고등학교 또는 이와 같은 수준 이상의 학교를 졸업한 사람으로서 보건복지부령으로 정하는 교육훈련시설에서 정해진 교육과정을 수료한 사람
비고	① '보육 등 아동복지업무 경력'이라 함은 다음의 어느 하나에 해당하는 경력을 말한다. 가. 어린이집에서 어린이집의 원장, 보육교사, 특수교사(「초 · 중교육법」 제21조 제2항에 따라 특수학교의 정교사, 준교사 또는 실기교사(담당과목이 재활복지과목인 경우만 해당)의 자격증을 가진 사람과 이에 준하는 사람으로 보건복지부장관이 인정하는 사람을 말함) 또는 치료사로 근무하거나 육아종합지원센터에서 육아종합지원센터의 장, 보육전문요원 또는 특수교사로 근무한 경력 나. 「유아교육법」에 따른 유치원에서 원장, 원감, 수석교사 또는 교사로 근무한 경력 다. 「아동복지법」에 따른 아동복지시설에서 시설장, 총무, 보육사, 생활복지사, 상담지도원 또는 자립지원 전담요원으로 근무한 경력 라. 「장애인복지법」에 따른 장애 영유아 생활시설에서 장애 아동과 관련된 업무에 종사한 경력 마. 「유아교육법」 및 「초 · 중교육법」 따른 특수학교(유치원과정)에서 특수학교 교원으로 근무한 경력 바. 법률 제7120호 「유아교육법」 제정으로 폐지되기 전 「유아교육진흥법」에 따른 새마을유아원에서 근무한 경력 사. 가목부터 바목까지의 아동복지업무를 수행하는 시설 등에서 간호사로 근무한 경력 아. 국가 또는 지방자치단체에서 7급 이상의 공무원으로 보육 등 아동복지에 관한 행정업무에 종사한 경력 ② '보육업무 경력'이란 다음의 어느 하나에 해당하는 경력을 말한다. 가. 어린이집에서 어린이집의 원장, 보육교사, 특수교사 또는 치료사로 근무하거나 육아종합지원센터에서 육아종합지원센터의 장, 보육전문요원 또는 특수교사로 근무한 경력 나. 「유아교육법」에 따른 교육과정과 방과후 과정을 운영하는 유치원에서 원장, 원감, 수석교사 또는 교사로 근무한 경력 ③ '아동간호업무 경력'이란 병원의 소아청소년과나 신생아실, 보건소 모자보건센터, 초등학교 보건실 등에서 근무한 경력을 말한다. 7급 이상의 공무원으로 보육 등 아동복지에 관한 행정 업무에 종사한 경력

| 출처 | 「영유아보육법 시행령」 제21조 제1항 및 제3항 관련 [별표 1].

2) 보육교직원의 교육

보육 서비스를 원활하게 추진하기 위해서는 필요한 전문인을 양성하여 충원하고, 현직 보육교직원에게는 사회 변천에 따라 요구되는 새로운 전문 지식과 기술을 터득시켜 자질 향상을 꾀할 수 있는 교육 훈련이 필요하다. 이러한 취지에서 「영유아보육법」에서는 보육교직원의 양성과 자질 향상을 위한 교육 훈련을 실시해야 한다고 규정하고 있다.

보육교직원에 대한 교육은 양성교육과 보수교육으로 나누어진다. 양성교육은 보육교사로서의 전문성을 습득하고 보육교사가 되기 전에 받는 사전교육으로 자격 취득에 필요한 교육을 실시하여 원장이나 보육교사로서 바람직한 자질과 역량을 갖추도록 하며, 보수교육은 기존 보육교직원의 자질 향상을 위한 재교육을 목적으로 한다.

(1) 양성교육

우리나라의 보육교사 양성교육과정은 교육기관별로 다르게 운영되고 있으며, 취득할 수 있는 자격 등급도 구분된다. 「고등교육법」 제2조에 따른 학교(이하 대학 등) 또는 이와 같은 수준 이상의 학교에서 보건복지부령이 정하는 보육 관련 교과목 및 학점을 이수하고 졸업하면 보육교사 2급 자격증을 취득할 수 있고, 고등학교 또는 이와 같은 수준 이상의 학교를 졸업하고 보건복지부령이 정하는 교육훈련시설(보육교사교육원)에서 정해진 교육과정을 수료하면 보육교사 3급 자격증을 취득할 수 있다.

먼저 대학 등에서 보육교사 2급 자격을 취득하기 위한 교육 영역별 교과목 및 학점에 대한 세부 기준은 |표 8-4|와 같다.

| 표 8-4 | 대학 등에서 이수해야 할 보육 관련 교과목 및 학점

구 분		교과목	이수과목(학점)
교사 인성 영역	필수 교과목	보육교사(인성)론, 아동권리와 복지	2과목 (6학점)
보육 지식과 기술 영역	필수 교과목	보육학개론, 보육과정, 영유아발달, 영유아교수방법론, 놀이지도, 언어지도, 아동음악(또는 아동동작, 아동미술), 아동수학지도(또는 아동과학지도), 아동안전관리(또는 아동생활지도)	9과목 (27학점)
	선택 교과목	아동건강교육, 영유아 사회정서지도, 아동문학교육, 아동상담론, 장애아 지도, 특수아동 이해, 어린이집 운영관리, 영유아 보육프로그램 개발과 평가, 보육정책론, 정신건강론, 인간행동과 사회환경, 아동간호학, 아동영양학, 부모교육론, 가족복지론, 가족관계론, 지역사회복지론	4과목 (12학점) 이상
보육 실무 영역	필수 교과목	아동관찰 및 행동연구, 보육실습	2과목 (6학점)
전체		17과목 51학점 이상	
비고		• 별도 표시된 대면교과목은 과목당 8시간 이상 출석수업, 1회 이상 출석시험 실시 • 보육실습 교과목은 반드시 3학점 이상으로 이수해야 하고, 평가점수가 80점 이상인 경우에만 실습을 이수한 것으로 인정함	

다음으로 보육교사 3급의 사전교육을 담당하는 교육훈련시설에 개설된 교과목 및 각 영역에 대한 이수학점의 세부 기준은 | 표 8-5 | 와 같다.

| 표 8-5 | 교육훈련시설의 교육과정

영 역	교과목(학점)	이수과목(학점)
교사 인성	보육교사(인성)론(3학점), 아동권리와 복지(3학점)	2과목(6학점)
보육지식과 기술	보육학개론(3학점), 보육과정(3학점), 영유아 발달 및 지도(3학점), 아동생활지도(3학점), 영유아 문제행동지도 및 상담(3학점), 특수아동 이해와 지도(3학점), 놀이지도(3학점), 언어지도(3학점), 아동음악과 동작(3학점), 아동미술지도(3학점), 아동수학지도 · 아동과학지도(3학점), 영유아 교수방법론(3학점), 교재 · 교구개발(3학점), 부모교육(3학점), 영유아 건강지도(2학점), 영유아 영양지도(2학점), 아동안전관리(3학점), 어린이집 운영관리(3학점)	18과목(52학점)
보육 실무	아동관찰 및 실습(3학점), 보육실습(4학점)	2과목(7학점)
계	22과목(65학점) 이상	
비고	• 각 과목당 평가점수가 70점 이상인 경우에만 이수한 것으로 인정 • 학점당 시간은 15시간을 기준으로 함 • 보육실습은 시행규칙 [별표 4]의 보육실습에 관한 기준을 준용	

| 출처 | 「영유아보육법 시행규칙」 제12조 제2항 관련 [별표 5].

(2) 보수교육

1 보수교육의 정의

보육교직원의 자질 향상을 위해 실시하는 교육으로서, 보육에 필요한 지식과 능력을 유지 · 개발하기 위하여 보육교직원이 정기적으로 받는 직무교육과 보육교사가 상위 등급의 자격(3급 → 2급, 2급 → 1급)을 취득하기 위해 받아야 하는 승급교육 및 어린이집 원장의 자격을 갖추기 위하여 받아야 하는 사전직무교육을 말한다.

2 보수교육의 종류

| 표 8-6 | 교육구분별 보수교육 대상자

교육구분			교 육 대 상	교육 시간	비 고
직무교육	일반직무교육	보육교사	현직에 종사하고 있는 보육교사로서 보육업무 경력이 만 2년을 경과한 자와 보육교사 직무교육(승급교육 포함)을 받은 해부터 만 2년이 경과한 자	40시간	매 3년마다
		원장	어린이집 원장의 직무를 담당한 때부터 만 2년이 지난 경우	40시간	매 3년마다
	특별직무교육	영아보육	영아보육을 담당하고 있는 일반직무교육 대상자와 영아보육을 담당하고자 하는 보육교사 및 어린이집 원장	40시간	이수하고자 하는 자
		장애아보육	장애아보육을 담당하고 있는 일반직무교육 대상자와 장애아보육을 담당하고자 하는 보육교사 및 어린이집 원장	40시간	이수하고자 하는 자
		방과후보육	방과후보육을 담당하고 있는 일반직무교육 대상자와 방과후보육을 담당하고자 하는 보육교사 및 어린이집 원장	40시간	이수하고자 하는 자
승급교육	2급 승급 교육		보육교사 3급의 자격을 취득한 후 보육업무 경력이 만 1년이 경과한 자	80시간	이수하고자 하는 자
	1급 승급 교육		보육교사 2급의 자격을 취득한 후 보육업무 경력이 만 2년이 경과한 자 및 보육교사 2급의 자격을 취득한 후 보육 관련 대학원에서 석사 학위를 취득한 경우 보육업무 경력이 만 6개월이 경과한 자	80시간	이수하고자 하는 자
원장사전직무교육	-		「영유아보육법 시행령」 [별표 1] 제1호의 가목부터 라목(일반, 가정, 영아전담, 장애아전문 어린이집 원장)까지 어느 하나의 자격을 취득하고자 하는 자	80시간	이수하고자 하는 자

3 보수교육의 내용

보수교육의 내용은 인성 · 소양, 건강 · 안전, 전문지식 · 기술(장애 및 다문화 실제, 보육활동 운영의 실제, 가족 및 지역사회 협력) 영역이 포함되며, 구체적인 내용은 보건복지부 보육사업 안내 보수교육 과정별 교과목 및 시간에 의한다.

직무교육과 승급교육 등의 보수교육을 실시하는 주체는 시 · 도지사로서, 시 · 도지사는 매년 2월 말까지 보수교육의 수요를 파악하여 보수교육 실시계획을 수립하여야 한다. 시 · 도지사는 교육훈련시설, 정부출연 연구기관, 보육 관련 비영리법인 · 단체의 전문기관에 보수교육의 실시를 위탁할 수도 있다. 보수교육의 평가는 해당 교육 시간을 모두 출석한 때에만 이수한 것으로 보며, 승급교육 대상자 중에 출석 기준은 충족하였으나 평가 시험에서 80점 이상을 획득하지 못한 때에는 승급교육을 이수한 것으로 인정할 수 없다.

3) 보육교사의 전문성

전문성이란 직업에 종사하는 사람들이 보여주는 태도와 행동을 의미하는 것으로 자신의 일에 대한 신념, 헌신하는 태도, 전문가로서 지니는 의사결정권의 자유를 의미한다. 이러한 전문성의 기준에 대하여 지금까지 논쟁이 되고 있는데 특히, 보육교사직이 오랜 준비 기간과 특별한 훈련을 받지 않는 누구라도 할 수 있다는 편견 등으로 인해 보육교사의 전문성에 대한 논란이 있어 왔다. 그러나 힐데브랜드(Hildebrand, 1993)는 보육교사는 전문직이라고 주장했으며, 브로우디(Broudy, 1984)는 영유아교사가 교수기술과 교실 운영과 같은 업무뿐만 아니라 교육과정 및 기관 운영에 필요한 진단, 의사결정 및 판단과 같은 역할을 수행할 수 있는 지식이 필요한 전문인이라고 주장하였다.

실제 보육교사는 일반적 이론에 기초하여 자신만의 실천적 지식을 형성하여 전문성을 향상시킬 있는 과정을 통해 전문성을 갖추고, 영유아에게 질 높은 보육경험을 제공해 줄 수 있다. 전문 보육교사의 양성은 영유아보육 프로그램의 질과 관련되며 프로그램의 질은 아동의 발달적 결과를 예측해 주기 때문에(김정원 외, 2006 재인용), 보육교사의 전문성이 신장되어야 한다.

보육교사로서 전문성을 높이기 위하여 적극적으로 연수에 참여하거나 정보를 교환하고, 배운 것을 현장에 적용하며 경험을 지속적으로 쌓아가는 것이 중요하다. 이렇듯 보육현장에서 전문성을 확보하기 위해 보육교사는 끊임없는 노력을 기울여야 하며, 유아를 보다 잘 이해하고 자신의 일에 대해 자부심을 가져야 한다.

보육인 윤리 선언

나는 영유아의 건강한 성장과 발달을 지원하는 보육교사(어린이집 원장)로서, 직무상의 윤리적 책임을 다하여 다음 사항들을 지킬 것을 다짐합니다.
나는 내가 영유아에게 지대한 영향을 미치는 존재임을 잊지 않으며, 항상 스스로의 말과 행동에 신중을 기합니다.
나는 영유아의 인격과 권리를 존중하며, 어떠한 경우에도 영유아에게 해가 되는 일을 하지 않습니다.
나는 영유아 가정의 다양성을 이해하고 존중하며, 상호 신뢰하는 동반자적 관계를 유지합니다.
나는 동료를 존중하고 지지하며, 서로 협력하여 최상의 보육 서비스를 제공하기 위해 노력합니다.
나는 보육의 사회적 책임과 역할을 인식하고, 영유아의 권익과 복지를 위한 활동에 앞장섭니다.
나는 「어린이집 원장 · 교사 윤리강령」을 직무수행의 도덕적 규준으로 삼아 진심을 다하여 충실히 이행합니다.

어린이집 원장 및 보육교사 윤리강령

보육은 영유아를 건강하게 양육하고, 안전하게 보호하며, 발달특성에 적합한 교육을 제공하는 복지 서비스이며, 보육인은 사랑과 존중과 전문지식을 바탕으로 영유아의 전인적 성장에 영향을 미치는 전문직업인이다. 그러므로 보육인은 윤리적 의식과 태도를 가지고 사회적 본분에 임해야 한다.

이에 어린이집 원장과 보육교사는 스스로 책무성을 발현하여 윤리강령을 제정함을 밝힌다. 본 강령을 직무수행의 규준으로 삼아, 보육현장에서 발생하는 윤리적 갈등을 해결하고, 생존권, 보호권, 발달권, 참여권 등 영유아의 권리를 보장함으로써, 직무상의 윤리적 책임을 다하여 전문직업인으로서의 위상을 공고히 하고자 한다.

더불어 영유아와 그 가정, 동료와 사회의 존엄성을 존중하는 보육의 실천으로 다각적인 신뢰를 구축하고, 영유아의 잠재력을 최대한 발휘시킴으로써 영유아가 긍정적인 자아 개념을 형성하고 유능한 사회인으로 성장할 수 있도록 도와, 궁극적으로는 영유아와 그 가정, 동료와 사회의 통합적 · 이상적 복지 실현에 기여하고자 한다.

제 I 장. 영유아에 대한 윤리

01 | 영유아에게 고른 영양과 충분한 휴식을 제공하여, 몸과 마음이 건강한 사람으로 자라도록 돕는다.
02 | 성별, 지역, 종교, 인종, 장애 등 어떤 이유에서도 영유아를 차별하지 않고, 공평한 기회를 제공한다.
03 | 영유아는 다치기 쉬운 존재임을 인식하여 항상 안전하게 보호한다.
04 | 영유아에 대한 정서적, 언어적, 신체적 학대를 행하지 않는다.
05 | 어린이집 내외에서의 영유아 학대나 방임을 민감하게 관찰하며, 필요한 경우 관련 기관("아동보호전문기관" 등)에 보고하고 조치를 취한다.
06 | 영유아의 인격을 존중하고, 개인의 잠재력과 개성을 인정한다.
07 | 개별적 상호작용 속에서 영유아의 요구를 수용하기 위해 노력한다.
08 | 영유아의 사회 · 정서 · 인지 · 신체 발달을 통합적으로 지원하는 보육 프로그램을 실시한다.
09 | 특별한 도움을 필요로 하는 경우, 전문가와 협력하여 영유아의 입장에서 최선의 대안을 찾는다.
10 | 보육활동을 계획, 실행, 평가하는 모든 과정에 영유아의 흥미와 의사를 반영한다.
11 | 영유아의 개인적 기록과 정보에 대해 비밀을 보장한다.

제 II 장. 가정에 대한 윤리

01 | 상호 신뢰를 바탕으로 영유아의 가정과 동반자적인 관계를 유지한다.
02 | 각 가정의 양육가치와 의사결정을 존중한다.
03 | 경제적 수준, 가족 형태, 지역, 문화, 관습, 종교, 언어 등 어떤 것에 의해서도 영유아의 가정을 차별 대우하지 않는다.

04 | 보육활동 및 발달 상황에 관한 정보를 정확하게 제공하여 영유아에 대한 가정의 이해를 돕는다. 다문화, 심신장애 등으로 의사소통에 도움이 필요한 경우 문제를 해결할 최선의 방법을 도모한다.

05 | 어린이집 운영 전반에 관한 정보를 공개하여 영유아 가정의 알 권리에 응한다.

06 | 보육 프로그램과 주요 의사결정에 영유아의 가정이 참여하도록 안내한다.

07 | 필요한 사회적 지원, 전문 서비스 등 관련 정보를 제공하여 영유아 가정의 복리 증진을 돕는다.

08 | 영유아 가정의 사생활을 보호하고 익명성을 보장한다.

제 III 장. 동료에 대한 윤리

어린이집 원장	보육교사
• 최상의 보육 서비스 제공에 필요한 인적, 물적 환경의 조성 및 유지를 위해 노력한다. • 보육교사를 신뢰하고 존중하며 전문성과 자율성을 인정한다. • 성별, 학연, 지연, 인종, 종교 등에 따라 보육교사를 차별하지 않는다. • 업무 관련 의사결정이 필요한 경우, 보육교사의 의견 개진 기회를 보장한다. • 보육교사에게 지속적 재교육 등 전문적 역량 제고의 기회를 부여한다. • 보육교사에게 적정 수준의 보상(보험, 급여 등)을 안정적으로 제공하며, 복지 증진에 힘쓴다. • 보육교사 개인의 기록과 정보에 대한 비밀을 보장한다.	• 존중과 신뢰를 바탕으로 협력하며, 서로의 전문성과 자율성을 인정한다. • 상호간 역량계발과 복지증진에 부합하는 근무 환경이 되도록 힘쓴다. • 어린이집 원장 및 동료와 영유아보육에 대한 신념을 공유한다. • 보육교사로서의 전문성 향상을 위해 스스로 노력한다. • 어린이집 내에서 영유아 및 보육교사의 인권과 복지를 위협하는 비윤리적 사태가 발생한 경우, 법률규정이나 윤리 기준('한국보육시설연합회 윤리강령위원회' 참조)에 따라 조치를 취한다.

제 IV 장. 사회에 대한 윤리

01 | 공보육에 대한 책임을 인식하고, 항상 질 좋은 보육 서비스를 제공한다.

02 | 영유아의 안전을 위협하는 환경이나 정책이 발견될 시, 관계기관과 협의하여 개선한다.

03 | 공적 책임이 있는 어린이집으로서 재정의 투명성을 유지하고, 부정한 방법으로 사적 이익을 취하지 않는다.

04 | 영유아의 권익보호를 위해 관련 정책 결정 및 법률 제정에 적극 참여하며, 사회적으로 이를 널리 알리는 데 앞장선다.

05 | 지역사회 실정에 맞는 어린이집의 책임과 역할을 인지하고, 실천하고자 노력한다.

Chapter 09

Introduction to Child Care & Education

어린이집의 운영관리

1 운영관리의 이해

2 원아관리

3 인사관리

4 사무관리

5 시설 및 설비관리

6 재정관리

영유아에게 양질의 보육활동을 제공하기 위해서는 어린이집의 인적 · 물적 자원을 조직적이고 체계적으로 계획하고 배치하는 어린이집의 효율적인 운영관리가 중요하다.

본 장에서는 어린이집의 운영관리에 대한 이해를 돕기 위해 어린이집의 운영관리의 개념과 주요 영역을 살펴본 후 원아관리, 인사관리, 사무관리, 시설 및 설비관리, 재정관리의 내용 영역으로 나누어 살펴보고자 한다.

1 운영관리의 이해

어린이집의 운영관리에 대한 개념과 세부 영역의 분류는 학자에 따라 차이를 보이고 운영의 실제도 다양하다. 그러나 보육의 질을 높이고 어린이집의 효율적인 운영을 위해서는 체계적이고 합리적인 운영관리가 필수적이다. 어린이집의 운영관리는 영유아의 바람직한 성장과 발달에 직 · 간접적으로 영향을 미치는 시스템이라고 할 수 있으며, 영유아에게 양질의 보육 프로그램을 제공하기 위해서 어린이집의 인적 · 물적 자원을 효율적이고 합리적으로 배치하는 모든 과정이다. 어린이집의 운영에 도움이 되는 일반적인 운영관리의 주요 영역을 제시하면 다음 |표 9-1|과 같다.

|표 9-1| 운영관리의 영역

영역	주요 내용
원아관리	원아 모집, 원아 선발, 입 · 퇴학관리, 출 · 결석, 가정환경 조사, 원아 관찰 기록 등
인사관리	교직원의 채용과 훈련, 업무분장, 근무평정, 재직과 퇴직관리, 보수체계, 보수교육
보육과정관리	연 · 월 · 주간 · 일일 교육계획 및 운영, 보육일지
시설 · 설비관리	실내 · 외 기관의 설비 기준, 배치, 보수 및 관리, 공간 구성
교재 · 교구관리	비품 및 교재 · 교구의 종류, 배치, 관리, 흥미 영역의 구성 및 관리
재정관리	예산 편성, 집행, 결산, 감사 등의 관리
사무관리	문서관리, 문서작성, 서류보관 및 정리
부모 협력	부모참여, 부모교육 부모자원 활용, 부모회 조직 및 운영, 유치원운영위원회
지역사회 협력	지역사회기관과의 협력, 자원봉사자모집과 운영, 지역사회 요구 파악 및 자원 분석
평가관리	영유아의 발달평가 및 관찰 기록, 교직원 평가

|출처| Decker & Decker(2001).

2 원아관리

원아가 어린이집에 입소해서 퇴소할 때까지의 전 과정 동안 이루어지는 원아관리는 원아 모집, 반 편성 등의 원아와 관련된 업무들이 포함된다.

1) 원아 모집

일반적으로 어린이집의 형태나 특성에 따라 차이가 있으나 원아 모집의 시기는 대개 11, 12월에 실시되며 결원이 생기는 경우에 수시모집을 하게 된다. 원장은 재원생 중에서 진급을 원하는 영유아의 수를 미리 파악하여 법규에서 제시하는 정원을 넘지 않는 범위 내에서 원아 모집을 하게 되는데, 입소신청자 명부를 작성·비치하여 신청 순위에 따라 입소하도록 해야 한다.

한편 원아 모집의 대상은 어린이집의 입소 대상에 준해야 한다. 즉, 만 0~5세의 취학 전 아동인 영유아와 만 12세까지 연장보육이 가능하므로 원아 모집 시 이를 반영해야 한다. 그리고 국가 또는 지방자치단체와 사회복지법인, 그 밖의 비영리법인이 설치한 어린이집과 대통령령이 정하는 저소득층의 자녀는 우선적으로 어린이집이 이용 가능하므로 이를 고려해야 한다.

2) 반 편성 기준 및 원아 입소 순위

(1) 반 편성 기준

어린이집의 반 편성을 위해서는 반의 구성 형태와 반 정원을 고려해야 한다. 어린이집의 반 정원은 국가 기준을 참고로 하여 각 반의 정원을 결정하고, 반 편성 시 연령과 월령, 남녀 성 비율을 비슷하게 배치하는 것이 바람직하다. 일반적으로 단일연령 집단으로 반을 구성하지만 운영자의 보육 철학이나 원아 수에 따라 혼합 연령으로 구성할 수도 있다(조성연 외, 2004). 어린이집의 반 편성 기준은 다음과 같다(보건복지부, 2018).

첫째, 연령별 반 편성은 동년도 출생아(동년도 1월 1일~동년도 12월 31일 출생아)를 함께 반 편성하는 것을 원칙으로 한다. 이때 만 0세반에 편성된 아동은 보호자 신청에 의해 출생일 기준 만 12개월이 되는 달의 다음 달부터 만 1세반으로 편성이 가능하나 교사 대 아동 비율은 1:5를 넘지 못한다.

둘째, 어린이집은 가능한 한 만 2세 미만 영아반, 만 2세 영아반과 만 3세 이상의 유아반을 동시에 운영하여야 하며, 시장 · 군수 · 구청장은 지역 여건 등을 고려하여 관내 어린이집의 반 운영을 달리 할 수 있다.

셋째, 연령별 반 편성 시 교사 대 아동 비율을 준수하여야 한다. 보육과정 및 아동 1인당 보육실 면적 등을 감안하여 반별 최대 정원제를 운영할 수 있다.

반 편성 시 참고할 수 있는 연령별 반 편성 기준은 다음 |표 9-2|에, 혼합 연령으로 반 편성을 할 때의 기준은 |표 9-3|에 제시하였다.

|표 9-2| 연령별 반 편성 기준

반별 정원 기준	만 0세	만 1세	만 2세	만 3세	만 4세 이상
원 칙	3명	5명	7명	15명	20명
탄력 편성 가능 인원	–	1명	2명	3명	3명

|출처| 「영유아보육법 시행규칙」 제10조 [별표 2].

|표 9-3| 혼합반 편성 기준

혼합반 운영	만 0세, 만 1세 영아	만 1세, 만 2세 영아	만 0세, 만 2세 영아	만 2세 이하 영아, 만 3세 이상 유아	만 3세, 만 4세 이상 유아
가능 여부	가능	가능	불가능	불가능	가능
유아수	1:3	1:5	·	·	1:15

|출처| 보건복지부(2018). 2018 보육사업안내.

(2) 입소 우선순위

어린이집에서는 다음과 같은 기준을 반영해서 입소를 결정해야 한다.

① 1순위(법 제28조, 시행령 제21조의 4, 시행규칙 제29조)

- 「국민기초생활 보장법」에 의한 수급자의 자녀(법정)
- 「한부모가족지원법」 제5조의 규정에 의한 보호대상자의 자녀
- 「국민기초생활 보장법」 제24조의 규정에 의한 차상위계층의 자녀(중위소득의 50% 이하)
- 「장애인복지법」 제2조의 규정에 의한 장애인 중 보건복지부령으로 정하는 장애등급 이상에 해당하는 자(장애부모)의 자녀(「장애인복지법 시행규칙」 [별표 1]의 장애등급 중 1급 또는 2급에 해당하는 사람 및 장애등급 중 3급에 해당하는 지적장애인 또는 자폐성장애인으로서 다른 장애가 중복된 사람)
- 아동복지시설에서 생활 중인 영유아
- 부모가 모두 취업 중이거나 취업을 준비 중인 영유아
- 「다문화가족지원법」 제2조 제1호에 따른 다문화가족의 자녀
- 「국가유공자 등 예우 및 지원에 관한 법률」 제4조 제1항에 따른 국가유공자 중 전몰자 순직자, 상이자로서 보건복지부령으로 정하는 자의 자녀
- 자녀가 3명 이상인 가구 또는 영유아가 2자녀 가구의 영유아
- 제1형 당뇨를 가진 경우로서 의학적 조치가 용이하고 일상 생활이 가능하여 보육에 지장이 없는 영유아
- 산업단지 입주기업체 및 지원기관 근로자의 자녀로서 산업단지에 설치된 어린이집을 이용하는 영유아

② 2순위

- 기타 한부모 · 조손 가족, 입양된 영유아, 동일 어린이집 재원 중인 아동의 형제 · 자매

3 인사관리

1) 보육교직원의 채용

보육교직원을 채용할 때의 기본적인 자격 요건은 심신이 건강하고, 보육에 대한 열의가 있거나, 보육에 대한 전문적인 지식이 있는 사람이어야 한다. 보육교직원의 채용은 공개경쟁을 원칙으로 하며, 서류 심사와 면접 등의 객관적이고 공정한 절차를 통해 채용해야 한다. 한편, 임면권자는 결원 시 1월 이내에 신규 보육교직원을 채용하여야 하며, 전염성 질환 및 인격 결함 등 신체적 · 정신적으로 영유아보육에 지장이 있는 자는 보육교직원으로 채용할 수 없다. 그리고 원장은 보육교직원 관리를 위하여 보육교직원 인사기록부 및 관리대장(가정 어린이집 포함)을 비치하고 기록, 유지해야 한다.

보육교직원의 채용과 관련된 구체적인 내용은 다음 |표 9-4|와 같다.

|표 9-4| 보육교직원의 채용

구분	원장	보육교사 등 기타 직원
임면권자	• 국 · 공립 어린이집: 시장 · 군수 · 구청장 • 사회복지법인, 법인 · 단체 등, 직장, 가정, 민간 어린이집 등: 어린이집 설치자 • 협동 어린이집: 조합을 결성하여 설치 · 운영하는 대표자	• 원장의 제정으로 법인이나 단체의 대표자 또는 어린이집 설치자(수탁자 포함)
채용조건 및 채용방법	• 유자격자인 경우라도 상근이 어려운 경우에는 채용 대상에서 제외하여야 한다.	• 자격증 소지자를 채용한다. • 공개경쟁 채용을 원칙으로 한다. • 국 · 공립 어린이집의 경우 시 · 도지사 또는 시장 · 군수 · 구청장이 보육교사를 공개 · 채용한 후 배치할 수 있다.

|출처| 「영유아보육법」 제46~48조.

2) 보육교직원의 임면 및 복무

(1) 보육교직원의 임면

① 보육교직원의 임면 등에 대한 규정

- 시장 · 군수 또는 구청장은 보육교직원의 권익 보장과 근로여건 개선을 위하여 보육교직원의 임면 및 경력 등에 관한 사항을 관리해야 한다.
- 어린이집의 원장은 보건복지부령이 정하는 바에 의하여 보육교직원의 임면에 관한 사항을 시장 · 군수 · 구청장에게 보고하여야 한다.

② 보육교직원의 임면 원칙

- 보육교직원의 채용은 공개경쟁을 원칙으로 한다.
- 임면권자는 보육교직원 채용 시 임금, 근로 시간 및 그 밖의 근로조건을 명시한 근로계약을 체결하여야 한다. 이 경우에는 근로계약과 관련하여 부당한 내용이 포함되어서는 안 되며, 관할 행정 기관은 이를 적극 지도 · 감독하여야 한다.

③ 임면권자는 보육교직원 결원 시 1개월 이내에 보육교직원을 채용하여야 한다.

④ 임면권자는 보육 등 아동복지에 관련된 학과의 학생 또는 육아 경험이 있는 여성들을 자원봉사자로 활용할 수 있다. 이 경우에는 어린이집의 사정에 따라 수당을 지급할 수 있다.

⑤ 보육교직원 채용 시 제출서류

- 공통 제출서류: 인사기록 카드, 주민등록등본, 채용신체검사서, 성범죄 경력 조회 결과서
- 어린이집의 원장: 어린이집의 원장 자격증 사본
- 보육교사: 보육교사 자격증 사본

- 간호사 · 영양사 등 자격이 필요한 종사자: 자격증(면허증) 사본

(2) 보육교직원의 복무

「영유아보육법 시행규칙」 제10조 관련 [별표 2]에 의한 보육교직원의 복무 기준은 다음과 같다.

- 어린이집의 원장은 전임이어야 하며, 다른 어린이집, 사회복지시설, 유치원 및 종교시설 등의 업무를 겸임할 수 없다.
- 보육교사의 근무 시간은 평일 8시간을 원칙으로 하고, 그 밖에 전후로 연장되는 시간은 어린이집의 원장과 보육교사가 교대 근무하며, 초과근무수당을 지급해야 한다.
- 보육교직원의 휴가는 보육 공백을 최소화할 수 있도록 순번제로 실시하고, 보수교육, 출산휴가 등으로 어린이집의 원장, 보육교사 또는 그 밖의 보육교직원의 공백이 생기는 경우에는 이를 대체할 수 있는 대체교사 또는 그 밖의 인력을 각각 배치하여야 한다.

3) 보육교직원의 업무 조직 및 분담

어린이집을 효율적으로 관리하고 운영하기 위해서는 보육 업무를 교직원들 간에 능률적으로 조직하고 분담하는 것이 중요하다. 어린이집을 운영하는 데 필요한 업무는 보육교직원의 직책에 따른 고유 업무와 교직원들이 공동으로 처리해야 하는 업무로 나눌 수 있다. 보육교직원 각자가 자신이 맡은 역할을 수행하면서, 상호 협조적으로 일할 수 있는 분위기를 조성하는 것이 운영의 효율성을 더욱 높일 수 있다.

보육교직원의 역할과 자질에 대해서는 제8장에서 다루고 있으므로, 여기서는 보육교직원의 역할 특성을 고려한 업무 조직 및 역할 분담의 예만 |표 9-5|에서 살펴보았다.

| 표 9-5 | 보육교직원 업무 분장표(예시)

담당	일반 업무 내용	환경정리 구역
원장	• 원의 전반적인 교육 및 운영 계획/ 견학 및 행사 계획 • 업무분장, 감독, 근무평정 등 업무관리 • 시설설비 및 재정관리/ 운영 및 교육 정보 수집	전체 청소, 구역관리
교사 공통	• 보육활동 진행 및 준비/ 보육일지 작성 • 각 보육실의 환경 구성 및 청결관리/ 학부모 상담 • 영유아에 대한 관찰 일지 및 보고서 작성	담당 교실관리
교사 ○○○	• 영아반의 전반적인 교육내용관리 • 연간 보육계획안, 주간 보육계획안, 일일 보육계획안 작성 • 원아관리 및 관찰지도/ 소모성 교재 점검 및 신청	계단 청소
교사 ○○○	• 입학상담 및 자원봉사자 담당/ 위생 소독 • 식단표 작성 및 주문 담당/ 화분관리	화장실 청소 화장실 수건관리
교사 ○○○	• 시청각 기자재관리 (OHP, 빔프로젝터, 비디오 카메라 등) • 안전관리(소화기 점검), 비상 대피 훈련 담당	외부 청소
조리원	• 식자재 주문 및 관리 • 주방관리, 식단관리	수족관, 화초, 세탁기관리
기사	• 차량일지 작성 및 관리	차량청결

4) 보육교직원의 보수 및 복지

보육교직원의 보수 기준은 보육교사 등의 호봉, 근무 성적과 어린이집의 운영 여건 및 '보육교직원 인건비 지급 기준'을 참고하여 원장, 보육교사(간호사, 영양사, 특수교사, 치료사 포함), 조리원 등으로 교직원을 구분하여 지급한다.

보육교직원의 보수 기준은 어린이집에 따라 약간씩 차이가 있을 수 있다. 국고보조 어린이집(보육교직원의 인건비를 지원받는 어린이집, 직장 어린이집)의 원장은 보육교직원의 인건비를 지급할 때에 보건복지부장관이 정하는 보육교직원의 보수 기준에 제시된 보육교직원 봉급표를 기준으로 지급한다. 국고보조 어린이집이 아닌 인건비 미지원 어린이집은 다른 법령에서 특별히 규정한 경우를 제외하고는 시설의 재정형편에 따라 원장과 교직원이 협의(근로계약서 체결)하여 보수 기준을 달리 정할 수 있으나, 교직원의 보수를 심히 불리하게 책정하면 안 된다.

보육교직원의 인건비 지급은 반드시 계좌 입금하여야 하며, 보육교직원에게는 봉급 명세서를 발급해야 한다. 초임호봉의 확정은 1호봉으로 하며, 어린이집 근무 경력 1년을 1호봉씩으로 하여 초임 호봉을 정하며 호봉 승급에 필요한 기간은 1년으로 한다. 모든 어린이집에서는 사용자와 고용자 간에 근로계약서를 체결해야 하며, 근로계약서 체결 시 임금, 근로 시간, 기타 근로 조건을 명시해야 한다.

한편, 어린이집 대표자는 보육교직원의 복지를 위해 관계 법령이 정하는 바에 따라 보육교직원들을 대상으로 국민건강보험, 국민연금, 산재보험, 고용보험에 의무적으로 가입해야 한다. 또한 「근로기준법」 제34조에 의해 퇴직적립금을 관리 · 운영해야 하며, 연가 · 병가 · 공가 및 특별휴가를 시행해야 한다.

4 사무관리

어린이집의 사무관리는 어린이집의 운영과 관련된 제반 행정 업무를 계획하고 조직하며 통제하는 일이다. 즉, 어린이집의 운영을 원활하게 하기 위해 제반 기록, 장부, 공문서 등의 기록 및 작성, 보관, 관리 등의 보조업무이다.

질 높은 보육 서비스를 제공하기 위해서는 필요한 각종 문서들이 기록·보관되어야 하며 기존의 자료들에 대한 평가를 덧붙여 다음 계획에 반영되어야 한다. 그러나 행정 업무 및 사무관리는 별도로 사무원을 고용하여 업무를 처리할 수도 있지만, 대부분 별도의 사무원을 고용하지 않고 원장과 보육교사가 분담하여 업무를 처리하기도 한다(김연진 외, 2006; 최애경·좌승화·최진원, 2013).

1) 사무관리 영역

사무관리 영역은 다음과 같다.

첫째, 아동관리에 관한 사무는 주로 입소 관련 기록, 생활기록부, 건강진단 기록, 아동행동 관찰 기록, 보육계획안, 보육일지, 각종 행사계획 등이 포함된다.

둘째, 재정관리에 관한 사무는 예산 및 결산, 수입 및 지출 등의 기록이 포함된다.

셋째, 인사관리에 관한 사무에는 인사서류, 보육교직원의 임용에 관한 서류 등이 포함된다.

넷째, 시설·설비 및 비품관리에 관한 사무는 어린이집 운영일지, 비품대장, 소모품대장 등이 포함된다.

다섯째, 행정 기관 및 외부기관과의 문서에 관한 사무는 공문서관리가 가장 대표적인 예이다.

2) 어린이집 비치 장부 및 서류

(1) 법적 장부 및 서류

어린이집에서 갖추어야 할 장부 및 서류는 다음과 같다. 단, 영유아 20인 이하의 어린이집으로서 원장이 보육교사를 겸하는 경우에는 ①, ③, ④, ⑤, ⑥, ⑧, ⑨, ⑪ 외의 장부 및 서류(전자문서 포함)는 갖추지 않을 수 있다(「영유아보육법 시행규칙」 제23조 [별표 8]).

① 재산목록과 그 소유를 증명하는 서류(임차인 경우에는 임대차계약서)
② 어린이집 운영일지 및 출석부
③ 보육교직원의 인사기록 카드(채용 구비서류, 이력서 및 사진 포함)
④ 예산서 및 결산서
⑤ 총계정원장 및 수입 · 지출 보조부
⑥ 금전 및 물품출납부와 그 증명서류
⑦ 소속법인의 정관 및 관계서류
⑧ 어린이집 이용신청자 명부
⑨ 생활기록부 · 영유아 보육일지
⑩ 보육교직원의 인사 · 복무 및 어린이집 운영에 관한 규정 등
⑪ 통합 안전점검표
⑫ 영상정보 열람 대장
⑬ 그 밖에 어린이집 운영에 필요한 서류

(2) 기타 어린이집의 운영에 필요한 서류

① 어린이집 운영

어린이집 안내 책자, 교재 · 교구대장, 도서대장, 비품대장 등

② 유아 관련

입소 유아관리와 관련된 서류

③ 보육활동

보육활동 계획안 및 영유아 관찰 기록, 각종 행사계획 등

④ 인사관리

임면, 퇴직, 교사복무규정 등 종사자관리에 관련된 서류들

⑤ 건강 · 안전 · 위생

양호 관련서류(교사용 건강검진표 및 유아용 건강검진결과표), 상해보험 및 소방 관련서류 등

⑥ 부모 및 지역사회와의 협력

가정통신문, 부모교육 자료 등

어린이집에서 갖추어야 할 법적 장부와 서류 및 어린이집 운영에 필요한 서류들을 정리하여 제시하면 다음과 같다.

| 표 9-6 | 어린이집에 비치해야 할 장부와 문서

영역별	대장 · 문서
원 관련	• 시설의 연혁에 관한 기록부, 재산목록과 증명서류, 정관 및 관련서류
아동 관련	• 영유아생활기록부, 관찰 기록, 영유아 건강진단 카드, 아동비상연락망, 아동명부, 이용신청자명부, 입소신청서, 아동퇴소처리대장, 졸업대장, 출석부, 신입원아 적응 프로그램, 인계과정에 대한 규정, 귀가동의서
교육과정	• 연간 · 월간(또는 주간) 보육계획안, 보육일지, 부모동의서(보건복지부 양식: ○○어린이집 특별활동계획서 및 참여동의서)
인사관리	• 인사 · 복무에 관한 규정, 종사자 임용관리대장, 건강검진 실시 관련 증빙서류, 근로계약서, 인사기록 카드, 증명서발급대장 • 업무분장표, 당직일지, 휴가대장, 대체교사출근부, 자원봉사관리대장, 실습교사관리대장, 신입인력 오리엔테이션 자료 및 실행기록 • 보수교육일지, 교사연수계획안 및 보고서, 교사연수대장 • 교사회의기록
운영관리	• 어린이집 운영계획서, 어린이집 운영일지 • 문서접수 및 발송대장, 교재 · 교구대장, 도서대장, 소모품 및 자료실 관리대장 • 아프거나 다친 영유아를 위한 절차, 응급처치동의서, 투약의뢰서, 투약일지, 전염성 질환의 예방 및 관리대책, 건강검진 관련서류 • 위생점검표, 식단표, 급 · 간식 시행기록, 보존식 기록표 • 실내 · 외 시설 안전점검표 및 놀잇감 안전점검표, 보육실 환경 및 일일점검표, 소방 · 교통안전 · 재난대피 · 약물오 · 남용 교육 계획 및 평가, 비상시 대처방안(비상대피도, 대피요령, 보육교직원 역할분담), 차량 안전수칙, 안전사고보고서 및 일지 • 연간 부모교육계획 및 참여활동 자료, 알림장, 가정통신문, 게시판, 홈페이지, 개별 면담기록 • 지역사회와의 연계 관련 자료, 운영위원회 회칙 및 회의록
재정관리	• 현금출납부, 총계정원장, 봉급대장, 보육료대장, 비품관리대장, 계좌입금증명서 • 예산서 및 결산서, 수입결의서, 지출결의서, 반납결의서, 예비비사용조사, 과목전용조서, 정부보조금명세서 • 어린이집 재무회계를 처리하기 위해 컴퓨터 회계 프로그램 또는 정보시스템에 의하여 전자 장부를 사용하는 경우에는 회계장부를 둔 것으로 봄(사회복지법인 및 사회복지시설 재무 · 회계규칙 제6조의 2 및 제24조)

3) 문서관리

(1) 문서작성 및 발송

어린이집의 행정업무 및 사무관리는 주로 문서를 통해서 이루어지므로 업무의 효율성과 정확성을 기하기 위해서는 기본적인 문서관리가 중요하다. 어린이집의 문서는 보육과 관련된 내용을 부모에게 발송하는 가정통신문과 행정 공문서로 구분된다. 행정상 공문서라 함은 행정기관 또는 공무원이 직무상 작성하고 처리한 문서 및 행정기관이 접수한 문서를 말한다.

문서의 모든 처리절차는 업무관리시스템 또는 전자문서시스템 상에서 전자적으로 처리되도록 해야 한다. 그리고 어문규범을 준수하여 한글로 작성하되 특별한 사유가 없으면 이해하기 쉬운 용어를 사용해야 한다. 문서의 내용은 간결하고 명확하게 표현하고 일반화되지 않은 약어와 전문용어 등의 사용을 피해 작성해야 한다. 특히 국립국어원 등에서 선정한 행정용어 순화어를 활용하여 쉬운 우리말을 사용할 수 있도록 노력하여야 한다(행정안전부, 2016).

작성된 문서는 부모나 행정기관에 발송하게 되는데 사무실에 접수대장과 발송대장을 비치하고 이에 따라 문서의 접수 상황과 발송 상황을 기록 · 정리한다. 특히 공문서를 인편이나 우편으로 발송할 때는 문서의 첫 면 하단에 발송인을 찍어 발송한다.

1 가정통신문

부모에게 발송하는 공문은 부모통신의 형태로 인쇄하여 발송하거나 인터넷상의 이메일이나 해당 기관의 홈페이지를 이용하여 보낼 수 있다. 일반적으로 부모통신문은 공문서의 형식과 다르게 작성된다. 어린이집의 행사나 기타 운영과 관련된 전달 사항을 부모가 쉽게 이해할 수 있도록 하기 위해서 내용을 분명하게 작성하도록 한다.

2 공문서 작성

문서를 작성할 때는 쉽고 간결하게 한글 맞춤법에 따라 한글 가로로 작성하며, 다음의 문서작성 기준을 따른다.

문서작성 기준

- **숫자:** 아라비아 숫자 표기
- **날짜:** 숫자 표기, 연 · 월 · 일 글자 대신 마침표(.) 표시　〈예시〉 2018. 1. 12.
- **시간:** 24시각제, 시 · 분 글자 대신 쌍점(:)으로 표시　〈예시〉 오후 3시 20분 (×) → 15:20 (○)
- **금액:** 아라비아 숫자, 숫자 다음에 괄호를 하고 한글로 기재
  〈예시〉 금113,560원(금일십일만삼천오백육십원)
- **항목구분:** 1. - 가. - 1) - 가) - (1) - (가) - ① - ㉮ 의 순으로 구분
  (하나의 항목일 경우 항목 구분을 하지 않음)
- **붙임의 표시:** 본문 다음 줄에 "붙임" 2타 띄우고 붙임 명칭과 수량 표기
  〈예시〉 붙임 ∨∨○○○계획서 1부. ∨∨끝. (○)　붙임: 교육계획서 1부. (×)
- **끝 표시:** - 본문, 붙임 표시 끝났을 경우: 2타 띄우고 끝.
  - 오른쪽 끝에서 끝난 경우: 다음 줄 왼쪽에서 2타 띄우고 끝.
  - 표로 끝나는 경우: 다음 줄 왼쪽에서 2타 띄우고 끝.

(2) 문서등록

담당자가 작성하여 기안한 문서는 해당 어린이집의 원장의 결재를 받은 후 문서등록 대장에 기재한다.

(3) 공문서 접수 및 처리

어린이집에 접수된 공문서는 문서처리인을 찍어 처리하고, 사문서의 경우도 공문서의 제 규정에 따라 취급되어야 한다.

5 시설 및 설비관리

영유아에게 최적의 환경과 양질의 보육을 제공하기 위해서는 영유아의 성장과 발달 수준, 흥미, 욕구 등을 고려한 시설 · 설비를 갖추는 것이 무엇보다도 필요하다. 여기서는 어린이집의 설비 기준을 중심으로 어린이집의 시설 및 설비관리를 살펴보고자 한다.

1) 어린이집의 입지 조건

- 어린이집은 보육 수요 · 보건 · 위생 · 급수 · 안전 · 교통 · 환경 및 교통편의 등을 충분히 고려하여 쾌적한 환경의 부지를 선정해야 한다.
- 어린이집은 위험시설로부터 수평거리 50m 이상 떨어진 곳에 배치해야 한다. 어린이집의 범위는 건물뿐만 아니라 전용 부수공간(놀이터 · 주차장)을 포함하며, 위험시설의 범위는 그 충전 · 저장설비 등의 시설물만이 아닌 이들 시설이 설치되어 있는 장소를 포함한다.
- 어린이집은 「건축법 시행령」 [별표 1]에 따라 각 어린이집을 설치할 수 있는 곳에 설치하나, 영유아 20명 이하를 보육하는 직장 어린이집과 협동 어린이집은 가정 어린이집을 설치할 수 있는 곳에도 설치할 수 있다.

2) 어린이집의 규모

- 어린이집은 다음의 인원을 보육할 수 있는 시설을 갖추어야 하며, 정원은 총 300명을 초과할 수 없다.
  - 국 · 공립 어린이집: 상시 영유아 11명 이상
  - 직장 어린이집: 상시 영유아 5명 이상

- 사회복지법인 어린이집, 법인 · 단체 등 어린이집 및 민간 어린이집: 상시 영유아 21명 이상
- 가정 어린이집: 상시 영유아 5명 이상 20명 이하
- 협동 어린이집: 영유아를 둔 보호자 또는 보호자와 보육교직원 11명 이상이 조합을 결성하여 설치 운영, 상시 영유아 11명 이상

3) 어린이집의 구조 및 설비 기준

- 어린이집의 구조 및 설비 기준은 영유아의 특성에 맞아야 한다.
- 어린이집은 하나의 건물에 설치해야 한다.
- 어린이집에는 보육실을 포함한 시설 면적(놀이터 면적을 제외)은 영유아 1인당 4.29 ㎡ 이상이 되어야 한다.
- 어린이집은 다음 | 표 9-7 | 과 같은 설비를 해야 한다.

| 표 9-7 | 어린이집의 구조 및 설비 기준

구분	구조 및 설비 기준
보육실	• 건축법령상의 층수와 관계없이 사실상의 1층에 설치, 단 2층과 3층에 보육실을 설치할 수 있으나, 영아반 보육실은 1층에 우선적인 배치 • 거실, 포복실 및 유희실을 포함하여 영유아 1인당 2.64㎡ 이상 • 침구, 놀이기구 및 쌓기놀이 활동, 소꿉놀이 활동, 미술 활동, 언어 활동, 수 · 과학 활동, 음률 활동 등에 필요한 교재 · 교구 구비 • 환기 · 채광 · 조명 · 온도 · 습도가 적절히 유지 · 관리 • 바닥 난방시설 구비
조리실	• 채광, 기계 환기시설, 방충망 설치 • 식기소독, 위생적인 취사 및 조리 설비 구비 • 공공기관이나 사회복지관 안에 설치된 어린이집의 경우, 동일 건물에 있는 조리실의 공동 사용 가능
목욕실	• 난방 설치 • 미끄럼 방지 장치된 바닥 • 샤워 설비, 세면 설비, 냉 · 온수 공급 설비 구비 • 보육실과 인접한 공간에 위치
화장실	• 바닥은 미끄럼 방지 장치 • 세정장치 및 수도꼭지 등은 냉 · 온수의 온도 조정 및 고정 가능해야 함 • 수세식 유아용 변기를 설치하고, 보육실과 동일한 층의 인접한 공간에 설치

구분	구조 및 설비 기준
놀이터	• 보육 정원 50명 이상인 어린이집(12개월 미만의 영아만을 보육하는 어린이집은 제외)은 영유아 1명당 3.5㎡ 이상의 규모로 옥외놀이터를 설치하는 것을 원칙으로 함 • 옥외놀이터에는 모래밭(천연 및 인공 잔디, 고무매트, 폐타이어 블록 또는 「어린이놀이시설 안전관리법」에서 정하는 기준에 적합한 것 포함)에 6세 미만의 영유아가 이용할 수 있는 대근육 활동을 위한 놀이기구 1종 이상을 포함하여 놀이기구 3종 이상이 설치된 옥외놀이터를 설치하여야 함(다만, 사업주가 직장 어린이집을 설치하는 경우 및 업무용 시설 밀집지역 등 지역적 특수성에 따라 옥외놀이터를 설치하는 것이 불가능한 경우에는 옥내놀이터를 설치하거나(다만, 지하층에는 설치할 수 없음) 「어린이놀이시설 안전관리법」에 따라 설치 · 관리되는 인근의 놀이터(놀이터관리 주체의 사용 승낙을 받고, 6세 미만의 영유아가 이용할 수 있는 놀이기구가 3종 이상 설치되어 있는 경우로 한정)를 활용할 수 있음
급 · 배수 시설	• 상수도 또는 간이 상수도에 의하여 먹는 물을 공급하는 경우에는 저수조를 경유하지 않고 직접 수도꼭지에 연결하여 공급. 단, 직접 수도꼭지에 연결하기가 곤란한 경우 제외 • 어린이집에서 음용수로 지하수를 사용할 경우에는 저수조 등의 시설의 경유 • 더러운 물, 빗물 등이 잘 처리되도록 배수 설비 갖춰야 함
비상재해대비 시설	• 소화용 기구의 비치 및 비상구 설치 등 비상재해에 대비한 시설의 구비 • 어린이집은 비상 시 양 방향으로 대피할 수 있어야 하며, 각 층별 출구 및 대피시설은 구분됨 • 그 밖의 소방시설의 설치는 「소방시설 설치유지 및 안전관리에 관한 법률 시행령」 [별표 4]의 규정에 의함 • 가스 사용 시 「도시가스사업법」, 「액화석유가스의 안전관리 및 사업법」에서 정한 규정에 따라 설치 및 관리
폐쇄회로 텔레비전	• 각 보육실, 공동놀이실, 놀이터(인근놀이터를 제외한다.) 및 식당(별도로 구획된 공간으로 마련되어 있는 경우에 한정한다.), 강당(별도로 구획된 공간으로 마련되어 있는 경우에 한정한다.)에 1대 이상씩 설치하되 사각지대의 발생을 최소화할 수 있도록 설치
그 밖의 실내 설비	• 비상약품 및 간이 의료기구 등의 비치 • 비상구를 제외한 모든 출입문 및 창문은 안쪽에서 잠길 우려가 없어야 하고, 밖에서 쉽게 열 수 있어야 하며, 출입문 및 창문의 가장자리에는 영유아의 손이 끼지 않도록 손끼임 방지 고무패킹이나 완충장치 설치 • 돌출형 방열기나 이와 유사한 온열기 사용 시, 적절한 보호 장치의 설치 • 책상, 의자 등 가구의 모서리 보호 장치의 설치 • 보육실에 설치된 교구장, 수납장 등은 안전을 위해 아래 부분에 무거운 비품을 보관하여야 하고, 선반을 설치하는 때에는 물건이 추락하지 않도록 지지대 설치 • 보일러 설비, 퓨즈박스(두꺼비집), 화기, 소독수, 살충제, 조리실의 칼, 가위, 포크, 랩 등은 영유아의 손이 닿지 아니하는 위치에 배치 • 어린이집 내부(벽, 천장 등)의 마감 재료는 「건축법 시행령」 제2조 규정에 의한 불연재, 준불연재 또는 난연재를 사용하고, 실내장식물과 창문에 설치하는 커튼류 및 카펫 등 「소방시설 설치유지 및 안전관리에 관한 법률」 제12조의 규정에 의한 방염 대상물품은 소방시설 설치유지 및 안전관리에 관한 법령의 규정에 의한 방염 성능이 있는 것으로 설치해야 함

구분	구조 및 설비 기준
장애아전문 어린이집	• 장애아전문 어린이집 설치 시 「장애인 · 노인 · 임산부 등의 편의 증진보장에 관한 법률」에서 정한 다음의 시설 및 설비를 구비해야 한다. – 장애아가 활동하기에 충분하도록 어린이집은 장애아 1명당 7.83㎡ 이상, 보육실(교실, 거실, 포복실, 유희실, 치료교실, 집단 활동실 포함)은 장애아 1인당 6.6㎡ 이상의 면적 확보 – 집단 활동실(강당, 놀이실)은 문턱 없이 접근이 가능한 통로에 연결되어야 하고 휠체어 · 보행기 등의 출입에 장애가 없을 것 – 출입구는 비상 재해 시 대피하기 쉽도록 복도 또는 넓은 공간에 직접 연결되게 설계되어야 하며, 시각장애아를 위한 점자 블록이나 유도장치 구비 – 옥외 피난계단의 유효 폭은 0.9m 이상 – 회전문과 자재문은 금하며 자동문 설치 시 3초 이상의 문의 개폐 시간 확보 – 휠체어에 앉은 영유아가 문의 손잡이 잡기 고려 – 계단 외에 엘리베이터 또는 기울기 1/12 이하의 경사로 설치
장애아통합 어린이집	• 2층 이상의 시설에는 엘리베이터를 설치하거나 적어도 한 곳 이상에 기울기 1/12 이하의 경사로 설치 • 출입구는 비상재해 시 대피하기 쉽도록 복도 또는 넓은 공간에 직접 연결되도록 하고, 시각장애아를 위한 점자 블록이나 유도장치의 설치 • 복도, 문, 화장실은 휠체어의 출입에 장애가 없을 것 • 옥외 피난계단의 유효 폭은 0.9m 이상

| 출처 | 「영유아보육법 시행규칙」 제9조 관련 [별표 1].

6 재정관리

일반적으로 어린이집의 재정관리는 예 · 결산에 관한 전반적인 사항으로 원아 보육료 및 정부 보조금 등의 수입과 인건비, 교재 · 교구 등의 물품 구입과 관련된 지출 절차 등의 업무로 이루어진다. 어린이집의 원활한 운영을 위해서는 효율적이고 합리적인 재정관리가 매우 중요한데, 어린이집의 재무회계에 관한 사항은 「사회복지법인 및 사회복지시설 재무 · 회계규칙」에 따라 실시한다. 어린이집은 1년을 회계 연도로 해서 예산을 수립하고, 예산안을 사업 연도 동안 집행하고, 사업 연도 말에 결산서를 작성함으로써 재정을 체계적으로 관리한다.

1) 예산 편성

예산 편성은 어린이집을 운영하는 데 필요한 수입과 지출에 관한 계획이며, 매년 3월 1일에 시작하여 다음 해 2월 말일에 종료함이 원칙이다. 어린이집의 예산 편성은 다음 회계 연도에 하고자 하는 사업계획을 재정적인 용어와 금액으로 표시하여 예산안을 작성하는 것이다. 어린이집의 예산 편성은 본예산, 준예산, 추가경정예산으로 분류한다.

예산 편성의 방법은 다음과 같다.

절차	담당	비고
• 예산 편성 지침을 어린이집에 통보	시장 · 군수 · 구청장	회계 연도 개시 2월 전
↓		
• 당해연도 예산 편성	어린이집 원장	시 · 군 · 구 예산 편성 지침 참고
↓		
• 어린이집운영위원회 보고	어린이집 원장	어린이집
↓		
• 이사회의 예산 의결	사회복지법인	해당 어린이집만
↓		
• 시 · 군 · 구청장에게 예산안 제출	어린이집 원장	회계 연도 개시 5일 전
↓		
• 어린이집 원장은 세입 · 세출 예산개요를 어린이집의 게시판이나 홈페이지에 20일 이상 공고	어린이집 원장	시 · 군 · 구에 예산안 제출 후

| 출처 | 보건복지부(2018). 2018 보육사업안내.

2) 예산 집행

편성된 예산된 예산은 「사회복지법인 및 사회복지시설 재무 · 회계규칙」에 명시된 수입과 지출의 원칙에 따라 수입과 지출을 투명하게 집행해야 한다. 어린이집의 모든 수입 · 지출관리는 통장으로 해야 하고, 어린이집의 수입 · 지출만 관리하는 별도 어린이집 명의의 통장을 개설해야 한다. 그리고 수입과 지출 행위 시에는 수입 · 지출 결의를 한 후, 현금출납부와 총계정원장에 기록하고 청구서, 영수증, 지급내역서 등 관련 근거 서류를 반드시 첨부해야 한다. 정확한 예산 집행을 위하여 지정 서식을 사용하여 업무를 집행하고, 관리에 필요한 대장을 비치하여 효율적인 운영관리를 한다.

3) 결산

어린이집은 매 회계 연도 종료 후 세입 · 세출 결산보고서를 작성하여 어린이집 운영위원회의 보고를 거친 후 5월 31일까지 관할 시장 · 군수 · 구청장에게 제출해야(정보시스템을 활용한 제출 포함) 한다. 확정된 세입 · 세출 결산은 각 어린이집의 게시판이나 홈페이지에 20일 이상 공고해야 한다. 결산보고서에는 다음의 서류를 첨부한다.

① 세입 · 세출 결산 총괄 설명
② 세입 · 세출 결산서
③ 연도말 잔액증명서
④ 결산서 보조서류
⑤ 퇴직적립금 통장사본, 퇴직적립금 예금잔액증명서

결산 절차는 다음과 같다.

절차	담당	시기
• 세입 · 세출 결산보고서 작성	어린이집 원장	출납완료 시
↓		
• 어린이집운영위원회 보고	어린이집 원장	해당 어린이집만
↓		
• 이사회의 결산보고서 의결	사회복지법인	결산보고서 작성 시
↓		
• 시장 · 군수 · 구청장에게 결산보고서 제출	어린이집 원장	다음 연도 5월 31일까지
↓		
• 세입 · 세출 결산개요를 당해 어린이집의 게시판이나 홈페이지에 20일 이상 공고	어린이집 원장	결산보고서 제출 후

| 출처 | 보건복지부(2018). 2018 보육사업안내.

교사의 기도

힘든 하루의 아침이라도 아이를 대했을 때
항상 웃는 얼굴이게 하소서.

큰 소리로 이름 부르며 아이의 손을 잡을 때
내가 이 아이의 가장 큰 믿음이 될 수 있도록
따뜻한 마음을 갖게 하소서.

노래를 부른다며 올망졸망 모여 앉았을 때
한 명 한 명 모두 나의 눈을 맞추고 그 미소가
아이가 사랑을 배우는 힘이 되게 하소서.

아이가 오물오물 밥을 먹을 때 어떤 음식보다도 더 좋은
영양분이 되어 자람나무의 밑거름이 되도록
나의 손길이 좀 더 부드러워지게 하소서.

무엇보다도 내가 그 작고 여린 몸 전부를 믿고
맡길 수 있는 신뢰자가 되도록 온화한 모습으로
아이들을 돕는 사람 되게 하소서.

나 또한 아이들의 작고 작은 행동, 생각, 말로 인해
나를 일깨우는 삶이 되게 하소서.

Chapter

10

Introduction to Child Care & Education

>>>>>>>>> 보육평가

1 보육평가의 이해

2 보육평가의 영역

3 어린이집 평가인증

4 보육평가 결과의 활용

보육 현장에서 교사들이 당면하는 커다란 과제 중의 하나는 보육활동에 대한 평가이다. 보육평가는 영유아의 발달 수준에 대한 정보뿐만 아니라 보육 프로그램, 보육환경과 같은 보육활동 전반에 대한 자료를 수집하고 분석하여 보육활동의 질적 수준과 효과를 평가하는 것이다. 이런 점에 입각하여 본 장에서는 보육평가의 이해, 보육평가의 영역, 어린이집 평가인증, 보육평가의 결과 활용 등을 알아보기로 한다.

1 보육평가의 이해

Q '평가' 하면 떠오르는 생각이나 느낌 또는 어린이집에서는 어떤 평가가 이루어지고 있는지에 대해 그룹별로 토의해보자.

보육평가에 대한 올바른 이해와 접근이 보육의 질을 높이는 데 매우 중요한 역할을 한다는 데는 이견의 차이는 없지만, 최근까지 어린이집에서 평가 영역은 크게 관심을 받지 못했을 뿐만 아니라 이미 소개된 다양한 평가방법들도 제대로 적용되지 못하고 있었다. 이는 평가의 중요성 및 그 활용도에 대해 보육교사들이 제대로 인식하지 못한 탓도 있지만, 그보다는 보육 현장이 평가를 체계적으로 실시할 만큼 여건이 마련되지 못한 점이 더 큰 원인이라고 볼 수 있다.

그동안 정부에서는 어린이집의 양적 확충에 급급한 나머지 질적 수준의 점검과 관리에는 상대적으로 많은 관심을 기울이지 못했으나, 보육의 질적 개선이라는 대명제 아래 어린이집의 서비스 수준을 향상하고 부모들에게 어린이집의 질적 수준에 대한 정보를 제공하여 합리적으로 어린이집을 선택할 수 있도록 마련한 어린이집 평가인증제도의 시행은 보육 분야의 질적 향상을 위해 매우 고무적인 일이라 할 수 있다.

보육평가는 보육 프로그램, 어린이집 등에 관한 다양한 자료들을 수집 · 분석하여 영유아의 발달 수준과 발달적 진보를 확인하고 교사의 보육활동 계획에 도움을 주며, 기관의 질적 관리에 있어 필요한 정보를 주는 등 질 높은 보육을 위해서는 반드시 실시되어야 하는 필수적인 활동이다.

따라서 보육평가의 필요성을 간략히 요약해보면 다음과 같다. 첫째, 영유아가 연령에 맞게 발달하고 있는지, 각 영유아가 가진 장점과 단점은 무엇인지를 파악하여 영유아의 전인적 성장 · 발달에 도움을 줄 수 있다.

둘째, 교사는 자신의 수업이나 영유아와의 의사소통, 학급 운영이 어떻게 이루어지고 있는지에 대한 피드백을 받음으로써 잘못된 부분을 고쳐 나가고 더 나은 보육을 위한 정보를 얻을 수 있어 보육의 질적인 향상을 기할 수 있다.

셋째, 부모는 자녀가 어린이집에서 제대로 된 보육을 받고 있는지 등 자신의 투자와 노력에 대한 효과를 알고 싶어 한다. 또한 자녀양육 태도나 의사소통 유형 등 부모 역할 수행에 대한 정보를 제공해 줌으로써 보다 나은 부모 자녀 관계를 형성하고 영유아의 건전한 발달을 도울 수 있다.

넷째, 어린이집에서는 각 기관이 정하고 있는 보육목표가 달성되고 있는지, 기관 운영에 있어 미비한 점이나 보완할 점은 없는지에 대하여 파악함으로써 어떻게 수정 · 보완해야 할 것인지에 대한 합리적이고 객관적인 정보를 얻을 수 있다.

결국 보육평가란 영유아의 전인적 성장 발달을 돕기 위해 이루어지는 모든 보육활동들의 효율성을 알아보는 것으로, 보육활동 중에서 영유아의 행동 변화와 보육과정에 대한 자료를 수집 · 분석하여 영유아를 올바르게 지도하고 합리적인 의사결정을 내리는 데 도움을 받는 것이라고 할 수 있다.

2 보육평가의 영역

보육평가의 대상과 영역은 상당히 광범위하기 때문에 구체적인 평가 목적에 따라 다양하게 구분될 수 있다. 본 절에서는 영유아에 대한 평가, 보육과정 운영에 대한 평가, 교사 자신에 대한 평가를 중심으로 살펴보고자 한다.

1) 영유아평가

우리는 영유아기 발달의 특수성이나 발달상의 개인차 등에 관해 지속적으로 강조해 왔지만, 정작 보육 현장에서 영유아의 발달 수준에 적합한 보육을 실시하기 위해 그 이전에 수행되어야 하는 영유아 개개인에 관한 진단과 점검의 과정을 거치고 있는지에 대해서는 그리 심각하게 고려해오지 못했다.

이는 영유아에 대한 평가가 평가 영역에서 가장 중요하게 생각되어온 부분이기는 하지만, 영유아를 평가한다는 것은 그리 쉬운 일이 아니며, 여러 가지 제한점들이 있다. 우선 평가 대상이 되는 영유아의 발달적 특성과 관련하여 영유아는 지필검사로 평가하기 어려우며, 주의 집중력이 짧고, 주변 상황에 따라 자신의 능력을 나타내는 정도가 달라지므로 형식적인 평가를 적용함에 있어 어려움이 예상된다. 이외에도 0~3세 시기의 영아들에 대한 측정 및 검사가 가능한지, 사용되는 측정 도구의 적절성 여부 등에 대한 계속적인 논의의 필요성이 제기되고 있다.

이처럼 영유아를 평가하는 일은 단순하고 쉬운 일이 아니기 때문에 교육부(1998)는 영유아평가 시의 유의점으로 다음 사항을 제시하고 있다. 첫째, 영유아의 행동이나 발달은 객관적으로 평가해야 한다. 이를 위해 교사는 다양한 상황에서 자료를 수집해야 하는데, 일상적인 관찰, 부모와의 면담, 일화 기록, 체크리스트, 작품 분석, 각종 표준화검사 실시 등을 통하여 수집한다. 둘째, 영유아 간의 상대적 비교보다는 각 영유아에 대한 개인 내 평가를 해야 한다. 평가의 목적이 등급을 매기거나 성공 · 실패한 영유아를 구별하는 것이 아니므로 영유아 개인 내 평가를 통해 현재의 발달이 미래에 어떻게 진전될 것인가를 평가해야 한다. 셋째, 결과보다는 활동이 진행되는 상황에서 과정에 초점을 맞추어 실시하여야 한다. 또한 영유아의 전인적인 발달을 위하여 신체적 건강 및 안전, 기본생활습관, 정서적인 안정감, 대인 관계, 의사소통 능력 및 탐구심 등에 중점을 두어야 한다. 영유아평가와 관련하여 제3차 어린이집 표준보육과정에서 제시되고 있는 평가지침은 다음과 같다.

제3차 어린이집 표준보육과정 평가지침

나. 영유아평가

1) 어린이집 표준보육과정의 목표와 내용에 근거하여 영유아의 특성과 변화 정도를 평가한다.
2) 지식, 기술, 태도 등을 평가한다.
3) 일상생활과 보육활동 전반에 걸쳐 평가한다.
4) 관찰, 활동결과물 분석, 부모면담 등 다양한 방법을 사용하여 종합적으로 평가하고, 그 결과를 기록한다.
5) 평가결과는 영유아에 대한 이해와 어린이집 표준보육과정 운영 개선 및 부모면담 자료로 활용한다.

영유아를 평가할 때에는 영유아의 행동이나 발달을 객관적으로 평가하고, 영유아의 활동 결과보다는 과정에 초점을 두어 평가하여야 한다. 이러한 전제하에 어린이집에서 가장 많이 활용되고 있는 관찰, 포트폴리오 평가에 대해 살펴보고자 한다.

(1) 관찰을 활용한 평가

실제로 관찰한다는 것은 일상적이고 우연적으로 할 수 있는 일이다. 사진기로 주변의 사물을 촬영하듯이 눈으로 세상을 둘러보는 것이 관찰의 시작인 것이다. 그러나 보육 장면에서의 관찰은 단지 눈으로 살펴보는 것에 국한되지 않는다. 보육 장면에서의 관찰은 의도적이고 체계적인 보육활동의 일부분이 되어야 한다. 그러므로 여기서 강조하는 것은 관찰이라는 것이 보고 듣는 행위에 덧붙여 정보를 수집, 요약, 판단, 이후의 보육적 처치까지 이어지는 인간적이고 보육 전문가적인 행동이라는 것이다.

관찰의 필요성은 크게 영유아와 교사의 측면에서 살펴볼 수 있다. 먼저 영유아에 대한 정보를 수집하기 위한 여러 방법 중에서 관찰법이 선호되는 이유는 영유아의 발달적 특성 때문이다. 영유아의 특성상 주의집중 시간이 짧고, 낯선 상황에서 자신의 능력을 최대한 발휘하지 못할 가능성이 많으며, 언어 구사 능력이 제한적이기 때문에 평가자의 요구에 따라 자신의 특성을 평가자에게 전달하기 힘들다. 이에 최근에는 기존에 사용되어 오던 전통적인 평가 방식의 한계점을 극복하고, 영유아의 평소의 수행과 행동을 있는 그대로 관찰하고 평가하려는 새로운 평가 방식이 관심의 대상이 되고 있다. 포트폴리오 평가나 질적 연구 등은 자연스런 일상생활 속에서 영유아나 영유아의 작품에 대한 세심한 관찰을 토대로 영유아를 이해하고 평가하고자 한다는 공통점이 있다.

교사 측면에서 관찰이 필요한 이유는 교사의 전문성을 함양하기 때문이다. 영유아 학급에서 우리는 교사들이 다양한 방법으로 관찰 · 기록하는 모습을 자주 본다. 일상적인 관찰 점검은 교사에게 영유아의 현재 능력과 더불어 필요한 도움의 정도를 판단하기 위한 정보를 제공해준다(Kats & McClellan, 1997). 이와 같은 관찰과정은 매일 일어나며 교사의 교수 전략과 학습 경험들을 풍부하게 해주는 기초가 된다.

보육교사는 매일 · 주별 · 월별 · 연간 관찰 자료들을 토대로 기록하기, 평가하기, 계획하기, 의사소통하기의 반복 순환을 통하여 개별 혹은 집단아동들을 위한 관찰과정에 참여한다. 그러나 이러한 하루하루의 기록은 쓸모없는 것 같아 보이기 쉬워 교사는 쉽게 낙심하기도 한다. 그러나 어느 정도의 시간이 지난 후 비슷한 특성에 관한 관찰 자료들이 함께 묶여지면 어떤 행동의 패턴이 나타나게 되는데, 이를 토대로 실제 그 영유아가 무엇을 하고 있으며, 어떻게 발달해 가는지를 알게 된다(황해익 · 송연숙 · 정혜영 · 유수경, 2013). 다음은 객관적이고 계획적인 관찰을 하기 위한 참고사항이다.

| 표 10-1 | 객관적 관찰 및 기록을 위한 지침

객관적 관찰 및 기록을 위한 지침	
• 방해되지 않는 위치 선정	• 영유아의 행동과 말을 보고 들을 수 있고, 그들의 행동에 방해되지 않는 위치를 선정한다.
• 특정 영유아, 행동, 상황, 교육 목표에 초점	• 한꺼번에 모든 것을 다 볼 수 없음을 명심한다.
• 관찰 대상의 실제 행동만 기록	• 예 행복해 보인다 vs. 큰소리로 웃었다(○)
• 관찰 대상의 말을 직접 화법으로 기록(잘못된 어휘도 그대로 기록)	• 예 종이를 달라고 한다 vs. "종이가 찢어졌어, 움직이기 힘들어서 그런데 종이를 좀 전해 줄래?"(○)
• 관찰 대상의 행동을 구체적으로 기록	• 예 영석이가 친구를 때린다 vs. 자유선택 활동시간에 영석이는 블록놀이를 하다가 민우가 "블록 좀 빌려줘."라고 말하며 블록을 가져가자 아무말 없이 민우의 팔을 내리친다(○)
• 관찰 대상 행동의 특성을 설명	• 예 영철이는 멍청하다 vs. 영철이가 고개를 갸웃거리며 교사를 바라본다(○)
• 관찰 후 즉각적인 판단, 결론, 추론, 해석을 유보(관찰자의 추론이 개입되지 않도록)	• 예 영희가 철수를 때렸다. 철수가 영희를 때렸다(○) vs. 영희가 철수를 때렸기 때문에 철수가 영희를 때렸다.

| 출처 | 황해익 · 송연숙 · 정혜영 · 유수경(2013). 영유아행동관찰법.

1 일화 기록(anecdotal record)

일화 기록에서 관찰자는 영유아의 행동 중에서 발달에 중요하고 흥미 있다고 생각되는 행동특징과 사건들을 객관적으로 기록하는 방법으로, 신문기사 쓰듯이 사실적으로 무슨 상황이 언제, 어디서, 어떻게 일어났으며 영유아가 그 상황에서 무슨 말을 하고 어떤 행동을 했는지 기록한다. 따라서 잘 기록된 일화 기록에는 사건이 일어난 장소, 일어난 사건에 대한 요약, 영유아가 어떤 말과 행동을 했는지가 구체적이고 간단명료하게 적혀 있다.

일화 기록은 일정한 형식 없이 그때그때 나타나는 행동과 사건을 관찰한 날짜와 시간과 함께 있는 그대로 서술식으로 기록하는 것으로, 단편적 사건으로 의미를 부여하기보다는 지속적이고 체계적인 일화 기록을 통해 일반적인 해석을 하도록 한다.

2 시간표집법(time sampling method)

시간을 표집해서 관찰하는 방법으로 관찰자가 특정한 시간의 길이를 정하고 이 길이를 일정한 간격으로 나누어 이 기간 동안 관찰하고자 하는 행동이 발생되었는지 발생되지 않았는지, 또는 얼마나 자주 발생되었는지의 행동 출현 빈도를 기록하는 방법이다. 즉, 시간표집법은 정해진 관찰 기간 동안 계속 관찰하는 것이 아니라 일정한 시간 간격을 두고 관찰 대상 영유아의 행동을 관찰하여 그 결과를 기록하는 것이다.

3 사건표집법(event sampling method)

하나의 특정한 행동이나 사건이 생길 때에만 관찰하는 방법으로 측정 단위가 시간 간격이 아니라 관찰하고자 하는 행동이라는 점에서 시간표집법과 구별된다. 사건표집법에서는 관찰자가 특정 행동이 나타날 때까지 기다렸다가 일단 그 행동이 발생하면 관찰하고 기록하기 때문에 언제 꼭 관찰해야 한다는 시간적 제약이 없으며 얼마동안 행동을 관찰해야 하는가는 관찰의 초점이 되고 있는 행동의 특성에 달려 있다.

4 행동목록법(checklist)

행동목록법(체크리스트)은 특정 행동이 존재하는지 아닌지를 표시하는 기록방법으로, 관찰자의 주관적 평가를 가능한 배제하기 위해 사전에 영유아 발달이나 행동 특성의 목록(관찰 항목)을 미리 정한다. 관찰자는 단순히 그 항목이 발견되었는지 여부를 해당 항목 앞에 '예', '아니오'로 표시하거나 쓸 수 있다. 행동목록은 한 번 이상 기록될 수 있으며 다양한 행동의 관찰이 가능하고, 시간에 따른 변화를 체크할 수 있지만, 평정 척도와 마찬가지로 행동목록이 너무 단순하면 정확한 판단이 어렵다.

5 평정 척도법(rating scale)

평정 척도법은 어떤 특성이나 특질, 성격을 미리 정해진 범주에 따라 평가할 때 사용되는 관찰 도구이다. 평정 척도법은 행동목록법처럼 관찰자가 사전에 관찰하려는 행동 영역에 대해서 미리 알고 있을 때에 사용된다. 그러나 이 방법은 어떤 행동의 출현유무를 표시하는 데 그치지 않고 행동의 질적인 특성을 알고자 할 때에 유용하게 사용된다.

(2) 포트폴리오 평가

포트폴리오는 시각예술 및 문학을 하는 사람들이 자신의 최고 작품을 선별해 놓은 것을 의미했으나 오늘날에 와서는 영유아의 학습을 사정하고 평가하는 관점에서 보육에서 활용되고 있다.

물리적으로 포트폴리오란 영유아의 작업 결과나 작품, 어떤 수행의 결과를 모아 놓은 자료집이나 서류철을 의미하지만(McAfee & Leon, 2007), 포트폴리오를 이용한 평가란 이러한 포트폴리오에 담긴 자료를 기초로 평가하는 것을 의미한다. 포트폴리오 평가에 있어 기억해야 할 점은 포트폴리오 수집과 포트폴리오 평가를 구분하는 것이다. 포트폴리오 수집은 개개인의 파일에 영유아의 작품이나 영유아에 대한 기록물들을 모으는 것이며, 포트폴리오 평가란 수집된 기록물들을 근거로 영유아의 학습 및 수행력을 향상시키거나 모니터하기 위해 고안된 평가의 한 유형이다.

포트폴리오에는 영유아의 수행 결과물, 수행과정에 대한 사진과 비디오테이프, 체계적 관찰을 위한 체크리스트와 일화 기록 등의 관찰 자료, 교사와 영유아와의 개별면담 및 부모와의 면담 자료 등 포괄적이고 다양한 자료들이 포함될 수 있다. 따라서 포트폴리오 평가는 단편적 · 일회적으로 영유아를 평가하지 않고 시간의 흐름에 따른 영유아 개개인의 성장 변화, 발달과정을 지속적 · 종합적으로 평가하는 방법으로 오늘날 이슈로 제기되고 있는 대안적인 참평가이며 수행평가의 한 유형으로 볼 수 있다.

보육실제에서 포트폴리오 평가는 개별 영유아의 작업과 활동에 관한 자료들을 모음으로써 보다 풍부한 기록을 가능하게 한다. 이처럼 어린이집에서 포트폴리오 평가를 적용할 경우에는 우리나라의 집단보육이라는 현실 속에서도 개별적으로 영유아 개개인의 단 · 장기간에 걸친 성장 변화나 발달 양상을 직접적으로 볼 수 있는 정보를 확보할 수 있을 뿐 아니라 발달 상태에 대한 궁금증에 대한 정보를 교류할 수 있는 이점이 있다. 보육교사, 영유아, 부모는 이러한 정보를 토대로 자기평가를 할 수 있으며 이는 결국 실제적인 보육과정의 운영과 개선에 긍정적인 도움을 줄 것이다.

보육현장에서 포트폴리오 평가를 실시할 때는 포트폴리오 평가의 목적과 활용방법, 구체적인 내용물, 평가 준거, 자료수집 및 활용 등을 포괄하는 포트폴리오 평가를 위한 점검과정에 대해 교직원들 간의 이해와 합의가 전제된 후에 자료를 수집하는데, 1년을 3번 정도로 나누고 영유아의 성취도를 확인할 수 있는 핵심 항목과 영유아의 개성을 알 수 있는 개별화 항목으로 나누어 수집하는 것이 바람직하다(송연숙 · 최애경 · 남미경, 2013; 황해익 · 송연숙 · 정혜영 · 유수경, 2013).

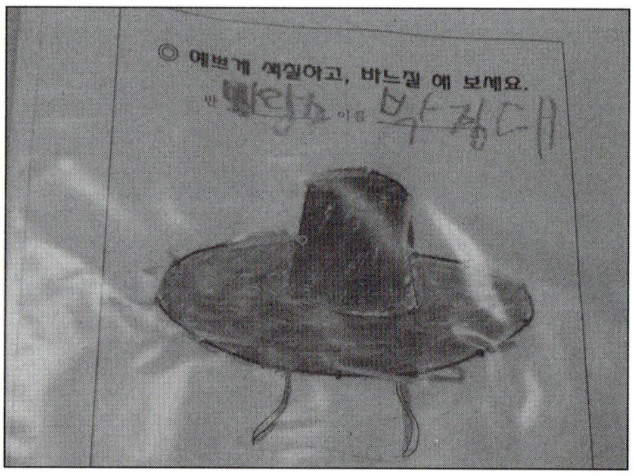

포트폴리오 평가를 위한 점검과정

- 포트폴리오 평가를 위한 계획
  - 평가목적 설정
  - 평가 내용 및 준거 선정(보육과정을 토대로)
  - 수집 항목과 수량 결정(보육과정 영역별 평가 내용에 따른 핵심 항목과 개별화 항목)
  - 자료 분석 및 결과활용 방안 검토
  - 연간 보육계획안에 평가계획 반영(연간 평가 항목을 포함)
- 자료수집 및 교사 논평(포트폴리오 구성)
- 자료정리 및 분석
  - 포트폴리오 요약서(종합발달보고서) 작성
- 활용 및 보고
  - 부모면담 및 생활기록부 반영
  - 다음 해 보육계획서

| 출처 | 송연숙 · 최애경 · 유수경(2017). 보육과정.

다음은 포트폴리오 평가를 위한 자료 수집 시 고려해야 하는 유의사항이다. 첫째, 영유아들의 보육활동 결과물 자료(미술, 음률, 언어, 신체, 탐구, 역할놀이, 구성하기 등의 기록이나 그림, 작품 등)를 개인 파일에 체계적으로 수집하여 정리한다. 둘째, 활동 결과물 중 수집이 어렵거나 보관이 어려운 경우에는 사진 자료를 활용한다. 신체 활동, 기본생활 및 사회생활 관련 행동 등은 사진 및 비디오 자료로 수집 · 정리한다. 셋째, 학기 초와 학기 말을 중심으로 초기 미완 작품부터 완성품에 이르기까지 다양한 자료를 수집한다. 넷째, 지속적이고 체계적으로 자료를 수집하며 자료에는 날짜, 상황에 대한 기록을 한다. 다섯째, 영유아들에게도 스스로 자신을 판단하여 볼 수 있는 기회를 제공한다.

이처럼 포트폴리오에 포함되는 자료를 수집할 때는 항목을 정기적으로 수집하고 각 작업표본의 결과를 포트폴리오에 포함시킬 때의 날짜와 그 작업이 행해질 때의 배경과 맥락을 적어놓는 것은 매우 중요하다. 완성된 포트폴리오 평가는 부모들에게 제시할 수 있는 구체적인 정보를 담고 있으므로 이를 통해 부모들은 자녀들이 성장한 정도, 자녀들이 앞으로 발전해 나갈 방향을 이해할 수 있으며, 어린이집의 보육과정이 어떻게 이루어졌는지에 대해 더 잘 이해할 수 있다.

2) 보육과정 평가

> 어린이집은 보육계획을 문서화하여 보육내용의 선정과 실시과정이 적절하였는지를 정기적으로 평가하여야 한다(「영유아보육법 시행규칙」 제30조).

표준보육과정에 기초한 보육평가는 크게 어린이집 프로그램 평가와 영유아평가로 구분할 수 있다. 여기서는 어린이집 프로그램 평가인 보육과정 운영에 대한 평가만 살펴보고자 한다. 어린이집 프로그램 평가는 표준보육과정에 기초한 보육계획과 프로그램 운영에 대한 구체적인 평가로 이루어진다. 따라서 어린이집에서는 국가 수준의 표준보육과정을 기초로 하여 각 어린이집의 실정에 맞게 프로그램을 계획 · 운영해야 한다.

제3차 어린이집 표준보육과정 평가지침

가. 운영평가

1) 어린이집 표준보육과정의 목표와 내용에 근거하여 보육내용이 적절히 편성 · 운영되는지 평가한다.
2) 어린이집 표준보육과정의 운영 내용 및 활동이 영유아의 발달 수준과 흥미, 요구에 적합한지 평가한다.
3) 영유아의 발달 수준, 흥미, 요구에 적합한 경험 및 학습을 촉진할 수 있는 다양한 활동과 교수학습방법이 계획되고 통합적으로 운영되는지 평가한다.
4) 일과운영 및 보육활동 구성 시 놀이 활동과 일상생활 활동의 양과 내용이 영아 및 유아 각 연령의 발달에 적합하게 계획되고 운영되는지 평가한다.
5) 만 0~1세, 만 2세아는 집단 활동보다 개별적인 상호작용과 교수법을 중심으로 상호작용이 진행되는지 평가한다.
6) 어린이집 표준보육과정 운영평가 결과를 수시로 반영하여 보육과정 운영계획을 수정 · 보완하거나 다음 연도의 계획수립 및 운영에 반영하는지 평가한다.

보육과정은 계획을 수립하고 보육과정을 편성, 실시한 후 정기적인 평가를 통하여 그 결과를 다음 보육계획 수립 시 반영하는 순환체제로 운영함

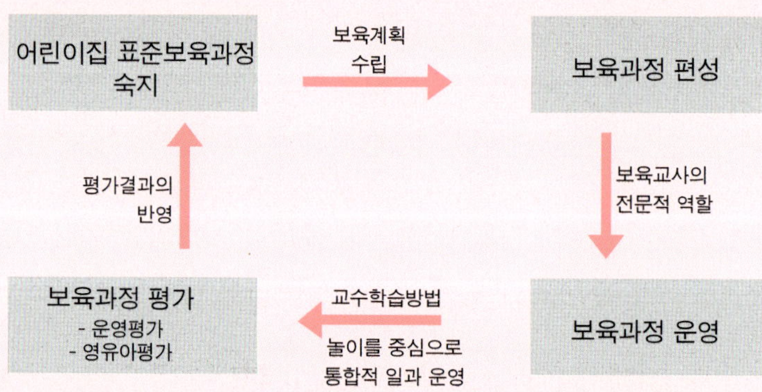

프로그램 평가는 주로 보육목표, 보육내용, 교수학습과정의 실행에 대한 질적 평가로 이루어지며 이에 따라 체계적인 자료 수집과 평가 과정이 필요하다. 평가 과정은 자료 수집과 평가로 나눌 수 있는데 실제로 실행된 일에 대한 기록을 토대로 요소별 평가를 하고 그 결과를 프로그램에 다시 반영하여 보육계획을 수립할 수 있어야 한다. 어린이집 프로그램 평가는 연간, 월간, 주간, 일일 보육계획안과 프로그램 운영별로 실행하고 반영한다(보건복지부, 2012).

평가주기는 보육일지를 통한 일일 평가, 주간 평가, 월간 평가, 학기별 평가, 연말 평가 등으로 구분하여 실시할 수 있다. 일일 평가와 주간 평가를 실시할 때 교사 스스로 자신의 교수법, 자료 활용, 영유아의 반응 등에 대해 분석하고 이를 다음날 또는 다음 주 일과 운영에 반영할 수 있다. 월간 평가나 학기별 평가, 연말 평가의 경우에는 원장과 다른 연령반 교사가 함께 진행할 수 있으며, 필요시 외부 전문가, 부모를 포함하여 다양한 관점에서 평가해 볼 수 있도록 한다.

(1) 보육계획 평가

표준보육과정을 근거로 각 연령별로 달성해야 할 보육목표와 내용이 연간 · 월간 · 주간 보육계획안에 반영되었는지를 평가한다. 또한 구체적인 보육활동을 계획할 때 영유아 주도 활동과 교사 주도 활동의 균형, 개별 활동과 대 · 소집단 활동의 균형, 일상생활 활동과 놀이 활동의 균형 등이 이루어졌는지를 평가한다(보건복지부, 2012; 2013a, 2013b, 2013d).

1 연간 보육계획 평가

지난 1년간 진행되었던 연간 주제를 검토하고 각 연간 주제가 각 연령의 발달에 적합했는지, 연령별 영유아의 흥미를 이끌 수 있었는지, 시기적으로 적합하였는지 등을 살펴본다. 연간 보육계획에 대한 평가는 매년 새로운 학기가 시작되기 전 2월에 검토하여 다음 해의 연간 보육계획에 반영한다. 자세한 평가 준거는 다음과 같다.

〈평가 준거〉

- 각 주제가 해당 연령 영유아의 발달에 적합했는가?
- 각 주제가 해당 연령 영유아의 흥미와 요구를 반영하였는가?
- 각 주제는 계절의 변화를 반영하였는가?
- 각 주제는 지역사회의 연계 등을 고려하여 계획하였는가?
- 각 주제는 표준보육과정 영역을 균형 있게 반영할 수 있는 주제인가?
- 각 주제 간에 연계성이 있었는가?
- 각 주제 간에 위계가 적합하게 선정되었는가?

2 월간(주제별) 보육계획 평가

한 달 동안의 보육내용이 표준보육과정 5개(6개) 영역을 균형 있게 제시했는지, 그 달의 보육내용을 진행함으로써 해당 연령의 영유아가 경험할 수 있는 지식, 기술, 태도 및 가치를 적절히 습득할 수 있었는지, 주간별 보육내용 간의 상호 연계와 통합을 잘 이루고 있는지 등을 검토한다. 월간(주제별) 보육과정에 대한 평가는 다음 달 월간(주제별) 보육계획 및 다음해 연간 보육계획에 반영한다. 평가는 매월 마지막 주 금요일 또는 토요일에 진행된다. 자세한 평가 준거는 다음과 같다.

〈평가 준거〉

- 계획되고 실행된 보육과정이 표준보육과정의 5개(6개) 영역을 균형있게 반영하였는가?
- 월간(주제별) 보육계획안의 목표가 해당 연령의 발달 수준에 적절하였으며 어느 정도 획득되었는가?
- 해당 연령의 영유아들이 주제 속에서 경험할 지식, 기술, 가치 및 태도를 습득하였는가?
- 주간별 소주제와 주별 활동을 위계적으로 진행되었는가?
- 주간별 보육과정은 연계성 있게 진행되었는가?
- 주제별 보육내용은 통합성이 반영되었는가?
- 이전 주간 보육과정 평가를 반영하여 주간 보육과정 계획이 이루어졌는가?

3 주간(소주제별) 보육계획 평가

한 주간의 보육과정 내용의 흐름을 돌아보고 계획된 주간 보육내용 중 실제로 진행된 내용과 진행되지 않은 내용, 주간보육 시 계획되지 않았지만 추가로 진행된 내용을 정리해 본다. 또한 일일 보육내용이 다음날의 보육내용과 연계성 있게 진행되었는지도 검토한다. 검토한 내용은 해당 연령 영유아의 반응, 흥미, 보육내용 진행 시의 상황, 활동의 균형을 고려하여 그 이유를 분석한다. 분석된 내용은 다음 주 보육계획에 반영한다. 주간(소주제별) 보육과정 평가는 한 주의 보육이 끝나는 금요일 오후에 진행한다. 자세한 평가 준거는 다음과 같다.

〈평가 준거〉
- 주간(소주제별) 계획안의 활동들이 해당 연령 영유아의 발달에 적절하였는가?
- 해당 연령 영유아의 발달, 흥미 요구에 적합한 경험 및 학습을 촉진하는 다양한 활동으로 구성되었는가?
- 활동은 해당 주의 소주제와 통합성, 활동 간 통합성을 고려하여 계획, 실행되었었는가?
- 월~금까지의 활동이 위계적으로 실행되었는가?
- 월~금까지의 활동이 연계성 있게 실행되었는가?
- 계획된 활동 중 실행되지 않은 활동은 어떤 활동이며 그 이유는 무엇인가?
- 계획되지는 않았지만 실행된 활동은 어떤 활동이며 그 이유는 무엇인가?

4 일일 보육계획 평가

일일 보육계획에 대한 평가는 정기적으로 보육평가의 가장 기초적이며 매일 진행되어야 하는 평가이다. 일일 보육계획 평가는 일일 보육목표가 해당 연령 영유아에게 적절한지, 일과 구성은 해당 연령 영유아의 신체리듬을 고려하였는지, 계획했지만 실행하지 못한 활동이 있는지 등을 반성적으로 사고하고 일일 보육일지에 기록하고 평가한다. 일일 보육계획 평가는 매일 일과 후 실행하고 평가된 내용은 다음날 일일 보육계획에 반영한다. 자세한 평가 준거는 다음과 같다.

〈평가 준거〉
- 일일 보육활동은 해당 연령 영유아의 발달과 흥미에 적절하였는가?
- 일일 보육활동들의 목표에 표준보육과정을 고루 포함하는 활동들로 구성되었는가?
- 일일 보육활동들은 놀이 중심으로 통합적으로 진행되었는가?
- 하루일과 구성이 해당 연령의 영유아의 신체 리듬과 특성을 고려하였는가?
- 하루일과 중 각 활동 및 놀이 시간은 적절하게 배분되었는가?
- 하루일과에서 영유아들에게 다양한 상호작용을 할 기회가 충분히 있었는가?
- 교사는 하루일과에서 영유아와 고루 긍정적인 상호작용의 기회가 있었는가?
- 교사는 영유아가 활동이나 놀이, 일상생활에서 나타내는 반응을 지속적으로 관찰하였는가?
- 각 연령 영유아의 개별적 요구가 반영되어 활동 내용과 자료, 시간을 융통성 있게 조절하였는가?
- 특별한 요구가 있는 영유아가 배제되지 않았는가?

(2) 프로그램 운영 평가

교사가 계획한 월간(주제별) 또는 주간(소주제별) 보육계획안에 따라 하루일과 운영이 적절하게 진행되었는지를 평가한다. 교사 스스로 하루일과 운영을 되돌아보는 일일평가를 통해 자신의 교수법, 자료 활용, 영유아의 반응 등에 대하여 분석하고 이를 다음 날 일과 운영에 반영하는 것이 바람직하다.

1 일일 보육운영 평가

일일 보육활동 평가는 별도의 기록지를 활용할 수 있으나 매일 보육활동이 진행되는 중 또는 끝난 후에 보육일지를 활용하여 실시하는 편이 편리하다.

보육활동의 계획, 실행 및 평가에는 표준보육과정(누리과정)에 제시된 내용을 바탕으로 교사가 보육활동을 계획, 구성하고 진행하였는지, 영유아의 수준과 적절한 방식으로 상호작용하였는지 또는 탄력적으로 하루일과를 운영하면서 가정과 연계하여 영유아의 전인적인 발달을 위해 노력을 기울이는지의 여부가 평가되어야 한다.

영유아를 위한 하루일과는 가정과 같은 따뜻한 보호와 교육적 경험이 동시에 이루어지고 풍부한 환경 속에서 교사-유아, 유아-유아, 유아-교구 간에 다양한 상호작용이 일어나도록 해야 한다. 계획된 활동은 하루일과 중 일어나는 상황을 고려하여 영유아의 흥미에 따라 융통성 있게 운영되었는지, 정적인 활동과 동적인 활동, 개인 활동과 대·소집단 활동, 실내 활동과 실외 활동, 일상적으로 일어나는 활동과 계획된 교육적 활동 등이 균형 있게 실시되었는지 점검하여야 한다. 또한 영유아의 발달 수준을 고려한 개별적인 교육 활동과 또래와의 긍정적인 상호작용의 기회도 적절히 제공했는지 평가하여야 한다.

교사는 하루일과 중 일어나는 상황을 고려하여 실시한 보육활동을 평가 기록하여야 한다. 보육일지의 작성은 실시된 보육활동 내용을 정리·분석하여 보육활동 및 하루일과를 평가하여 보다 효율적인 보육활동을 계획하는 데 유익한 자료가 된다. 보육활동 평가에 따른 일지 작성의 예시를 제시하면 다음 |표 10-2|와 같다.

2 주간(소주제별) · 월별(주제별) 보육운영 평가

매주 또는 매월마다 보육활동 평가를 실시하고 다음 보육활동 계획에 반영할 수도 있다. 주간평가는 주간 보육계획안에 기초하여 보육활동을 실시한 후 평가할 수 있고, 영아반의 경우는 2주마다 또는 월별로 보육활동에 대한 평가를 실시할 수 있다.

3 연간 보육운영 평가

연간 보육과정 운영평가는 학기 말이나 학년 말에 연 1회나 2회 실시하며 보육교사가 개별적으로 실시할 수도 있으나 원장과 보육교사가 함께 평가하고 차기 연도 보육과정계획에 반영하게 된다.

| 표 10-2 | 보육활동 평가에 따른 일지 작성의 실제

일시	20○○년 ○○월 ○○일 ○요일	날씨	맑음
주제	건강과 안전	소주제	안전한 놀이와 생활
시간 및 구분	**활동 내용**		**평가**
기본생활	〈안전〉 물놀이 시 뛰지 않기 물의 사용이 잦아진 실내 · 외 활동에서 유아들이 스스로 물을 안전하게 사용하고 물놀이를 할 수 있도록 함. 화장실에 들어갈 때는 바닥에 물이 있을 경우를 대비하여 화장실 슬리퍼를 신도록 하고, 물을 세게 틀어 세면대 밖으로 흘러나가지 않도록 지도함. 또한 물을 사용하는 놀이를 할 때는 바닥에 많은 물이 흘러 매우 미끄러울 수 있어 천천히 걸어 다니도록 지도함		물 사용이 많아져 화장실 바닥에 물이 있는지 수시로 확인하고 닦을 필요 있음. 물을 이용한 활동시 친구의 얼굴이나 옷에 물을 뿌리지 않도록 지속적인 지도 필요함
7:30~9:00 등원 및 통합보육	• 반갑게 맞이하여 유아의 건강 · 심리상태를 파악하여 맞이하기 • 통합보육실에서 놀이하기 • 옷, 가방 및 소지품을 스스로 정리할 수 있도록 함		자신의 소지품을 다시 한 번 확인하고, 분실되지 않도록 주의함
	〈언어 영역〉 오늘 하고 싶은 놀이 선택해보기 • 영역을 둘러보며 하고 싶은 놀이를 선택하도록 함		스스로 잘 선택하지 못하는 유아나 계속 같은 영역에서만 노는 유아에게는 새로 제공되는 놀이를 소개함
	〈오전 간식〉 스크램블 에그, 오렌지 주스 • 바르게 앉아 간식을 먹고 그릇 정리함		스크램블 에그를 바닥에 많이 흘림. 스크램블 에그를 줄 때는 그릇을 더 깊은 것으로 바꿀 필요 있음

시간 및 구분	활동 내용	평가
9:00~10:30 오전 자유선택 활동	〈쌓기놀이 영역〉 무너지지 않게 쌓아요 • 큰 스펀지 블록과 종이 벽돌을 이용하여 무너지지 않고 잘 쌓을 수 있는 방법을 시행착오를 통해 알아봄. 안전조끼와 안전모를 착용하고 블록을 나르거나 쌓을 때 주변 친구들의 안전을 배려하도록 지도함	큰 스펀지 블록과 종이 벽돌로 큰 구성물을 만듦. 균형이 맞지 않아 무너지는 것을 경험하면서 더 큰 블록을 밑에 두고 쌓는 모습 보임. 망치로 블록을 두드리며 열심히 집중하는 모습 보임. 함께 짓기보다 자기 집을 짓고 싶어 하는 유아가 있어 블록을 나누는 것에 대한 중재가 계속 이루어져야 함
	〈미술 영역〉 안전모자 만들기 • 일회용 스티로폼 그릇에 안전표시(녹십자)를 붙이고 고무줄을 양쪽에 묶어 쓸 수 있도록 함	어제보다 유아들의 참여가 줄었음. 그릇에 고무줄을 연결할 곳에 테이프를 붙이고 구멍을 미리 뚫어 준비했더니 훨씬 튼튼하였음. 안전모자 만들기 외 자유 만들기가 이루어짐
	〈언어 영역〉 안돼요! 싫어요! 도와주세요! • 5명의 유아가 모여 어제 들은 '첫! 어떻게 알았지' 동화를 간단하게 다시 들려주고 막대 인형극하기, 유괴 예방 3단계 구호를 큰 소리로 말하기	"안돼요!", "싫어요!", "도와주세요!" 구호를 외쳐야 할 때 부끄러워 하는 유아의 경우는 모두 같이 외쳐봄. 자기 역할의 대사를 해야 할 때는 대사를 작은 소리로 알려줌. 빨간모자를 하고 싶어 하는 유아가 많아 중재가 필요했음. 등장 인물을 더 많이 만들어 제공하는 것이 필요함
	〈수과학 · 조작 영역〉 화살표를 돌려요: 안전한 곳, 위험한 곳 • 화살표 돌림판에 안전한 곳과 위험한 곳의 그림을 붙이고 화살을 돌려 멈춘 곳에 대하여 이야기나누기	유아들이 화살 돌리는 것을 재밌어 함. 화살이 멈춘 곳이 위험한 곳인지 안전한 곳인지 이야기할 때 안전한 곳도 위험해 질 수 있는 경우에 대해서도 이야기하였음. '내가 놀이실에서 사용하는 도구예요' 과학 활동은 한 명의 유아도 관심을 보이지 않았으나 내일 다시 제시해 보고 흥미를 유도해 보기로 함
	〈음률 영역〉 달리다가 멈추기 • '그대로 멈춰라' 노래에 맞추어 원을 돌다가 노래가 멈추면 돌기를 멈추는 것을 반복적으로 함	'그대로 멈춰라' 노래를 빠르게 또는 느리게 연주하면서 유아들이 빠르게 느리게 달려보다가 멈추는 동작을 함. 작게 연주할 때는 발 끝으로 뛰고 크게 연주할 때는 쿵쿵쿵 뛰어 봄. 유아들이 매우 즐거워하여 여러 번 활동함. 원은 두 명 정도 방향을 정해 도는 것이 안전함

시간 및 구분	활동 내용	평가
10:30~10:50 정리 · 정돈 및 화장실 가기	• 쌓기놀이 영역의 블록이 많이 사용되어 치우는 것이 오래 걸리므로 먼저 정리를 시작하고 전체 정리 • 정리가 끝난 유아부터 화장실 다녀온 후 모여 앉기	
10:50~11:20 대 · 소집단 활동	〈대 · 소집단 활동〉 〈게임〉 쫑쫑쫑 • 훌라후프를 할 수 있는 게임방법과 지켜야 할 약속을 함께 정하여 게임하기. 훌라후프를 5개씩 두 줄로 바닥에 늘어놓고 2명의 유아가 출발 신호에 맞춰 훌라후프를 껑충껑충 뛰어 반환점을 돌아옴	훌라후프 간격을 달리 하며 게임함. 유아들 중 급하게 뛰다가 훌라후프를 밟아 훌라후프가 올라오는 경우 조금 위험해 보임. 빨리 오는 것보다 훌라후프를 밟지 않고 잘 뛰어넘는 것을 격려함
11:20~12:20 실외 활동/ 손 씻기	〈실외 활동〉 줄을 움직여요 • 줄을 주고 자유롭게 탐색하여 음악에 맞추어 움직여 보기. 공간, 시간, 힘의 동작 요소를 느낄 수 있도록 다양한 동작을 시도하기 • 땀을 많이 흘린 유아는 손을 씻으며 더러워진 곳도 함께 씻기	줄을 끌기, 양손에 잡고 위 아래로 흔들어 보기. 빙빙 돌리기 등을 함. 음악에 맞추어 흔들어 보고 기차나 나비 같은 사물의 움직임을 줄로 표현해보도록 함. 행진곡을 틀어주고 줄을 흔들며 뛰기를 하니 좋아하였음
12:20~13:20 점심식사/ 이 닦기	• 점심 및 이 닦기 – 숟가락 포크 바르게 잡고 먹기	포크를 계속 입에 물고 빠는 유아에게 포크를 빨다가 다칠 수 있음을 이야기함. 날씨가 더워져 물을 많이 마심
13:20~14:00 조용한 활동 정리 · 정돈 및 낮잠 준비	• 조용한 놀이하며 낮잠 준비하기 – 양치가 끝난 유아들은 입었던 옷을 벗어서 정리하고, 교실에 있는 책보기 – 책을 본 유아부터 정리 후 천천히 화장실 다녀오기 – 자신의 이불과 베개를 찾아 이불 덮고 눕기	
14:00~15:40 낮잠 및 휴식	• 동화 듣고 낮잠 및 휴식하기	신체 게임과 실외놀이를 하여서인지 모두 잘 잠
15:40~16:10 낮잠깨기 및 정리 · 정돈	• 먼저 일어난 유아들은 화장실을 다녀온 후 다른 유아가 일어날 때까지 책보기 등의 정적인 놀이하기 • 낮잠 침구 장에 정리하기	잘 일어나지 못하는 유아가 평소보다 좀 더 많이 있어 조금 더 자게 함
16:10~16:30 오후 간식	〈오후 간식〉 김말이 떡 구이와 보리차 • 놀잇감 정리 후 손을 씻고 간식을 들고 자리로 이동함 • 바르게 앉아 간식을 먹고 다 먹은 뒤, 그릇을 정리함	김말이 떡 구이를 매우 좋아함. 너무 많이 먹으려 하는 유아는 수를 제한함
16:40~17:40 오후 자유선택 활동	〈실외〉 위험해요 • 실외 놀이터에서 위험한 곳과 위험한 행동이 일어날 수 있는 곳에 안전표시가 있는 깃발 세우기	실외놀이터 그림지도를 보며 위험한 곳을 찾아가 깃발을 꽂음. 평소에 잘 지켜지지 않았던 위험한 행동에 대하여 한 번 더 약속하고 깃발을 함께 꽂음. 깃발이 잘 세워지지 않는 경우 깃대를 빼고 깃발만 놀이기구에 부착함. 자전거를 세게 달리는 경우가 줄어듦

시간 및 구분	활동 내용	평가
17:40~18:00 귀가 준비	• 귀가 준비–세안 및 옷 단정히 입기 자신의 몸을 스스로 단장할 수 있도록 격려 후 자신의 물건을 혼자 챙길 수 있도록 하면서 서랍 정리도 함께 이루어질 수 있도록 함	
18:00~19:30 귀가 및 가정과의 연계(통합보육)	• 귀가 및 가정과의 연계–통합교육 통합보육실에서 가서 놀이를 하다 부모님이 오시면 통합보육 선생님께 인사를 하고 하원함	
총 평가	쌓기놀이 영역에서 지속적으로 관심을 가지고 공사장놀이를 하므로 내일은 다양한 쌓기로 확장시켜 볼 예정임. 블록에 대한 갈등이 있으므로 지속적으로 주의 깊게 살펴보며 중재할 필요 있음. 날씨가 더우므로 되도록 그늘에서 동적인 활동을 하고 유아들이 너무 흥분하거나 지치지 않도록 조절이 필요함	

★주간 보육과정 평가★

주간 보육과정 평가 (예시)

♥♥어린이집	반 명		담당 교사		평가일	
평가방법	- 주간 보육과정 평가는 매주 금요일에 실시하여 다음 주 보육계획에 반영한다. - 실행하지 못함 ○ / 실행했으나 보통 △ / 잘 이루어짐 ×					

평가항목	이번주 평가 ○	△	×	이번주종합평가
1. 주간보육계획안이 계절, 영유아의 연령, 흥미를 고려하여 구체적이고 연계성 있게 수립되어 있는가?	○			자유선택활동이 대체적으로 잘 이루어지고 있지만 영아들이 한 영역에서만 놀이하려고 하는 등 각 영역에서의 활동이 다양하게 이루어 지지 못했던 것 같다. 영아들이 여러 영역에 흥미를 가지고 놀이(활동)할 수 있도록 해야겠다. 이번주에는 날씨가 오락가락하여 실외활동이 잘 이루어지지 않았다
2. 대집단활동과 소집단 · 개별 활동, 정적 활동과 동적활동이 균형 있게 계획되어 있는가?		△		
3. 일상생활 관련 활동에 : 산책하기, 가게 가기 등이 주 2회 이상 이루어지는가?	○			
4. 실외활동이 매일 30분 또는 1시간 이상이고, 날씨가 좋지 않을 경우 대체할 수 있는 활동이 있는가?		△		
5. 주간계획안의 수립된 기본생활 습관에 관련된 활동이 잘 이루어져 있는가?	○			
6. 안전 교육 활동이 연간 안전교육과 연계하여 수립되어 있으며 활동이 잘 이루어 졌는가?	○			
7. 매 주마다 보육과정 평가가 이루어지고, 평가 결과가 다음 주 계획에 반영되는가?	○			
8. 자유선택활동이 오전과 오후에 모두 이루어지며 총 2시간 30분 이상 이루어지게 계획되어 있는가?		△		

다음 주 자유선택 활동

	언어 영역	음률·동작 영역	쌓기·역할 영역	탐색 영역	미술 영역
계획된 활동	• 그림동화 : 손을 씻어요 외 5권 • 따르릉~여보세요	• 찌~익 신문지 찢기 • 머리~어깨~무릎, 발 • 리듬놀이	• 예쁜 내 얼굴~ (화장해 보아요) • 목욕탕을 만들어요	• 몽랑몽랑 두부 • 거울속의 나	• 손가락 지문찍어보기 • 내 손이랑 똑같아요
영역 준비	• 동화책 • 장난감 전화기(또는 실물 전화기)	• 신문지, 연주 CD, 카세트	• 화장품, 거울, 화장도구 • 종이벽돌 블록, 목욕탕에서 사용하는 (실물자료)물건	• 두부 만드는 과정 그림 론 틀 • 거울, 얼굴표정 사진	• 잉크패드, 종이

○○○반 보육과정 4월 평가

결재	담임	시설장

♥주 제 : 봄
♥실시 기간 : 4월 2주 - 4월 4주

소주제	목표	주간 평가	월간 평가
봄의 변화	계절의 변화에 대해 호기심을 가지고 관찰하며, 날씨에 따른 생활의 변화를 느낀다.	어린이집 주변의 나무와 쑥 등 자연환경을 관찰하면서 봄의 변화에 대한 관심이 높았음. '봄맞이 대청소', '도깨비를 빨아버린 우리 엄마' 와 같은 동화의 내용을 역할놀이에서 표현해 보는 것을 즐겼는데, 대청소 놀이, 빨래 놀이 등에 몰입하여 참여하였음. 당근, 고구마, 감자, 양파 등을 수경재배하며, 이들 야채를 잘라 단면으로 물감으로 찍어보는 활동에도 많은 관심을 가지고 참여함. '숲 속의 물레방아' 음악을 감상한 후 그림으로 표현하거나 숲속의 새를 실외놀이 시간에 표현해보는 놀이가 매우 활성화되어 이루어졌음.	기온이 올라가고 바람이 따뜻해지면서 어린이집 주변의 산책로를 걸어보며 주변의 자연환경을 관찰하는 활동을 통해 계절의 변화를 느끼기 시작하였음. 이와 함께 다양한 화보를 살펴보면서 겨울과 봄을 비교해 보는 활동에도 유아들의 관심이 높음. 봄맞이 대청소 놀이를 통해 봄을 맞이하는 사람들의 생활의 변화에 대해서도 알아볼 수 있었음. 비오는 날 동극과 봄나들이 놀이를 통해 봄을 맞이하고 만끽해보는 활동이 진행됨 봄의 꽃과 곤충들에 관한 활동들도 활발히 진행되었는데, 특히 씨를 심어서 싹이 트는 과정을 살펴보면서 자연 현상에 대한 관심이 매우 높아졌음. 실외놀이터와 주변 산책로에서의 활동을 통해 유아들 스스로가 다가온 봄을 직접 체험해 볼 수 있는 기회가 되었음.
꽃과 나무	주변의 자연환경에 대해 관심을 가지고 탐구하며 봄철 자연의 변화를 즐긴다.	식물의 성장 노래와 모종, 꽃씨 심기, 꽃가게 놀이 등 다양한 봄 꽃과 나무에 관한 활동이 이루어짐. '비오는 날' 동극에 대한 관심이 높아 초반에 유아들이 활발히 참여하였으나, 동극을 진행할 때, 유아들 스스로가 이야기 속의 내용을 상상하여 표현하는 것에 초점을 두기보다 무대 위에서 각본대로 행동하도록 진행하였는데, 이는 유아들이 좀 어려워하였음. 자연스럽게 상상하여 놀이해 보는 것에 대한 흥미가 높음.	
봄 나들이	봄 나들이를 통해 자연의 아름다움을 경험하고, 나들이의 과정을 놀이로 표현할 수 있다.	이번 주 내내 비가와서 어린이집에서 계획하였던 '봄나들이' 를 다음 주로 연기함. 하지만 대부분의 유아들이 가정에서 나들이 경험이 있었기에 봄나들이 놀이가 자연스럽게 이루어질 수 있었음. 몇몇 유아는 나들이를 가서 텐트를 치고 자고 오는 놀이를 하기도 함. 도시락 만들기, 자동차 타고 소풍가기, 소풍가면서 노래부르기 등의 놀이가 활발히 이루어짐. 잠깐 날이 좋을 때 돗자리를 가지고 실외놀이터에서 나가 나들이 놀이가 이루어지기도 하였음.	

3) 교사평가

보육의 질은 교사의 질을 능가하지 못한다는 말은 누구나 공감하는 부분이다. 이처럼 영유아에게 가장 직접적인 영향을 미치는 교사는 보육평가에서 매우 중요한 위치를 차지한다고 볼 수 있다. 아무리 좋은 시설과 훌륭한 프로그램이 제공된다 하더라도 그것을 운영하는 사람, 즉 교사에 따라 보육의 질이 결정되기 때문이다. 더욱이 초 · 중등교육과 달리 보육은 영유아의 발달적 특성이나 보육내용의 선정 · 조직에 있어 교사의 자율성이 많이 반영되는 보육과정 및 방법의 특수성 때문에 교사의 영향력이 더 크다고 할 수 있다.

교사평가는 교사가 하는 일의 가치를 판단하기 위해 보육활동에 관한 정보를 수집하고, 수집된 정보에 의해 해석해서 가치를 매기는 행위로 볼 수 있다(임승렬, 2001). 이러한 교사평가를 통해 교사는 양질의 보육 프로그램을 운영하기 위한 교사의 자질을 함양함으로써 전문성 개발에 도움을 받을 수 있으며, 기관에서는 임용과 승진이나 봉급 등의 행정적인 문제와 관련된 의사결정을 하는 데 도움을 받을 수 있다.

그러나 교사평가는 교사의 사기와 동기 유발에 관계가 깊고, 영유아 및 어린이집에 미치는 영향이 크므로 교사가 어떤 준거로, 어떤 방법에 의해서 평가되는지를 분명히 알 수 있도록 하여야 한다. 교사평가의 준거는 연구자들마다 다소 이견의 차이가 있지만 공통적으로는 교사로서 갖추어야 할 바람직한 인성적 측면, 교사역할을 수행하기 위한 건강이나 몸가짐 등 신체적 측면, 교육에 대한 신념이나 책임감 등 교직 태도에 대한 측면, 수업과 영유아 지도에 필요한 교수방법이나 교구 활용 능력 등 지식적 측면을 포함하고 있다(| 표 10-3 | 참조).

보육현장에서 활용될 수 있는 교사평가의 방법으로는 자기평가, 동료 및 상급자(원장, 원감), 부모 또는 외부 관찰자에 의한 평가 등이 있다. 자기평가는 보육 행위에 대한 자기반성과 고찰을 통해 교사 자신의 행동을 변화시키고 수업을 개선하기 위한 것으로 이는 결국 영유아보육의 질적 수준을 향상시키는 것이며, 교사의 자기 발전에 반드시 필요한 활동으로 볼 수 있다. 자기평가 방식으로는 평가 척도 양식, 반성적 교수, 수업 사례 분석, 포트폴리오, 다른 교사와의 경험 비교, 저널쓰기 등을 활용할 수 있다. 동료평가는 동료 및 주임교사에 의한 평가방법으로 2회 이상의 직접적인 관찰을 통해 평가하는 것이 바람직하다. 동료평가 시에는 자발적인 참여가 우선되어야 하며, 평가과정에 대한 계속적인 피드백이 교류되어야 한다. 사전에 동료교사와 협의하여 어떤 준거에 의해 자신이 평가되는지 협의하는 것도 필요하다.

한편 교사의 전문성 신장을 통해 유치원 교육의 신뢰성 제고를 목적으로 온라인을 통한 원장, 원감, 교사, 학부모가 참여하는 유치원 교원능력개발평가(교육과학기술부, 2014)가 있다. 2012년부터 공립 단설유치원을 시작으로 시범 · 운영되었으며 현재에는 2학급 이상의 공립유치원과 사립유치원으로 확대 시행 중에 있다. 원장과 원감은 교원의 전문성 진단을 통해 지속적인 능력 개발 지원이 이루어지도록 하며 교사는 교육 활동 전반에 대한 전문성을 진단하고 결과에 따라 능력개발을 지원받는다. 교사의 경우는 학습지도(수업준비, 수업실행, 평가 및 활용), 생활지도(개인생활지도, 사회생활지도) 영역에서 평가를 받는다.

| 표 10-3 | 교사평가의 준거

연구자	하위 영역		문항 구성 내용
Decker & Decker (1984)	개인적 특성		• 열성, 동료와 협동하고 좌절에 적용하는 능력
	신체적 특성		• 건강, 효과적인 역할 수행을 위한 생동감 등
	정신적 능력		• 아동과 교사의 욕구 및 역할에 대한 인식 능력
	전문가적 자질		• 교수방법 및 교육 자료에 대한 지식
한명자 (1983)	인성		• 사랑, 인내, 봉사, 공정성, 친밀성, 협조성
	신체 및 기타		• 건강, 언어, 음성, 바른 몸가짐 등
	교직에 대한 태도		• 아동 이해, 전문성 함양, 사명감, 전문성 성장
	전문지식 및 기능		• 전문지식, 프로그램 운용 능력, 동기유발, 교재 · 교구 활용능력, 창의성, 융통성 등
황혜익 · 최혜진 · 김남희 (2003)	일반적 특성	신체	• 신체적 건강, 활동성, 예의바른 태도, 바른 자세
		인성	• 적극성, 정서적 안정감, 자제력, 협동심, 융통성, 성실성, 사려성, 긍정적인 인간관, 공정성, 정직성
		교양과 지적 능력	• 풍부한 지식, 순발력, 유창 · 명료한 언어 사용, 창의력
	전문적 특성	교직에 대한 태도	• 교직에 대한 사명감, 교육 활동에 대한 열의, 전문성 신장을 위한 노력, 책임감, 교직에 대한 신념, 직업윤리, 유아교육과정 재구성 능력
		교육기술	• 유아교육과정 실천능력, 부모와 전문가를 참여시키는 능력, 교육 내용, 교육 자료, 교수방법 및 유아의 발달에 대한 평가능력, 활동에 대한 적절한 자극 및 개입, 교재 · 교구 제작 및 다양한 활용능력, 교육 활동을 다양하고 균형 있게 제공하는 능력, 교육 활동을 융통성 있게 운영하는 능력
		전문적 지식	• 소속기관의 교육철학에 대한 이해, 유아교육과정에 대한 지식, 생활지도 및 상담지식, 유아의 발달단계와 특성에 대한 지식, 실내 · 외 환경 구성에 대한 지식 정도, 평가에 관한 지식
백은주 · 조부경 (2004)	지식과 기술 발달		• 물리적 환경 구성, 유아에 대한 이해, 교사-유아-유아의 상호작용, 교육과정 계획 · 실시 · 평가
	자기 이해 발달		• 교사로서의 자신에 대한 태도, 자신감, 개인적 측면에서의 자신에 대한 태도
	생태적 발달		• 동료교사와의 관계 형성, 부모 및 지역사회와의 관계 형성, 물적 지원 환경 조성
김은희 · 황해익 (2006)	교수 활동 계획		• 유아교육과정 재구성, 교재 · 교구 제작 및 제공, 실내(교실) 환경 구성, 실외 환경 구성, 개별 유아에 관한 지식
	교수 활동 실행		• 유아교육과정 실천 능력, 교수 활동시 사용하는 교사의 언어 형태, 도입 활동(발문법) 지도, 자유선택 활동 구성 및 지도, 이야기나누기 지도, 조형 활동 지도, 음률 활동 지도, 게임 활동 지도, 동화 · 동극 활동 지도, 실외놀이 지도, 견학 및 현장학습 지도, 전이 활동 지도, 각종 매체의 활용 능력

연구자	하위 영역	문항 구성 내용
김은희 · 황해익 (2006)	교수 활동 평가	• 교육 내용 평가, 교육 자료 · 교수매체 활용에 대한 평가, 유아의 발달 평가, 생활 영역별 교재 · 교구 제공 및 보관에 대한 평가, 교사의 자기장학 활동에 대한 평가, 유아의 활동 결과물 정리 및 활용에 대한 평가
	상호작용	• 유아의 등원 시 상호작용, 유아의 하원 시 상호작용, 식사 · 간식 시간의 상호작용, 유아의 위생과 청결 지도 시 상호작용, 유아 간 다툼이나 갈등 문제 해결을 위한 상호작용, 유아가 용변 실수를 했을 때 상호작용, 유아의 교재 · 교구 · 기물을 파손 시 상호작용, 유아의 행동을 저지할 때 상호작용, 소극적인 유아를 위한 상호작용, 유아의 긍정적인 자아 개념 발달을 위한 상호작용
	가정과 지역사회와의 연계	• 부모와 전문가를 교육 활동에 참여시키는 능력, 부모 상담, 교육과정 실행 시 지역사회와의 연계성, 교육과정 실행 시 가정과의 연계성, 실습생 지도 능력, 유아의 권익을 보호하는 능력
	행정적인 능력	• 유아능력기관과 관련된 공문서 작성 능력, 행정적인 자료의 보관 및 관리 능력, 교육과정 속의 행사 기획과 진행 능력, 교사와 관련되는 다른 사람의 역할을 이해하는 능력
하은옥 · 허우정 · 황해익 (2007)	신념과 철학 (내면적 의식 영역)	• 세계관, 자연관, 인간관
	실천 및 활동 (교수실행능력)	• 생태유아교육 프로그램 운영과 실천, 관계 맺음(교사 자신, 동료교사, 아이, 부모, 지역사회 등), 전문성 신장을 위한 노력
황해익 · 하은옥 · 오경녀 (2009)	태도	• 생태적 유아교육에 대한 기본 관점, 삶에 대한 생태적 소양
	능력	• 생활지도능력, 교수능력, 교육과정 운영능력
임은정 · 이성균 · 정미림 (2010)	신체 인성	• 신체적 건강, 친절성, 친근성, 성실성, 봉사성, 긍정성
	직업관	• 동료와 유대관계, 근무태도, 의견수렴 자세, 타인에 대한 배려심, 예의 및 규정 준수 자세, 직업 만족도
	자기발전	• 자기발전에 대한 욕구, 자기주도 학습태도, 자기발전을 위한 자세
	교육과정 계획	• 교육과정 창의성, 교육과정 타당성, 교육과정계획 의견 수렴, 목표의 구체성
	교육운영	• 교수학습방법, 수업 형태별 교수방법, 교육 내용에 따른 여건 조성, 활동 시간의 적절성, 사고 중심 수업관, 교육매체 이해 적용, 새로운 자료 개발능력, 교사의 순발력, 발달중심 교육운영, 수업 통제 방식, 창의력 개발을 위한 교육운영, 사고력 개발 중심교육
	유아이해	• 문제상황 이해, 안정된 정서 유지, 학습자 배려 자세, 교우관계에 대한 중재역할, 유아성격별 대처 능력, 요구사항별 수용 능력

연구자	하위 영역		문항 구성 내용
임은정 · 이성균 · 정미리 (2010)	학급운영		• 유아에 대한 관심도, 유아관리를 위한 행정능력, 학부모와의 관계 맺음, 문서정리
	업무능력		• 행정업무 자세, 업무처리 태도, 업무개선 의지, 업무 책임감, 물품관리, 업무 진행력, 업무 열정도
	실습지도		• 신체적 건강, 실습생 지도계획, 실습생과의 유대
황해익 · 김은정 (2013)	교사 전문성	누리과정 이해	• 누리과정의 영역별 목표에 대한 이해, 누리과정 영역별 내용체계 및 세부내용에 대한 이해
		유아 이해	• 유아의 발달 단계에 대한 이해, 유아의 태도, 흥미, 가정 환경, 사전경험에 대한 이해
		수업 전문성	• 새로운 교수법의 창안을 위한 노력, 수업전문성 신장을 위한 노력
	누리 과정 계획	목표 설정	• 생활주제에 따른 구체적으로 연계성 있는 일일교육 · 보육 목표의 설정, 유아의 수준 및 학습의 실정을 고려한 교육목표의 설정, 활동목표를 고려한 활동의 유형 설정
		수업 설계	• 활동 내용 및 형태에 따른 시간 및 공간의 조직, 활동목표에 적합한 활동 자료 및 교수 · 학습매체 선택, 단위 활동의 특성을 고려한 교수 · 학습방법 선택
	누리 과정 실행	수업 내용 전달	• 유아의 사고를 촉진하는 기술의 활용, 유아의 다양한 반응을 이끌어 내는 질문의 활용
		수업 환경 조성	• 활동의 내용을 응용할 수 있는 시간 허용, 질문 및 응답 기회를 제공, 자율적인 활동참여 기회의 제공, 상호 협력적인 활동 분위기 조성, 흥미로운 질문을 활용한 내적 동기의 자극
		교사의 태도	• 유아에 대한 교사의 관심과 애정, 유아에 대한 긍정적인 태도와 상호존중, 유아의 수준을 고려한 기대 수준의 설정, 유아의 관심 영역에 대한 격려와 표현 기회 제공
		피드백	• 유아의 요구, 수준을 고려한 긍정적 피드백의 활용, 구체적이고 명확한 피드백의 활용, 언어적 · 비언어적 피드백의 활용
	누리 과정 평가	평가	• 구체적인 평가목표, 평가 내용, 평가방법의 설정, 평가 내용과 누리과정 영역별 내용과의 일관성, 평가결과의 수업 및 누리과정 운영개선 및 계획에의 활용

| 출처 | 황해익(2015). 유아교육평가의 이해.

3 어린이집 평가인증

「영유아보육법」 제30조에 근거하여 평가인증사업을 실시하고 있습니다. '평가인증제도' 란 평가인증을 신청한 어린이집이 평가인증지표를 기준으로 질적 수준을 자체적으로 점검 · 개선하도록 한 후, 공정한 평가 기준을 수행하여 인증을 부여하는 제도입니다.

1) 평가인증제의 목적 및 평가지표

정부는 어린이집의 서비스 수준을 향상하고 부모들에게 어린이집의 질적 수준에 대한 정보를 제공하여 합리적으로 어린이집을 선택할 수 있도록 어린이집 평가인증제도를 마련하여 시행해 오고 있다.

어린이집 평가인증이란 영유아에게 안전한 보호와 질 높은 보육 서비스를 제공하기 위하여 평가인증 지표를 기준으로 어린이집의 현재 수준을 점검하고 개선하도록 한 후 객관적인 평가를 통해 일정 수준 이상의 기관에 대하여 국가가 인증을 부여하는 제도이다.

보건복지부는 2004년 「영유아보육법」 제30조에 어린이집 평가인증의 법적 근거를 마련하고 2005년 시범 운영을 거쳐 2006년도부터 본격적으로 확대 시행하였다. 어린이집 평가인증제도는 2009년까지 제1차 시행이 완료되었으며 절대평가방식의 등급제를 도입한 유보 통합지표를 적용한 제3차 평가인증이 추진되고 있다. 통합지표는 보육의 질적 향상과 연관이 높은 보육과정 및 상호작용, 교직원 영역 항목 비중을 높이고 아동학대 예방 등을 강화했다.

평가인증은 어린이집에 불편을 초래하거나 순위 매기기에 있는 것이 아니라 영유아 최우선의 원칙에서 어린이집의 질적 수준을 향상시킬 수 있도록 조력하기 위해 실시하는 제도로 볼 수 있는데, 질적 수준의 향상이 평가인증의 진정한 목적임을 유념해야 한다. 즉, 자발적으로 시행하는 평가의 준비과정과 평가과정에서 일어나는 관계자들의 상호 작용 속에서 보육 서비스의 질이 개선, 향상되도록 하는 것이다.

어린이집 평가인증(www.kcpi.or.kr)에 제시된 평가인증제도의 목적을 살펴보면 첫째, 보육 서비스의 질적 수준을 향상시켜 영유아가 안전한 보육환경에서 건강하게 양육될 권리를 보장할 수 있도록 하며 둘째, 어린이집이 보육 서비스의 질적 수준을 높이고자 준비하고 노력하는 과정을 통해 원장과 보육교직원의 전문성이 증진되도록 하며 셋째, 보육 서비스의 질적 수준에 대한 정보를 제공하여 부모들이 합리적으로 어린이집을 선택하도록 하며 넷째, 보육정책 수립의 주체인 정부가 보육현장을 효율적으로 지원하고 관리하는 체계를 확립한다는 것이다.

다음 |표 10-4|는 제3차 어린이집 평가인증 통합지표의 내용이다. 평가인증 지표는 시행과정을 통해 변화되어 왔기에 향후 변경 시에는 한국보육진흥원(www.kcpi.or.kr)의 자료를 참조하길 바란다.

| 표 10-4 | 제3차 어린이집 평가인증 통합지표

영역	평가지표	평가 항목
1. 보육과정 및 상호작용(31)	1-1. 보육 계획 수립 및 실행(4)	1. 국가 수준의 보육과정에 제시된 목표 및 내용을 반영한다.
		2. 영유아의 발달 수준 및 반 특성을 고려하여 연간, 월간, 주간, 일일계획안을 작성한다.
		3. 연간, 월간, 주간, 일일계획안의 목표 및 내용이 적절하며 연계성이 있다.
		4. 표준보육과정(누리과정 포함)의 영역을 반영하여 보육활동을 실시한다.
	1-2. 일과 운영(5)	1. 계획에 따라 영유아의 연령에 적합한 놀이, 활동, 일상생활 경험을 균형 있게 통합적으로 운영한다.
		2. 자유선택 활동 시간을 매일 충분히 배정하여 운영한다.
		3. 바깥놀이 시간을 매일 충분히 배정하여 운영한다.
		4. 놀이나 활동을 융통성 있게 운영한다.
		5. (장애영유아) 장애영유아를 위한 관련 서비스(치료지원 포함)을 일과 중에 통합적으로 제공한다.
	1-3. 교수-학습 방법 및 놀이 지원(6)	1. 주제에 적합한 활동계획을 수립하고 그에 적절한 교수-학습방법과 자료를 활용한다.
		2. 교사는 영유아가 활동에 대한 흥미나 호기심을 갖도록 한다.
		3. 교사는 다양한 놀이와 활동이 영유아의 자발적 선택에 의해 주도적으로 이루어지도록 격려한다.
		4. 교사는 영유아의 놀이상황을 관찰하면서 놀이를 지원한다.
		5. 교사는 영유아가 다양하게 생각하여 대답할 수 있도록 발문한다.
		6. 교사의 태도가 안정되고 자신감이 있다.
	1-4. 교사-영유아 상호작용(6)	1. 신체적 특성, 가족 및 민족 배경 등으로 인한 편견 없이 모든 유아를 존중한다.
		2. 교사는 영유아의 기질, 정서적 상태, 놀이 선호 등을 파악하여 적절히 반응한다.
		3. 교사는 영유아의 개별적 요구나 질문을 주의 깊게 듣고 적절하게 반응한다.
		4. 교사는 영유아가 이해할 수 있는 내용으로 눈을 마주치며 이야기한다.
		5. 교사는 위협, 비난, 조롱 등 부정적 언어를 사용하지 않는다.
		6. 교사는 칭찬과 격려를 통해 영유아에게 자신감을 준다.
	1-5. 교사-영유아 상호작용 시 교사역할(4)	1. 교사는 영유아가 일상에서 또래와 긍정적 상호작용을 하도록 격려한다.
		2. 교사는 영유아가 자신의 의견이나 생각을 또래에게 말로 표현하도록 격려한다.
		3. 교사는 영유아가 적절한 약속과 규칙을 알고 지킬 수 있도록 격려한다.
		4. 교사는 영유아 간 다툼이나 문제가 발생하지 않도록 환경을 마련하고 발생 시 적절히 개입한다.

영역	평가지표	평가 항목
1. 보육과정 및 상호작용(31)	1-6. 평가(4)	1. 영유아의 행동을 객관적으로 관찰 · 기록한다.
		2. 보육과정 목표와 내용을 준거로 영유아의 발달특성과 변화를 평가한다.
		3. 영유아평가 결과를 보육과정 편성 및 운영에 반영하고 부모면담의 자료로 활용한다.
		4. 보육과정 운영에 대한 평가를 실시하고, 그 결과를 다음 계획안에 반영한다.
	1-7. 일상 생활(2)	1. 특별 활동을 운영지침에 따라 실시한다.
		2. 영유아의 일상 경험이 편안한 분위기에서 생활화되도록 격려한다.
2. 보육환경 및 운영관리(19)	2-1. 실내 공간 구성(5)	1. 보육실 내 흥미 영역은 영유아의 연령 및 발달특성을 고려하여 충분한 공간에 구성한다.
		2. 영유아의 요구를 충족하는 다양한 공간을 마련하고 있다.
		3. 실내 시설 및 설비가 영유아의 발달 수준에 적합하다.
		4. 계획안의 주제와 관련된 활동 자료들을 영유아의 연령 수준에 맞게 영역별로 다양하게 구비하고 있다.
		5. 비품과 활동 자료를 보관하는 별도의 공간이 있고, 연령별, 주제별 또는 영역별로 정리되어 있다.
	2-2. 실외 공간 구성(3)	1. 옥외놀이터 등을 구비하고 있다.
		2. 영유아 발달에 적합하고 다양한 놀이기구를 구비하고 있다.
		3. 실외 공간에 다양한 활동 영역을 제공하고 있다.
	2-3. 기관 운영(4)	1. 모든 반을 편성 규정에 맞게 운영하고 있다.
		2. 개별 유아의 생활기록부를 작성 · 관리하고 있다.
		3. 신입 영유아 적응을 위한 지원을 하고 있다.
		4. 예 · 결산서를 대내외적으로 공개한다.
	2-4. 가정 및 지역사회와의 연계(5)	1. 부모와 상호 협의 하에 어린이집을 개방한다.
		2. 부모교육을 다양하게 실시하고 있다.
		3. 부모와 개별면담을 하고 가정과의 소통을 다양한 방법으로 실시하고 있다.
		4. 영유아와 가족의 문제를 파악하고 지원한다.
		5. 지역사회와 연계한 다양한 활동을 실시하고 있다.
	2-5. 어린이집 이용 보장(2)	1. 어린이집 운영계획을 수립하여 부모에게 안내하고 있다.
		2. 종일반 및 맞춤반을 지침에 따라 운영하고 있다.

영역	평가지표	평가 항목
3. 건강·안전(15)	3-1. 실내·외 공간의 청결 및 안전(4)	1. 실내·외 공간을 청결하고 쾌적하게 관리하고 있다.
		2. 실내·외 공간을 위험요인 없이 안전하게 관리하고 있다.
		3. 실내·외 놀잇감이 안전하고 위험한 물건을 안전하게 보관·관리하고 있다.
		4. 안전시설 및 설비를 비상시 효율적으로 사용할 수 있도록 관리하고 있다.
	3-2. 급·간식(3)	1. 영양의 균형을 고려한 급·간식을 제공하고 있다.
		2. 식자재의 구입·보관 및 조리공간을 위생적으로 관리하고 있다.
		3. 조리 및 배식과정을 청결하고 위생적으로 관리하고 있다.
	3-3. 건강증진을 위한 교육 및 관리(3)	1. 손 닦기, 양치질 등 청결한 위생습관을 실천한다.
		2. 교사는 영유아의 건강 상태를 살펴보고 적절하게 지원한다.
		3. 영유아와 교직원의 건강증진을 위한 예방관리와 교육을 실시한다.
	3-4. 등·하원의 안전(2)	1. 영유아는 등원부터 하원까지 성인의 보호 하에 있다.
		2. 등·하원 차량을 운행할 경우 안전요건을 갖추어 관리한다.
	3-5. 안전교육 및 사고대책(3)	1. 영유아를 대상으로 안전교육을 지속적으로 실시하고 있다.
		2. 교직원은 안전교육을 받고 영유아 학대 예방 지침을 준수한다.
		3. 영유아, 교직원 및 시설 보험에 모두 적합하게 가입하고 있다.
4. 교직원(14)	4-1. 원장의 리더십(4)	1. 원장은 자신의 전문성 향상을 위해 노력하고 있다.
		2. 원장은 교직원을 존중하고, 교직원의 발전을 위해 지원하며 면담을 실시한다.
		3. 원장은 정기적인 교사회의 등을 통해 교직원의 의견을 민주적으로 수렴한다.
		4. 2년 이상 근속한 교사가 전체 교사의 50% 이상이다.
	4-2. 교직원의 근무 환경(3)	1. 교사실과 개인사물함을 별도로 마련하고 있다.
		2. 교사의 업무지원을 위한 자료 및 설비를 충분히 구비하고 있다.
		3. 성인용 화장실을 영유아용과 별도로 설치하고 있다.
	4-3. 교직원의 처우와 복지(3)	1. 교직원 인사·보수와 관련하여 공정한 규정이 있으며, 이를 준수하고 있다.
		2. 교직원의 보수와 관련한 규정이 있으며 이를 준수하고 있다.
		3. 교직원의 복지를 위해 노력하고 있다.
	4-4. 교직원의 전문성 제고(4)	1. 신규 교직원에게 업무 관련 오리엔테이션을 실시하고 있다.
		2. 교사의 전문성 제고를 위한 다양한 연수 기회를 부여하고 있다.
		3. 교사의 교수-학습방법에 대한 관찰과 지도를 실시하고 있다.
		4. 교사에 대한 근무평가를 실시하고 있다.

제3차 어린이집 평가인증 통합지표 중 평가에 대한 평가 항목

1-6. 평가(4)	1. 영유아의 행동을 객관적으로 관찰 · 기록한다. 2. 보육과정 목표와 내용을 준거로 영유아의 발달특성과 변화를 평가한다. 3. 영유아평가 결과를 보육과정 편성 및 운영에 반영하고 부모면담의 자료로 활용한다. 4. 보육과정 운영에 대한 평가를 실시하고, 그 결과를 다음 계획안에 반영한다.

각 평가 항목에 대한 구성 요소를 살펴보면 다음과 같다.

구성 요소	확인		
1-6-1. 영유아의 행동을 객관적으로 관찰 · 기록한다.	기록	□ Y	□ N
1 놀이, 활동, 일상생활에서 개별 영유아의 반응과 행동을 객관적으로 관찰하여 기록한다.			
2 영유아의 반응과 행동에 대한 관찰이 일회성이 아니라 주기적으로 이루어진다.			
3 영유아의 변화과정을 파악할 수 있도록 관찰 · 기록 외에 활동결과물 등 추가적인 정보를 수집한다.			
1-6-2. 보육과정의 목표와 내용을 준거로 영유아의 발달특성과 변화를 평가한다.	기록, 면담	□ Y	□ N
1 수집한 평가 자료를 활용하여 영유아의 발달특성과 변화의 정도를 기술하고 있다.			
2 영유아평가는 보육과정의 영역별 목표, 내용 범주 및 세부 내용을 준거로 한다.			
3 영유아의 발달 변화의 정도를 연 2회 이상 기록한다.			
1-6-3. 영유아평가 결과를 보육과정 편성 및 운영에 반영하고 부모면담의 자료로 활용한다.	기록, 면담	□ Y	□ N
1 영유아평가 결과를 보육과정 편성 및 운영에 반영하고 부모면담의 자료로 활용한다.			
2 영유아평가 결과에 대해 부모와 의사소통한 자료(근거)가 있다.			
1-6-4. 보육과정 운영에 대한 평가를 실시하고 그 결과를 다음 계획안에 반영한다.	기록, 면담	□ Y	□ N
1 보육과정 운영에 대한 주기적인 평가를 실시하고 있다.			
2 보육과정 운영에 대한 평가결과를 다음 계획안 작성에 반영하고 있다.			
합계			
평정 기준	우수: Y가 3개 이상/ 적합 Y가 3개 / 개선 필요: Y가 1개 이하		

| 출처 | 보건복지부 · 한국보육진흥원(2017b). 제3차 어린이집 평가인증안내(통합지표).

2) 어린이집 평가인증 운영체계

어린이집은 평가인증지표를 중심으로 상시 자체점검을 실시한 후 평가인증에 참여 신청한다. 평가인증 과정은 상시 신청 이후 참여확정, 현장평가, 종합평가 3단계를 거쳐 인증결과 공표까지 4단계로 진행된다. 구체적인 평가인증과정은 다음과 같다(보건복지부 · 한국보육진흥원, 2017b).

평가인증을 받고자 하는 어린이집은 어린이집지원 시스템(http://cpms.childcare.go. kr)에서 원하는 기수(신규인증) 또는 정해진 기수나 시기(재인증)에 대해 먼저 신청한다. 자체점검은 어린이집이 평가인증 지표를 토대로 점검하여 우수한 영역과 미흡한 영역을 파악하고 개선 방안을 마련 · 실천해 가는 과정으로, 상시 자체점검과정으로 변경되었으며 이를 통해서 어린이집 보육 서비스의 질적 수준을 향상시키게 하였다.

1단계인 참여확정 단계에서는 기본사항 확인, 자체점검보고서, 제출 및 참여 수수료 납부가 이루어진다. 신청 완료한 어린이집 중에 상기 기본사항 확인 결과, 관련 요건을 충족한 경우에는 기수별 모집 정원 범위 내에서 자체점검보고서를 제출하고 참여 수수료를 납부하면 참여 대상으로 확정된다.

[기본사항 확인 결과확인 방법]

• 어린이집의 기본사항 확인 결과 '필수 항목 준수 여부'는 어린이집지원 시스템에서 확인

어린이집지원 시스템 공인인증서 로그인 → 평가인증 → 자체점검 보고서 → 기본사항(필수 항목) (준수/ 미준수)로 표시됨

2단계는 현장평가 단계이다. 한국보육진흥원에서는 사전에 어린이집별로 1주간의 현장평가 주간을 지정하여 어린이집에 통보하며, 해당 현장평가 주간 중 현장평가일을 정하여 사전에 고지 없이 어린이집에 현장관찰자를 파견하여 현장평가를 실시한다. 현장평가 주간은 어린이집지원 시스템에서 확인 가능하며, 현장평가는 하루일과 전반에 걸쳐 관찰, 문서 검토, 면담 등의 방법을 통해 진행된다.

[현장평가 주간 확인 방법]

• 확인 시기: 기수별 현장평가원 1주일 전
• 확인 방법

어린이집지원 시스템 공인인증서 로그인 → 평가 인증 → 평가/ 종합평가 → 기수 선택 → '현장평가 주간 확인' 클릭

3단계인 종합평가는 소위원회와 종합평가위원회 2단계로 진행된다. 1단계는 학계, 행정, 현장 전문가 3인 1조로 구성된 소위원회의 인증 심의가 조별로 진행된다. 현장 평가가 완료된 어린이집 자체점검보고서, 기본사항 확인서, 현장평가보고서 등을 개별 검토한 후, 종합평가 기준에 맞추어 등급 및 인증 여부를 결정한다. 이후 2단계인 종합평가위원회에서 소위원회에서 상정된 안건에 대해 심의 및 최종 등급(A~D) 및 인증여부(인증(A, B, C 등급), 불인증(D 등급)를 결정한다. 참여 어린이집의 인증 결과는 개별 통보하며, 어린이집지원 시스템에서 확인할 수 있다. 인증 유효 기간은 인증 결과가 통보된 달의 15일부터 3년간 인증유효하며 인증통과 어린이집 중 A등급은 1년 연장한다.

[평가인증 기준]

어린이집 등급	인증 구분
A등급, B등급, C등급	인 증
D등급	불인증

• 평가결과 D등급 어린이집(신규 또는 재인증)은 재참여 시청이 가능하며, 재참여 시 인증 결정이 유보됨

결과공표에서는 결과통보 및 결과공표가 이루어지는 과정이다. 인증참여 어린이집에 대한 평가결과(인증여부, 등급, 평가결과통보서), 평가인증 미참여 · 변동(취소, 만료 등) 정보가 통합정보공시 홈페이지(www.childinfo.go.kr)를 통해 공개된다.

[인증결과 확인 방법]

• 인증결과 통보는 한국보육진흥원 홈페이지 공지사항, 어린이집지원 시스템 업무 연락 및 개별 통보로 안내
• 확인 방법

어린이집지원 시스템 공인인증서 로그인 ➡ 평가인증 ➡ 인증결과 확인 ➡ '인증결과 확인' 클릭

평가인증에 통과된 기관은 인증서 및 인증현판을 발급받으며, 인증 유효 기간 동안 어린이집의 질적 수준을 유지하고 향상시키면서 인증 후 매년 1회 연차별 자체점검보고서를 제출해야 한다. 연차별 자체점검보고서란 평가인증에 통과한 이후에 보육의 질을 지속적으로 점검하여 그 결과를 제출하는 보고서로 어린이집지원 시스템 내 평가인증 메뉴에 입력 · 제출한다.

재참여 신청 단계는 인증결과가 불인증(D 등급)인 어린이집이 별도의 과정 선정이나 참여 설명회 없이 바로 재참여하여 단기간에 참여 받을 수 있는 과정이다. 재평가관리 단계에서는 평가결과가 B, C 등급인 어린이집 중 재평가를 희망하는 어린이집의 경우 1년 이내 1회에 한하여 재평가 신청이 가능하다.

3) 평가인증 어린이집 사후관리

평가인증 통과 이후 평가인증 어린이집의 질적 수준을 지속적으로 유지, 향상하고자 지원, 관리하는 과정으로 연차별 자체점검 실시 및 보고서 제출, 신임원장교육, 확인점검, 평가인증 취소관리, 확인 방문 등으로 이루어진다.

구분	내용
연차별 자체점검	인증 어린이집이 인증유효 기간 중 매년 1회 연차별 자체점검보고서를 제출하게 하여 자체적으로 보육 서비스의 질적 수준을 점검하여 개선 · 보완하도록 관리
확인 점검	인증을 유지하고 어린이집을 무작위로 선정 방문하여 질적 수준을 확인하고 일정점수 미달 시에는 육아종합지원센터 컨설팅 연계 등으로 어린이집이 스스로 보육 서비스 질을 유지할 수 있도록 지원
확인 방문	인증 취소 사유 중 인증 어린이집의 소재지 또는 운영 형태 변경, 연차별 자체점검보고서 미제출, 신임원장 교육 미이수 등 사유가 발생했을 경우, 어린이집이 확인방문을 신청하면 확인 방문자를 파견하여 평가 실시 후 결과에 따라 인증 유지 및 취소 처리
신임 원장 교육	평가인증 유지 중인 인증 어린이집의 원장 교체시 신임원장을 대상으로 교육을 실시하여 인증 어린이집의 질적 수준 유지 도모
인증 취소 및 종료관리	지자체 행정처분 등 인증 취소 사유 발생 시 해당 지차제에서 보건복지부(한국보육진흥원)로 보고하면 최종 확인 후 인증 취소 처리함으로써 인증 어린이집 관리

4 보육평가 결과의 활용

정부 주도의 어린이집에 대한 평가인증의 적용으로 평가의 중요성과 이에 대한 인식이 많이 개선되고는 있지만 여전히 보육현장에서는 평가에서의 어려움과 평가결과의 활용에 대한 애로점을 토로하고 있다. 이에 대한 근본적인 이유로 평가에 대한 올바른 개념과 현장에서 왜 평가를 해야 하는지, 또한 평가 자료를 모은 후 이를 어떻게 활용할 것인지 등 종합적인 이해가 부족하다고 한다. 이외에도 교사의 자질만의 문제만이 아닌 평가를 하기 어려운 근본적이고도 다양한 문제들이 현장에 산재하고 있다는 것이다.

그러나 보육의 주된 목적인 영유아의 전인적 발달과 보육과정의 질을 개선하고 프로그램 운영의 효율성을 높이는 것이라면, 교사는 보육평가의 기본적인 구조를 이해하고, 이를 토대로 적절한 평가도구와 방법을 선택할 수 있으며, 이후 평가결과를 영유아 이해나 보육과정 개선에 관한 이해를 돕고 적합한 의사결정을 내리는 데 필요한 정보로 활용할 수 있어야 한다. 즉, 평가결과가 적극적으로 보육활동의 계획과 과정에 반영되어야 하는 것이다.

그러나 목적 없는 평가가 막연히 지속되거나 평가 과정이 체계적이지 못할 때 평가결과는 사장되기 쉬우며, 또한 평가결과를 보육과정에 반영한다 하더라도 영유아 개개인의 상대적인 비교나 등급 매기기에만 국한된다면 평가결과가 올바르게 활용되었다고 할 수 없을 것이다. 따라서 평가결과는 목적에 맞게 적절히 해석되고 사용되어야 한다.

최근 유치원과 어린이집에서 공통으로 적용되는 3-5세 연령별 누리과정에 제시되어 있는 평가 결과의 활용에 대해 교육과학기술부 · 보건복지부(2012)는 크게 누리과정 운영평가와 유아평가로 구분하여 다음과 같이 제시하고 있다.

먼저 누리과정 운영평가의 결과활용에 대해 살펴보면 첫째, 누리과정 운영평가를 통해 교육 · 보육내용의 적절성과 타당성을 판단하고 이를 다음 (학)연도의 편성 · 운영에 반영하도록 한다. 이를 통해 교사는 자신의 교수 · 학습방법을 개선하는 기초 자료로 활용하며, 나아가 교실 환경과 활동 자료를 보완하여 적절한 환경 제시 및 자료 제공방법을 모색할 수 있다. 둘째, 누리과정 운영평가 결과를 부모면담이나 기관 운영의 효과에 대한 근거 자료로 활용하여 가정과 기관 간의 의사소통이 원활히 이루어지고 상호 신뢰가 확보될 수 있도록 한다.

다음으로 유아평가의 결과 활용에 대해 살펴보면 첫째, 유아평가 결과는 각 유아의 장점과 부족한 점, 발달 수준과 학습 수준의 발달 경향을 파악하여 유아를 이해하는 기초 자료로 활용할 수 있다. 둘째, 유아평가 결과는 누리과정 운영을 개선하고 교수 실제에 적용할 수 있다. 셋째, 유아평가 결과는 부모와의 면담 자료로 활용한다. 유아의 발달과 학습에 대한 평가 결과는 부모와의 면담이나 의사소통 시 근거 자료로 활용하여 부모가 자녀를 더 잘 이해하게 하고 부모가 기관 및 교사에 대한 신뢰를 형성하도록 도와줄 것이다.

보육현장에서 영유아의 평가결과를 기록하고 정리할 때 고려해야 하는 점들을 요약해보면 다음과 같다(이은해, 1995). 첫째, 각 영유아별로 파일을 만들어 그 영유아에 대한 모든 평가 자료, 즉 관찰 자료, 건강기록부, 검사결과, 작업표본, 면담 자료 등을 정리한다. 둘째, 모든 자료에는 날짜, 관찰자(검사자), 관련 사항에 대한 간략한 정보가 반드시 포함되도록 한다. 셋째, 1년 간의 계획을 세우고, 지속적으로 자료를 수집하여 어느 한 시기에만 집중되지 않도록 한다. 넷째, 담당교사 외에 다른 교사가 관찰한 것 또는 한 상황에서 한 명 이상의 영유아가 관찰된 경우 등에서 파일을 상호 보완할 수 있는 체제를 만든다. 다섯째, 1년에 3회 혹은 2회 정도 영유아별로 평가 자료를 토대로 요약서를 작성하고 이를 근거로 해석해보도록 한다. 이때 영유아별로 자료에서 누락된 부분이 있는지 그 여부를 확인하고, 보육과정 영역별 혹은 발달이 잘 이루어진 영역과 덜 이루어진 영역을 중심으로 서술해본다. 이상의 유의점을 토대로 정리된 평가결과는 부모면담, 보육프로그램 개선, 초등학교 진학, 교수학습방법 개선, 보육환경 재구성 등의 다양한 용도로 활용될 수 있다.

종합해보면 영유아, 교사, 보육과정 및 어린이집 평가에 대한 평가 결과는 결국 영유아보육의 질적 향상에 도움을 주는 방향으로 활용되어야 한다.

영유아에 대한 평가 자료는 영유아의 발달 수준과 요구에 따라 보육내용과 계획 및 의사 결정을 하는 데 유용하게 쓰이며, 부모와의 면담 자료로 활용되어 부모와 교사 간의 의사소통 기회를 제공할 수 있으며, 영유아에 대한 이해를 증진시키는 데 사용된다. 교사평가 결과는 시설의 자체 연수와 장학을 통해 보육교사의 전문성을 함양하는 데 활용될 수 있다. 또한 어린이집에 대한 평가 결과는 이를 토대로 보육환경을 개선하고, 효과적인 시설 운영에 도움 자료로 활용할 수 있다.

한편 어린이집에서 영유아에 대한 평가 결과를 토대로 이루어지는 부모면담은 많은 교사들이 어려움을 호소하는 부분이다. 따라서 여기서는 평가 결과의 활용 중에 효과적인 부모면담을 하기 위한 과정을 간략히 제시하면 다음과 같다(황해익 · 송연숙 · 정혜영 · 유수경, 2013).

1) 부모면담

부모면담은 교사와 가족 구성원들이 영유아의 성장에 관한 지원과 관심을 공유하기 위해 계획하는 것이다. 부모면담을 진행할 때에 교사는 부모와 어린이집 간의 협력적인 관계를 도모하는 핵심적인 역할을 하게 되는데, 긍정적인 분위기를 유지하고 통솔력 있게 부모면담을 이끌어 가는 것은 준비되고 훈련된 교사에 의해 이루어진다.

따라서 부모면담을 하기 전에 포괄적인 관찰 기록을 하고, 그 기록물들을 효율적인 방식으로 정리 · 보관하고, 활용하여 영유아의 학습을 도와주기 위해서 교사는 부모면담의 목적과 준비, 진행과정 및 면담에 대한 이론적 관점을 가져야 한다. 그리고 교사는 면담 시 의사소통과정에 보다 신경을 써야 한다. 부정적인 인상을 남기는 표현 대신에 보다 긍정적인 분위기를 주는 표현을 하도록 노력해야 한다. 예를 들면 "비협조적"이라는 표현 대신에 "다른 아이와 함께 활동하는 법을 배울 필요가 있다"라는 표현으로 바꾸어 사용할 필요가 있다. 다음은 면담이 이루어지는 과정에 대한 세부적인 참고사항이다.

(1) 면담에 대한 계획을 한다

집단면담은 학기 초에 하는 것이 보통이지만, 개별면담은 학기 중, 학기 말 혹은 연중 필요할 때 실시하게 된다. 방학 중에 개별면담을 실시한다면, 교사가 다소 여유 있게 집중적으로 면담 내용을 다룰 수 있으며, 학기 중에 실시한다면 당면 문제를 다룰 수는 있으나 교사가 바빠서 다소 여유 없이 면담이 진행될 수도 있다. 무엇보다도 초점은 부모들이 많이 참여할 수 있도록 실시 시기를 배려해야 할 것이다.

〈부모면담 계획 시 고려사항〉

- 가능하다면 부모면담을 미리 설정하여 연중 달력에 계획 · 기록하라.
- 계획 시 원장 및 경력자의 조언을 들어라.
- 가족당 20~30분 정도의 시간을 계획하라.
- 서술식 요약지가 첨부된 포트폴리오를 준비하고 이는 학기 말에 부모에게 전달한다. 추가면담이 필요하다면 부모면담을 다시 계획할 수 있다.

(2) 면담에 필요한 준비를 한다

1 영유아에 대한 교사의 기록 정리 및 면담 자료 준비

면담을 하기 위해서는 교사가 미리 그 유아에 대한 이해를 하고 있어야 하며 부모에 대해 사전 지식을 갖는 것이 필요하다. 면담이 이루어지기 전에 각종 개인적인 기록물들 즉, 환경조사서, 건강기록부, 생활기록부 및 관찰일지 등을 미리 읽어보고 이러한 정보를 면담에서 어떻게 활용할 것인가를 생각해보는 것이 필요하다.

한 학기 또는 1년 동안 다양한 방식으로 관찰되었던 기록들-일화 기록, 체크리스트, 평정 척도, 사건표집, 작업표본 등을 검토함으로써 방대한 자료 중에 각 영유아의 발달 과정의 주요한 이정표를 알려주는 정보들이나 영유아의 발달을 도모하기 위해 교사가 준비했던 활동 자료들이 영유아의 성장 · 발달을 보여주는 중요한 보고 자료가 될 수 있도록 교사는 체계화하고 분석할 필요가 있다. 관찰 기록이 정리되고 나면 영유아의 발달을 종합평가한 후에는 영유아의 포트폴리오 안에 체계적으로 보관되어 있던 교사에 의한 기록물들과 영유아의 작업표본들을 정리하고 첨부한다.

2 면담 시간과 면담 장소 정하기

개별면담은 매우 사적인 상황이므로 면담 장소가 중요하다. 그러므로 면담 장소는 조용하고 다른 사람이 왕래하지 않는 장소를 선택하고, 서로 부드러운 분위기에서 대화할 수 있는 환경을 조성하도록 한다. 가정통신문을 통하여 면담 시간과 장소를 2주 전에 부모에게 알려드리며, 면담 시간은 짧게는 10~30분 정도로 계획하며, 특정 문제로 인해 면담을 하는 경우도 1시간을 넘지 않도록 하는 것이 좋다. 더 논의할 것이 있거나 다시 만날 필요가 있으면 다음 만날 약속을 정하는 것이 바람직하다.

3 면담일지 기록

기록은 즉시하고 다음에 만나서 토의해야 할 내용도 기록하여야 하며, 다음에 만날 날짜 그리고 서로가 지켜야 할 사항들을 기록한다.

(3) 면담을 실시한다

면담 시 교사는 먼저 부모의 마음을 먼저 이해해야 한다. 부모는 누구나 자기 자녀에게 각별한 관심을 갖고 있기 때문에 부모가 자기 자녀에 대해서 어떻게 생각하고 어떻게 느끼는지를 이해하는 것이 필요하다.

이를 위해서 면담교사는 적극적으로 들어주는 자세가 무엇보다도 필요하며, 긴장을 풀고 안심하고 이야기할 수 있는 분위기를 조성하도록 한다. 아늑한 장소에서, 간단한 차를 준비하는 것도 편안한 분위기를 유지하는 데 도움이 된다. 그리고 비판적이고 지시적인 발언은 가능한 삼가하며 가능한 단정한 자세와 따뜻한 인상을 주도록 노력한다. 면담교사의 신뢰로운 말씨와 단정한 자세는 부모로 하여금 편안하게 이야기할 수 있도록 해준다.

이러한 점들을 염두에 두고 교사는 실제면담에 임하는데, 면담의 과정은 다음과 같이 진행될 수 있다.

〈면담의 과정〉

- 면담 10분 전 면담할 장소인 교실의 상태와 관찰 요약서를 점검한다.
- 차는 미리 준비해 놓는다.
- 부모가 오면 인사를 나누고 교실로 안내한다.
- 부모를 준비된 자리에 앉게 하고 선생님은 시계가 보이는 자리에 앉는다.
- 이번 면담은 유아교육기관에서 자녀가 어떻게 활동하고 성장했는지 알리기 위한 것이라고 말해 면담의 목적을 알린다.
- 먼저 자녀의 장점을 몇 가지 일화를 곁들여 말한다.
- 부모용 관찰요약서를 보여주고 읽어보게 한다. 중간중간 이해를 돕기 위해 간단히 설명한다.
- 집에서의 생활과 어떻게 다른지와 어머니의 의견을 들어본다.
- 궁금한 사항에 대해 질문을 받고 답변해 준다.
- 자녀의 문제점에 대한 질문에는 먼저 학부모의 생각을 들어보고 필요한 사항을 긍정적인 느낌으로 제시한다.
- 전체면담 시간이 30분을 넘지 않게 하고, 의논할 다른 사항이 있으면 따로 시간을 정하자고 말한 후 면담을 마친다.
- 인사를 하고 배웅한다.
- 면담지에 면담 내용을 기록 · 보관한다.

| 출처 | 황해익 · 송연숙 · 정혜영 · 유수경(2013). 영유아행동관찰법.

(4) 기타 유의 사항

보육교사들 혹은 면담에 참여한 사람들이 정기적으로 면담 사례를 연구하고 토론하는 모임을 갖는 것이 좋다. 그리고 필요한 경우에는 교사가 개인적으로 상담에 관련된 서적을 읽거나 상담훈련 프로그램에 참여하는 등 전문적인 소양을 길러 나가도록 한다.

교사의 면담으로는 해결이 어렵다고 판단되거나 면담교사의 한계를 벗어나는 문제는 개인적으로 해결하려고 하지 말고 다른 전문기관에 의뢰하도록 한다. 각종 전문 상담기관의 연락처 등 관련된 정보를 준비하고 있다가 필요한 경우에는 제공한다.

면담에 있어서 면담교사가 주의할 점은 첫째, 풍부한 경험을 가진 선배교사의 조언을 구한다. 부모면담 경험이 적은 교사는 당황하기도 하고 면담에서 다루어지는 문제에 대하여도 잘 알지 못할 수가 있다. 이때 수시로 선배교사의 경험과 의견을 들어보는 것도 좋다. 둘째, 면담한 내용은 기록하며 다른 사람에게 그 내용을 이야기해서는 안 된다. 셋째, 면담할 시 영유아의 장점부터 이야기하기 시작하고 단점을 이야기할 때는 조심스럽게 사견임을 밝힌다. 넷째, 너무 훈육 식으로 말을 많이 하지 않도록 하고, 부모의 의견을 충분히 듣고 대답하도록 한다. 다섯째, 필요한 경우에는 다른 전문기관의 도움을 받도록 한다.

포트폴리오 평가에 대한 단상

처음 포트폴리오 과제에 대한 소개를 받았을 때는 '뭐 이쯤이야, 그냥 활동하고 그에 대한 평가를 하면 되는 건데…' 라고 쉽게 생각하였다. 그러나 평가에 대한 이론을 배우면서 표본식 기록, 일화 기록, 사건표집법, 시간표집법, 행동목록법, 평정 척도법 등 많은 평가 방법이 있음을 알게 되면서 '이번 과제가 그렇게 쉽지만은 않겠다' 라는 생각으로 바뀌게 되었다.

관찰 대상도 정하기가 쉽지 않았다. 그러다가 방학 때 실습했던 어린이집을 방문하기로 했다. 친구와 함께 어린이집에 처음 간 날 눈에 띄는 아이가 있었다. 그 아이는 철수였다. 우리는 어떤 유아를 관찰 및 평가 대상으로 삼아야 할지 고민하다 선생님께 여쭈어 본 결과 선생님도 우리에게 철수를 추천해 주셨다. 그렇게 철수를 관찰하기로 하고 표본식 기록과 작품 수집부터 시작하였다. 철수는 처음 보는 우리가 낯설지도 않은지 말도 잘 하고 붙임성이 있었다. 간혹 못 알아듣는 말도 많았지만 그렇게 하루를 보냈다. 처음 보는 철수였지만 몇 가지의 특징을 알 수 있었다. 5살이고 통통하고 인상뿐만 아니라 하는 행동도 귀여웠다.

학교 수업이 빨리 마치는 날이나 시간이 날 때마다 우리는 어린이집을 찾아갔다. 어린이집을 갈 때마다 수업에 방해가 되는 건 아닌지 미안한 마음도 있었지만 철수는 그런 우리가 오면 알아보고 인사도 하고, 우리에게 와서 교구를 소개해 주며 같이 하자고 요청하기도 하였다. 철수에 대한 포트폴리오 자료들을 수집하고 나름대로 분석하면서 철수의 행동 하나하나가 신기하기도 하고 웃기기도 하였다. 평가하면서 느낀 점이지만 정말 평가 대상으로는 '딱!' 이라는 생각이 들 정도로…, 그리고 철수에 대해 알아 갈수록 친구와 철수에 대해 이야기하며 "맞아! 철수는 그런 거 같아."라는 공통된 의견을 나누곤 한다.

이렇게 자료를 수집하고 이를 토대로 분석하고 적절한 교수 계획을 세우는 것은 관찰보다 더 힘들었다. 자료 수집과 관찰할 때는 어떤 행동이 중요한지 몰라 철수의 행동과 말 하나하나를 다 기록했지만, 여러 번 하다 보니 요령이 생겨 관찰 내용은 정리하기 쉬웠지만, 매번 어려움을 느낀 건 유아의 행동에 대해 어떤 교수 계획을 세우고 교사가 어떻게 피드백을 해주어야 하는지에 대한 것들이었다.

2주간의 짧지도 길지도 않은 시간이었지만 계획에서부터 평가까지 하면서 많은 걸 느끼고 배웠다. 그냥 스쳐볼 수도 있는 행동도 주의 깊게 살펴보니 발달 과정적으로 모두 의미가 있는 것이었다. 정말 보육 현장에서 평가가 가지는 가치나 중요성은 훨씬 클 것 같다. 그래서 이번의 경험이 더욱 소중하다. 비록 혼란스럽기도 하고 시행착오도 많았지만 그러한 과정에서 더욱 값진 것을 배운 게 아닌가 싶다.

글/ 학생 수기

Chapter

11

Introduction to Child Care & Education

보육실습

보육교사 양성과정에서 보육실습은 교사 준비과정의 핵심적 위치를 차지하며, 필수적인 과정이다. 따라서 보육실습은 충실히 운영되어야 하며, 보육실습에 관계하는 인적 · 물적 자원, 즉 대학, 보육시설, 보육실습생 간의 친밀한 협조, 체계적 지도, 책임 있는 역할 분담이 요구되어진다. 이런 관점에서 본 장에서는 보육실습의 이해, 보육실습의 유형, 보육실습의 준비와 실제에 대해 살펴보고자 한다.

1 보육실습의 이해

보육실습이란 향후 어린이집 교사 자격증을 받고 교사가 되고자 준비하는 학생이 어린이집에서 예비 보육교사의 역할을 직접 경험해보는 과정이다. 보육실습은 국가가 발급하는 보육교사 자격증을 취득하기 위해 필수적일 뿐 아니라 양성교육기관에서 배운 이론과 지식을 현장에서 실제 적용해보는 핵심적 과정이기도 하다. 또한 보육교사로서 갖추어야 할 지식, 기술, 태도 등을 실제 보육현장에서 직접 · 간접적으로 배우는 모든 과정을 의미한다(한국보육진흥원, 2017).

또한 대학의 교육과정에서 말하는 보육실습이란 대학에서 습득한 보육에 관한 학문적 제이론을 보육 현장에서 수련하는 과정을 통해 어린이집 교사가 갖추어야 할 지식, 기술, 태도 등을 형성 · 발달시켜 나가는 것을 의미한다. 따라서 보육실습 경험은 어린이집 교사로서의 역할을 연습하는 사전 준비과정이면서 어린이집 교사가 되기 위한 필수적인 과정으로 미래 어떠한 보육교사가 되는지에 큰 영향을 준다고 할 수 있다.

이처럼 보육실습의 목적은 법령이 인정하는 보육교사의 자격을 취득하는 것과 교사의 전문성, 즉 보육교사의 자질을 함양하는 데 있다. 보육실습은 교사의 전문성 신장을 위해 현장의 풍부한 경험을 익힐 수 있는 연속적인 과정으로 볼 수 있으므로, 보육실습이 양성과정의 최종 단계에서만 실시되는 되는 것이 아니라 보육교사 양성 초기 단계에서부터 지속적으로 실시되는 일종의 입문교육의 성격을 띤다고도 볼 수 있다.

「영유아보육법 시행규칙」(개정 2016. 1. 12.) 제12조 제1항 [별표 4]에는 실습운영 방법, 보육실습기관 및 보육실습 지도교사, 보육실습 교과목 및 학점 기준, 보육실습 기간 및 실습 인정 시간, 실습의 평가에 대한 기준이 명시되어 있으며, 이러한 시행규칙의 내용은 2016년 8월 1일부터 시행되고 있다.

|표 11-1| 보육실습에 관한 법적 기준

구분	내용
실습기관	• 법적으로 인가받은 15인 이상의 어린이집으로 평가인증을 유지하는 어린이집 • 교육과정과 방과후 과정을 운영하는 유치원
실습 이수 시기 및 기간	• '보육실습' 교과목이 개설된 학기 중(직전 및 직후 방학 포함)에 실시 • 실습 기간은 1일 8시간(월~금요일), 6주 240시간을 원칙으로 하되, 2회 나누어 실시 가능
실습 지도교사	• 보육교사 1급 또는 유치원 정교사 1급 자격을 가진 교사(실습 지도교사 1명당 보육실습생을 3명 이내로 지도해야 함)
실습평가	• 실습계획서에 근거하여 평가하되 3학점 이상, 평가점수 80점(B학점) 이상인 경우에만 실습을 이수한 것으로 인정

|출처| 한국보육진흥원(2017). 양성교육기관에서의 보육실습지도. 재정리.

보육실습생 등록 · 관리

보육실습생 등록 및 관리는 「어린이집지원 시스템」을 통해 이루어지며, 등록된 정보는 자격취득을 위한 정보로 '자격관리 시스템'에 전송된다. 또한 보육실습 확인서는 「어린이집지원 시스템」을 통해 출력하여 어린이집 직인 날인 후 양성교육기관으로 송부하도록 한다. 보육실습을 2회로 나누어서 실시하는 경우에는 보육실습생 등록을 각각 해야 한다. 보육실습생 등록 및 수정은 실습종료일 이후 2개월 이내에만 가능하며 구체적인 방법은 다음과 같다.

■ **보육실습생 등록방법**

어린이집지원 시스템 → (교육관리) → (보육실습생관리) → (등록) 버튼 클릭(실습이수자 기본사항, 실습 기간 입력) → (저장) 보육실습생 정보 저장 완료

※ 실습이수자 기본사항 및 실습 기간 등을 입력 완료해야만 실습 지도교사 관련 사항 입력 가능

■ **실습 지도교사 등록방법**

지도교사 설명과 자격종류(자동연동)를 선택 후 자격번호 입력 → (저장) 보육실습생 및 지도교사 정보 저장 완료

※ 보육실습을 지도한 학생이 1명 이상일 경우 (추가) 버튼 클릭

보육실습 확인서 작성 및 제출방법

'보육실습 확인서'는 「어린이집지원 시스템」을 통해 입력, 저장된 보육실습생 및 실습 지도교사 정보가 자동으로 연동되므로 입력된 정보가 정확한지 확인한 후 '보육실습 확인서'를 출력하여 어린이집 직인 날인 후 양성교육기관으로 송부한다. 이때 첨부서류(어린이집 인가증 사본, 지도교사 자격증 사본, 실습 지도교사 1인당 3명 이내의 보육실습생 지도 확인서)는 제출하지 않는다(단, 교육과정과 방과후 과정을 운영하는 유치원에서 실습한 경우는 첨부서류 제출 필수, 이하 '유치원').

■ **보육실습 확인서 제출**

어린이집지원 시스템 → (교육관리) → (보육실습생관리) → 대상자 조회 후(선택) → (제출) 버튼 클릭(메시지 창 확인) → (확인) 버튼 클릭(제출완료)

※ 주의: 보육실습을 2회로 나누어서 실습한 경우에는 보육실습생 등록 및 제출을 각각 해야 함. 제출된 내용은 자격취득을 위한 정보로 전송되므로 제출 이후에는 수정 불가

■ **보육실습 확인서 제출여부 확인**

보육실습 확인서를 제출하면 보육실습생 정보는 제출여부(미제출) → (제출)로 변경됨

| 출처 | 한국보육진흥원(2017). 양성교육기관에서의 보육실습지도. 재정리.

2 보육실습의 유형

「영유아보육법」에 의하면 보육실습의 경우에는 6주 동안 어린이집에서 실습을 하고 평가를 받는 정규 실습을 의미하지만, 보육실습 및 현장 경험의 중요성에 비해 정규 보육실습 기간이 다소 짧다는 비판과 함께 최근에는 정규 실습 외에 이를 보완하는 과정으로 사전 실습, 사후 실습을 포함하여 그 과정을 확대하는 개념으로 받아들이고 있다. 물론 이러한 것이 법제화가 된 것은 아니며 양성기관의 상황에 따라 융통성 있게 운영하는 것이 필요할 것이다.

본 절에서는 보육실습의 실제 운영으로서 사전 실습, 정규 실습, 사후 실습 등으로 나누어 살펴보고자 한다.

1) 사전 실습

보육실습을 위한 사전 실습은 보육실습에 임하는 학생들로 하여금 보육실습의 의의와 목적, 내용 및 방법에 관한 확고한 인식과 기본적이고 예비적인 지식과 기술을 습득하게 함으로써 보육실습의 효과를 극대화시키는 데 큰 도움이 된다. 특히 실습 기간 이전부터 보육실습생으로 하여금 어린이집 현장에 관심을 가지고 접촉하게 하는 경험은 보육실습의 효과를 높이는 방법으로 볼 수 있다.

일반적으로 사전 실습을 실시하는 경우 실습 시기는 정규 보육실습 1, 2학기 전이나 1, 2개월 전부터 실시하며, 실습 형태는 매일 참여하거나 특정 요일 또는 수시로 참여하는 등의 다양한 형태로 이루어지고 있는 실정이다. 실습은 일반적으로 관찰 등으로 진행되어지며 부분적으로 참여 실습이 이루어기도 한다.

따라서 사전 실습은 정규 보육실습이 시작되기 전 대학과 실습기관에서 각각 실시되어야 한다. 사전 실습도 대학과 실습기관의 협의 하에 각각의 입장에서 예비교사들이 실습을 수행하는 데 도움을 줄 수 있는 내용들을 선정하여 이들을 체계적이고 조직적으로 전달해 줄 수 있어야 할 것이다.

다음은 보육실습의 사전 실습 지도 시 고려되어지는 유의사항이다.

첫째, 대학과 실습기관, 대학 지도교수와 지도교사 간에, 원장, 보육실습생까지를 포함하여 긴밀한 협의 및 협조 체제를 이루어야 한다.

둘째, 안내나 지침 등 사전 실습 지도 및 준비는 간략하면서도 명확하여야 한다.

셋째, 사전 실습 시 보육실습에 관한 연중계획을 수립하고 그에 기초하여 사전 실습에 적합한 활동을 계획하도록 한다.

넷째, 사전 실습 활동이 보육실습의 일관된 체제 하에 연속성과 계열성, 구체성을 갖고 통합적으로 운영될 수 있도록 계획한다.

2) 정규 실습

정규 실습은 보육교사의 자격 획득을 위한 필수과정으로서 정해진 기간 동안 지도교사와 지도교수의 지도 아래, 보육 현장에서 보육교사로서의 직무 수행을 전체적으로 경험해 보는 과정을 의미한다. 현행 「영유아보육법」에 의하면 정규 실습은 '보육실습'이라는 명칭의 과목을 통해 6주(240시간 이상) 계속되는 것이 일반적이다.

정규 실습은 사전 실습에 비하여 그 기간이 계속적이고 장기적이며, 이 기간 동안 교사로서의 역할을 모두 수행해 볼 수 있도록 관찰에서부터 실제 지도에 이르기까지 교사로서의 경험을 점진적으로 증가시켜 마지막 주에는 예비교사 자신이 하루나 이틀 동안 혼자 힘으로 보육교사의 모든 임무를 수행하게 된다.

보육실습 6주 동안 실습생은 영유아를 관찰하고, 보조교사로 참여하기 시작한다. 실습생이 기관 및 해당 반의 하루일과에 익숙해지면, 보육실의 흥미 영역 중 한 개 영역에 해당하는 보육활동을 계획하여 직접 실행해 보고, 점차 몇 영역으로 확대해 본다. 마지막으로 반일이나 일과 전체에 대한 보육계획안을 실습생이 직접 작성하고, 교재 · 교구를 준비하여 영유아를 지도하는 과정으로 보육실습을 하게 된다. 주차별로 진행할 수 있는 보육실습 실시과정의 예시를 제시하면 다음 | 표 11-2 | 와 같다.

| 표 11-2 | 보육실습 연속형(6주 연속) 실시 내용 예

<table>
<tr><th colspan="2">주</th><th>1일차</th><th>2일차</th><th>3일차</th><th>4일차</th><th>5일</th></tr>
<tr><td colspan="2">사전방문과 교육</td><td colspan="5">• 사전방문하여 실습 오리엔테이션을 실시함
• 보육실습 일정과 내용, 준비물, 준비서류 및 기타 유의사항 합의</td></tr>
<tr><td>사전 참여 실습</td><td>1주</td><td colspan="5">• 어린이집의 운영 철학 및 보육 서비스 등의 특징 파악
• 어린이집 보육교직원들과 친밀감 형성
• 모든 연령의 반 참여 관찰: 일과운영, 보육환경, 영유아-교사 상호작용 등, 영아반과 유아반 고르게 경험, 실습기관의 지침에 따라 순서는 융통성 있게 운영
• 보육실습일지 작성과 지도교사의 평가</td></tr>
<tr><td rowspan="8">보육 활동 운영 실습</td><td rowspan="2">2주</td><td colspan="5">• 실습반 영유아와 친밀감 형성하기
• 보조교사로서의 역할 수행하기</td></tr>
<tr><td colspan="2">• 실습반 관찰(일과운영, 보육환경, 영유아-교사 상호작용 등)</td><td colspan="3">• 3주차 영역별 보육활동 선정 및 계획안 제출과 지도교사의 평가</td></tr>
<tr><td rowspan="2">3주</td><td></td><td>영역별 보육활동 실습</td><td></td><td>영역별 보육활동 실습</td><td></td></tr>
<tr><td></td><td>자기평가, 지도교사 평가</td><td>영역별 보육활동 선정</td><td>자기평가, 지도교사 평가</td><td>연계 활동 계획안 제출</td></tr>
<tr><td rowspan="2">4주</td><td></td><td>연계 활동 실시</td><td></td><td></td><td></td></tr>
<tr><td>연계 활동 자료 준비 및 제작</td><td>자기평가, 지도교사 평가</td><td colspan="2">반일(일일)보육 계획 협의</td><td>반인(일일) 보육 계획안 제출</td></tr>
<tr><td rowspan="2">5주</td><td></td><td></td><td>반인(일일)보육 계획 협의</td><td></td><td></td></tr>
<tr><td colspan="2">반일(일일) 보육활동 자료 점검</td><td>자기평가, 지도교사 평가</td><td></td><td></td></tr>
<tr><td>사후 참여 실습</td><td>6주</td><td colspan="3">• 참여 관람(일과운영, 보육환경, 영유아-교사 상호작용 등
• 보조교사 역할 수행하기
• 보육 실습일지 작성</td><td>최종 어린이집 실습 평가회 (원장, 지도교사 등 참여)</td><td>실습일지 및 기타 실습관련 서류 제출</td></tr>
</table>

| 출처 | 한국보육진흥원(2017). 양성교육기관에서의 보육실습지도.

- 관찰은 보육실습 기간 동안 계속적으로 이루어지지만 실습 초기에 영유아 행동 및 놀이에 대한 관찰과 일과 운영에 대한 관찰 시간을 충분히 갖고 관찰 내용에 대해 실습지도교사의 지도를 받는 것이 필요하다.
- 관찰의 주된 내용은 영유아의 연령에 따른 보육실 환경 구성의 특성, 일과의 진행, 영유아의 발달 및 놀이 특성, 보육교사의 역할 및 영유아와의 상호작용을 포함한다.
- 보조교사로서의 참여는 보육실습 기간 동안 계속적으로 진행된다.
- 보조교사로 참여하면서 영유아와 친밀한 관계 형성, 영유아에 대한 이해, 일상생활지도 등 보육교사로서의 업무를 파악한다.
- 보육활동에 대한 실습은 실습 담당 교사의 지도 아래 보육실습생이 직접 보육활동을 계획하고 실행한다.
- 보육활동에 대한 보육실습은 일과 중의 특정 시간이나 한두 영역의 보육활동 수행에서 시작하여 반일 또는 귀가까지 하루를 보육실습생이 직접 계획하여 수행하는 방식으로 진행한다.

이상에서 제시된 것처럼 정규 실습 시 보육실습생은 일반적으로 영유아들의 특성을 파악하거나, 보육과정을 계획 · 운영하는 것, 환경 구성하는 것 등 수업과 관련된 직무와 수업 이외에 교사로서 담당해야 할 여러 가지 업무들을 처리하는 역할로 영유아들의 관찰기록부를 정리 · 관리한다든지, 공문서를 처리한다든지, 교구 및 비품을 관리하고 관리대장을 작성한다든지, 부모회를 계획하는 것 등과 관련된 직무를 경험하게 된다.

3) 사후 실습

6주간의 보육실습이 어린이집에서 실시되었다고 해서 보육실습이 완전히 끝난 것으로 생각할 수는 없다. 정규 실습 이후에도 평가과정을 통해 보육실습 기간 중에 나타난 문제점들을 보완하여 나름대로의 판단 능력을 키우고, 일반 강의에서 부족한 것으로 나타난 점들을 보충 · 지도하는 지속적인 과정이 필요하기 때문이다.

이처럼 사후 실습은 정규 실습 이후에 정기적으로 현장에 나가 보조교사의 역할을 수행하거나 부분적으로 수업을 진행해 보면서 정규 실습 과정을 심화시키거나 실습 내용을 추가하는 보완적 성격을 갖는다고 할 수 있다.

그러나 사후 실습이 사전 실습과 마찬가지로 의무적인 과정이 아니므로 대학이나 실습생의 필요에 따라 사후 실습의 참여 여부, 시기나 기간 등을 선택할 수 있으며, 정규 실습처럼 매일 참여하기 힘든 경우라면 개별적으로 수업이 없는 요일을 정해 놓고 주 1~2회 정도 정기적으로 참여할 수도 있다.

3 보육실습의 준비와 실제

보육교사를 양성하는 양성교육기관에서는 보육실습을 하기 전에 보육실습 교과목에 관련된 법적 기준을 살펴보고, 면밀히 계획을 세워 보육실습의 전체 과정이 차질 없이 이루어질 수 있도록 해야 한다. 양성교육기관에서 보육실습을 계획할 때 준비해야 할 사항은 구체적으로 다음과 같다.

보육실습 계획 시 준비사항

구분	교수 및 양성교육기관	학생
내용	• 보육실습기관 섭외, 선정 • 보육실습생 상해보험 가입(권장사항) • 양성교육기관의 실습사전 교육 실시 • 보육실습비 지급 • 보육실습생 건강진단결과서 발급 지도 • 성범죄 경력 조회 및 아동학대 관련 범죄 전력조회 안내 • 보육실습 오리엔테이션	• 실습기관 사전방문 및 사전교육 • 서류작성 및 실습기관에 서류 전달 – 보육실습생 신상 카드 – 보육실습생 서약서 – 보육실습생 자기소개서(필요시) – 보육실습비 영수증 양식 – 보육실습 확인서 양식 – 보육실습 평가서 양식 – 보건소의 전염성 질환에 대한 건강진단 결과서(구 보건증)
서류 및 준비물	• 보육실습 신청서 • 보육실습 협조공문 • 보육실습 동의서 • 보육실습생 신상 카드 • 보육실습생 자기소개서(필요시) • 보육실습생 서약서 • 보육실습 확인서* • 보육실습 평가서 • 보육실습비 영수증 • 보육실습일지 제작	• 이름표(양성교육기관명, 보육실습생 이름) • 실내화 또는 덧신(필요시) • 실외놀이용 신발(필요시) • 여벌옷(필요시) • 보육실습일지 및 필기도구

* 「어린이집지원 시스템」을 통하여 보육실습 확인서를 제출한 경우 첨부서류를 제출하지 않아도 됨(단, 유치원은 양성교육기관에서 양식 제공)

양성교육기관인 대학 측에서 보육실습의 전 과정을 미리 염두에 두어 이를 계획하고, 준비한다면 보다 원활하게 보육실습이 진행될 것이다. 실습의 시작에서 종료까지 전체 진행 과정을 표로 제시하면 다음과 같다.

보육실습의 진행과정

보육실습 관련 내용	실행주체
보육실습 신청서(방학 중 실습실시 경우) 제출	학생 → 보육실습 담당교수
실습기관 선정	양성교육기관, 학생, 보육실습기관 협의
실습 협조 공문 발송	양성교육기관 → 보육실습기관
실습 동의서 수령	보육실습기관 → 양성교육기관
보육실습생 상해보험 가입(권장사항)	양성교육기관 → 보험사
보육실습 시 송금	양성교육기관 → 보육실습기관
양성교육기관에서 실습생 사전교육	양성교육기관 → 학생
실습관련 서류 전달 실습생 신상카드, 서약서, 자기소개서 작성 지도, 실습일지	양성교육기관 → 학생
실습생 실습기관 사전 방문	학생 → 보육실습기관
실습기관의 실습생 사전교육	보육실습기관 → 학생
각종 서류 전달 (실습생 신상카드, 서약서, 자기소개서, 보육실습 확인서양식, 실습평가서양식, 실습비영수증양식, 실습건강진단결과서)	양성교육기관 → 학생 → 보육실습기관
4주 실습 실시 및 지도	보육실습기관 → 학생
각종 서류 전달 (보육실습 확인서, 보육실습 평가서, 실습비영수증, 보육실습일지 제출)	보육실습기관 → 학생 → 양성교육기관 학생 → 양성교육기관
보육실습 평가회 및 보육실습 종료	

※ '어린이집지원 시스템'을 통하여 보육실습 확인서를 출력한 경우 첨부서류를 제출하지 않아도 됨(단, 유치원은 양성교육기관에서 양식 제공).

| 출처 | 한국보육진흥원(2017). 양성교육기관에서의 보육실습지도.

1) 보육실습생의 사전 지도

(1) 대학 측의 준비

보육실습 시작 전 적어도 몇 주에 걸쳐 대학에서는 보육실습생들을 대상으로 보육실습의 관리 및 운영이나 지도 및 평가에 관계되는 사항들을 체계적이고 조직적으로 설명해 줄 필요가 있다.

대학은 보육실습생들이 실습을 수행하는 과정에서 무엇을 어떻게 배워 올 것인가에 대한 사전 지도를 해야 한다. 또한 실습이 진행되는 동안에 보육실습생들과 토의 시간을 가져 그들이 그때그때 보고 느낀 것들에 대해 설명하고 토론해 보는 지도를 병행하는 것도 필요하다. 이러한 지도가 있을 때에 보육실습생들은 현장에서 그들이 관찰하거나 경험한 것을 무비판적으로 수용하지 않고, 다양한 접근방법을 사용하여 문제를 해결하고자 하는 반성적 사고 능력과 융통성 있는 태도를 배우게 된다.

예를 들면, 보육실습생들로 하여금 어린이집의 환경 구성이 어떻게 되어 있는지, 흥미 영역에는 어떤 것들이 있으며 어떻게 이들이 배치되어 있는지, 영유아들은 어린이집에서 무엇을 하는지, 영유아와 교사는 어떻게 상호작용 하는지 등 구체적인 질문을 미리 준비하여 현장에서 일어날 수 있는 일들의 여러 가지 가능성 및 문제점에 대해 토의해 보는 기회를 갖도록 하는 것이 필요하다.

그리고 대학에서는 보육실습을 효과적으로 수행하기 위하여 실습생들이 준비하고 있어야 할 정신적 · 정서적 자세나 이해하고 있어야 할 내용들을 스스로 파악하고 점검할 수 있도록 보육 지침서와 안내서나 유인물 등을 마련하도록 한다.

다음은 보육실습을 위한 실습생의 사전 지도에 포함될 수 있는 내용이다.

- 어린이집의 소개
- 보육실습의 목표, 실습의 과정 및 내용
- 보육실습생의 역할 및 과제
- 보육실습생으로서의 태도
- 보육일지의 작성방법
- 보육실습에 필요한 기본적인 지식의 정리
  (보육계획안 작성, 각 교과별 기본 지도 원리 등)

(2) 실습기관 측의 준비

실습기관에서는 기본적으로 보육실습생들이 주어진 기간 동안 실습을 하는 과정에 어려움이 없도록 어린이집의 교육적 · 물적 · 인적 환경을 충분히 소개하여 이해시키고, 실습의 과정 및 내용, 기대되는 보육실습생의 역할 및 과제, 평가 기준, 어린이집에서 기대하는 보육실습생의 태도 및 근무 조건 등에 대한 내용을 지도해야 한다.

정규 실습 시에는 학생들이 보조교사의 역할을 수행하는 경우가 많으므로 실습 지도교사는 보육실습생에게 교사의 다양한 역할을 수행하는 시범을 보임과 동시에 자신이 왜 그러한 상황에서 그러한 행동 결정을 했는지에 대해 보육실습생과의 정기적인 토의 시간을 통해 알려줄 필요가 있다. 왜냐하면 보육실습생들이 실습 지도교사에게서 배워야 하는 것은 교사로서의 역할을 수행하기 위해 자신이 가진 지식과 기술, 정보를 적용 · 응용하여 문제를 해결하는 것이 최선의 방법이 될 수 있으나 대상과 환경이 다른 상황에서는 그렇지 않을 수도 있기 때문이다.

다음은 실습기관의 사전 지도에 포함되어야 할 세부적 사항이다.

- 어린이집의 교육철학 및 프로그램 운영 방침
- 어린이집 교직원
- 어린이집 시설 및 설비 소개와 이들의 정확한 사용법
- 각 반의 일과표 및 영유아 명단
- 실습 기간 중 행사 일정
- 실습의 과정 및 내용
- 실습생의 역할 및 과제
- 실습생에게 기대하는 태도, 준수사항, 유의사항
- 실습생의 준비물
- 평가 기준
- 실습생의 준비물

(3) 보육실습생 측면의 준비

보육실습생은 실습 목적을 달성하기 위해 실습이 이루어지기 전 철저한 자기 점검을 통해 보육교사의 힘을 덜어준다는 보조교사로서의 관점이나 어린이집을 비판 · 평가하려는 감독자의 관점을 떠나 배우고 익히는 보육실습생 본연의 자세를 유지할 수 있도록 노력해야 한다.

구체적인 계획 · 준비 활동은 다음과 같다.

- 실습 전에 학습 내용을 총 점검 · 정리하여 실습 활동에 대비한다. 특히 보육과정의 내용(각과 지도법) 등을 정리하도록 한다.
- 실습 활동에 대한 조직적이고 체계적인 계획을 세운다.
- 보육실습에 관한 지침서나 선배들의 보육일지 등을 참고한다.
- 실습기관이 정해지면 동료들과 함께 구체적인 실습 활동을 의논하고 준비한다.
- 실습 전에 실습기관을 방문하여 실습 어린이집에 대한 현황 및 실태 등을 파악한다(자택과의 거리, 교통편 등을 포함한다. 이때 일반적인 어린이집 측의 보육실습지침 등이 협의되는 것이 좋다. 실습 어린이집의 지침이 없으면 일과 등에 관해 자세히 묻고 지도를 받는다. 시간 약속을 미리 하고 찾아뵙도록 한다.).
- 실습에 필요한 물건을 준비 · 점검한다(실습일지, 관찰지, 필기 도구, 명찰, 실내화, 활동복 등).
- 보육실습에 대비한 복장과 용의를 정돈한다.

2) 실습생의 어린이집 사전 방문

실습생은 실습이 이루어지기 전 어린이집을 미리 방문해야 하며, 이때는 전화로 미리 연락하여 사전 약속을 하도록 한다. 사전 방문 시에는 자신을 소개하는 이력서와 자기소개서, 대학의 보육실습 관련 공문을 실습기관에 제출하도록 한다.

다음은 사전 방문 시 유의해야 할 사항이다.

- 어린이집의 위치와 교통편 확인
- 실습의 과정 및 내용

- 실습생의 준비물

- 보육실습 신청서
- 보육실습 협조공문
- 보육실습 동의서
- 보육실습생 신상 카드
- 보육실습생 자기소개서(필요시)
- 보육실습생 서약서
- 보육실습 확인서
- 보육실습비 영수증
- 보육실습 평가서
- 보육실습일지와 보육활동 계획안 양식
- 보건소의 전염성 질환(폐결핵, 장티푸스, 전염성 피부질환 등)에 대한 건강진단 결과 (구 보건증)

3) 실습 기간 동안의 실습 내용

실습 내용은 실습기관이나 보육실습생의 상황을 고려하여 약간의 차이는 있으나 대개 관찰에서 실제 수업 지도에 이르기까지 교사의 경험을 점진적으로 증가시켜 마지막에는 혼자 힘으로 교사의 모든 임무를 수행하도록 조직적으로 계획하고 체계화시켜야 한다.

보육실습의 과정은 관찰과 참여로 시작하여 실제 보육활동의 계획과 실행 및 평가 순서로 진행되지만, 실습반인 영유아의 연령에 따라 보육실습 내용에 차이가 있다. 영아반은 일상적 양육이 하루일과에서 중요한 부분을 차지하므로 영아반 보육실습과 유아반 보육실습 내용의 차이를 이해하는 것이 필요하다.

따라서 영아반(만 0~2세)과 유아반(만 3~5세)으로 구분하여 6주간의 주차별 보육실습 내용에 대한 예시를 제시하면 | 표 11-3 |, | 표 11-4 | 와 같다(한국보육진흥원, 2017).

| 표 11-3 | ○○어린이집 만 0~2세(영아반) 6주간 보육실습 내용 예시

주	실습 내용
1주	• 관찰 기록 – 보육실 흥미 영역 구성, 활동 준비 및 하루일과의 진행과정 관찰 – 영아와 영아, 영아와 보육교사 간 상호작용 및 보육교사의 업무 관찰 • 영아반의 일과 특성 이해하기(예 기저귀 갈기, 배변훈련, 수유 및 이유, 급식지도 등) • 영아의 연령별, 개인별 발달 특성 이해하기(예 흥미, 수준, 언어표현, 상호작용 등) • 1주차 관찰 및 보육실습에 대한 평가: 지도교사, 보육실습생
2주	• 관찰 기록 – 일과운영, 보육환경, 영아-보육교사 상호작용 등 관찰 • 영아 친밀감 형성하기 • 3주차 보육활동 계획 및 검토 – 영역별 보육활동 선정 및 계획안 작성: 지도교사의 검토 및 지도 받기 – 계획한 보육활동에 필요한 자료 및 교재 · 교구 준비 • 2주차 관찰 및 보육실습에 대한 평가: 지도교사, 보육실습생
3주	• 관찰 기록 – 일과운영, 보육환경, 영아-보육교사 상호작용 등 관찰 • 영아 개인에게 맞는 일상적인 생활지도 방법 익히기 • 영역별 보육활동 실습 – 흥미 영역 활동 2회 진행 및 보육활동에 대한 평가: 지도교사, 보육실습생 • 4주차 보육활동 계획 및 검토 – 연계 보육활동에 대한 계획안 작성: 지도교사의 검토 및 지도 받기 – 계획한 보육활동에 필요한 자료준비 및 제작 • 3주차 보육실습 및 보육활동에 대한 평가: 지도교사, 보육실습생
4주	• 영아와 보육교사 간의 상호작용 관찰 기록 • 보육연계 활동 점검 및 준비 – 보육활동 연계 활동 진행 및 보육활동에 대한 평가: 지도교사, 보육실습생 • 5주차 보육활동 계획 및 검토 – 반일(일일) 보육활동 계획 및 계획안 작성: 지도교사의 검토 및 지도 받기 – 계획한 보육활동에 필요한 자료 및 교재 · 교구 준비 • 4주차 보육실습 및 보육활동에 대한 평가: 지도교사, 보육실습생
5주	• 영아와 보육교사 간의 상호작용 관찰 기록 • 반일(일일) 보육활동 점검 및 준비 • 반일(일일) 보육활동 진행 및 보육활동에 대한 평가: 지도교사, 보육실습생 • 5주차 보육실습 및 보육활동에 대한 평가: 지도교사, 보육실습생
6주	• 영아와 보육교사 간의 상호작용 관찰 • 보육실습 최종 평가회: 원장, 지도교사, 보육실습생 • 보육실습 종료(보육실습생 평가표, 보육일지, 출근부 정리)

| 출처 | 한국보육진흥원(2017). 양성교육기관에서의 보육실습지도.

|표 11-4| △△어린이집 만 3~5세(유아반) 6주간 보육실습 내용 예시

주	실습 내용
1주	• 관찰 기록 – 흥미 영역 구성 및 활동 준비, 하루일과의 진행과정 관찰 – 유아와 유아, 유아와 보육교사 간 상호작용 및 보육교사의 업무 관찰 • 유아반의 일과 특성 이해하기 • 유아의 연령별, 개인별 발달 특성 이해하기 • 1주차 관찰 및 보육실습에 대한 평가: 지도교사, 보육실습생
2주	• 유아놀이 관찰 및 유아와 보육교사, 유아–유아, 유아–교구 간의 상호작용 관찰 기록 • 유아와 친밀감 형성하기 • 3주차 보육활동 계획 및 검토 – 영역별 보육활동에 대한 계획안 작성: 지도교사의 검토 및 지도 받기 – 계획한 보육활동에 필요한 자료 및 교재 · 교구 준비 · 영역별 보육활동 실습 • 2주차 보육실습 및 보육활동에 대한 평가: 지도교사, 보육실습생
3주	• 유아놀이 관찰 및 유아와 보육교사, 유아–유아, 유아–교구 간의 상호작용 관찰 • 영역별 보육활동 실습 – 흥미 영역 활동 2회 진행 및 보육활동에 대한 평가: 지도교사, 보육실습생 • 4주차 보육활동 계획 및 검토 – 연계 활동 및 대 · 소집단 활동에 대한 계획안 작성: 지도교사의 검토 및 지도 받기 – 계획한 보육활동에 필요한 자료 및 교재 · 교구 준비 • 3주차 보육실습 및 보육활동에 대한 평가: 지도교사, 보육실습생
4주	• 유아놀이 관찰 및 유아와 보육교사, 유아–유아, 유아–교구 간의 상호작용 관찰 • 연계 활동 및 대 · 소집단 활동 준비 및 진행 – 연계 보육활동 1회, 대 · 소집단 보육활동 1회 진행 – 보육활동에 대한 평가: 지도교사, 보육실습생 • 5주차 보육활동 계획 및 검토 – 반일 또는 일일보육(흥미 영역 활동 2개, 대집단 활동 1개, 실외 자유선택 활동 1개 포함)에 대한 보육활동 계획안 및 반일(일일)계획안 작성: 지도교사의 지도 받기 – 계획한 보육활동에 필요한 자료 및 교재 · 교구 준비 • 4주차 보육실습 및 보육활동에 대한 평가: 지도교사, 보육실습생
5주	• 유아놀이 관찰 및 유아와 보육교사, 유아–유아, 유아–교구 간의 상호작용 관찰 • 반일(일일) 보육활동 점검 및 준비 • 반일(일일) 보육활동 진행 및 보육활동에 대한 평가: 지도교사, 보육실습생 • 5주차 보육실습 및 보육활동에 대한 평가: 지도교사, 보육실습생
6주	• 유아놀이 관찰 및 유아와 보육교사, 유아–유아, 유아–교구 간의 상호작용 관찰 • 반일(일일)보육활동 실습 – 보육활동과 관련된 환경 구성 • 보육실습 최종 평가회: 원장, 지도교사, 보육실습생 • 보육실습 종료(보육실습생 평가표, 보육일지, 출근부 정리)

|출처| 한국보육진흥원(2017). 양성교육기관에서의 보육실습지도.

- 만 0세반의 보육실습 내용에는 수유 및 이유, 기저귀 갈이, 잠재우기, 안아주기 등의 일상적 양육과 사회 · 정서적인 친밀한 상호작용, 안전이 중요하며, 개별적인 보살핌과 개별적인 놀이 지도가 중심이 되므로 보육실습에 이에 대한 내용이 포함되도록 한다.
- 만 1, 2세반의 보육내용에도 영아들의 일상적 양육이 중요하므로 이를 포함하여야 하며, 대집단 형태가 아닌 개별적인 영역별 활동 및 놀이 활동을 중심으로 보육실습이 운영되도록 지도한다.
- 보육 일과 운영 중 일상생활 지도에 대한 보육실습생의 역할(정리 · 정돈/ 수유, 이유, 점심 및 간식/ 낮잠/ 이 닦기 등)에 대해 실습생이 해야 할 부분과 지도교사가 담당할 부분에 대한 내용을 분명하게 구분하여 지도한다.
- 유아반의 보육실습 내용에는 영아반의 기본 내용 이외에 기본생활습관 및 일상생활 지도와 안전 지도에 대한 내용이 포함되도록 한다.
- 유아반은 개별, 소집단, 대집단 활동을 모두 진행하며, 흥미 영역의 활동도 고루 경험해 볼 수 있도록 계획한다.

보육실습은 앞서 제시한 바와 같이 동일한 반에서 6주 동안 실시하는 것이 바람직하지만, 간혹 여러 연령 반을 돌아가면서 보육실습하는 경우도 있다. 여러 반을 실습할 경우에는 다양한 연령반의 보육 일과를 경험하고 여러 교사의 지도방법을 경험하는 장점이 있기는 하지만, 실습생이 해당 반의 영유아와 친밀감을 형성할 시간이나 개별 영유아를 파악할 시간이 부족하므로 보육활동을 계획하고 실행하는 데 어려움을 겪을 수 있다. 또한 한 반에서 보내는 시간이 짧으므로 영역별 보육활동에서 시작하여 반일(일일) 보육활동까지 확장하기가 어려운 단점이 있다.

4) 보육실습일지 작성방법

보육실습일지는 실습의 전 기간에 필요한 모든 것을 기록할 수 있도록 구성된 기록장으로, 보육실습생은 실습 기간을 통하여 자신의 보육실습 내용을 매일 기록하여 지도교사 및 원장과의 협의를 통해 지도상의 조언을 받고 실습 후에는 대학에게 제출하여 검토 및 지도를 받아야 한다.

실습일지 기록은 보육실습에 있어서 필수과제이며, 보육실습생에게는 어린이집에서 이루어지는 보육활동 실태 및 교사의 역할을 파악하고, 자신의 소감 및 반성을 정리 기록함으로써 영유아보육에 대한 이해를 깊게 하고 보육교사로서의 자질을 높일 수 있게 한다. 특히 자신의 실습 중 보육활동 체험에 따른 문제의식이나 감동, 그에 대한 내면적 성찰은 보육실습생이 교사로서의 의식을 갖는 데 많은 도움이 된다.

보육실습일지에 기록할 때는 다음과 같은 점들을 유의하도록 한다.

(1) 보육실습일지 기재 내용

- 실습 기간 중 매일의 일과 활동은 '보육실습일지' 란에 기록하고, 지도교사의 지도 · 조언을 받는다.
- 실습생평가 란에는 하루일과에 대한 좋은 점 및 의문점을 기록하여 교육적인 평가가 되도록 하고 지도교사의 조언을 받음으로써 상호 연계되도록 한다.
- 부분 보육계획안 및 전일 보육계획안 란에는 자신이 실시한 실제 수업 내용을 기록하고, 제출한 부분 보육계획안 및 전일 보육계획안을 철해 놓는다.
- 주관적인 감정에 치우치지 말고 객관적으로 사실과 소감을 구분하여 기록하고 어떤 편견이나 선입관 없이 보육활동 내용을 항목으로 나누어 기록한다.
- 기록시 탈자나 오자 없이 깨끗하게 정서하거나 컴퓨터로 작성하여 기록한다.
- 가정통신문, 주간 보육계획안 및 기타 유인물은 부록 란에 철하여 참고한다.
- 관찰한 영유아는 일화 기록이나 기타 관찰 양식에 준하여 기록하여 지도교사에게 제출하여 지도 · 조언을 받는다. 또한 제출한 관찰 기록지를 철해 놓는다.

- 원장 및 지도교사의 조언, 교직원 회의 및 전달 사항, 행사 내용을 빠짐없이 기록한다.
- 매일 학급 운영, 생활 지도, 수업 참관, 수업 실시 등에 관하여 조언을 듣고 빠짐없이 기록한다.
- 그날의 중요 사항을 즉시 기록해 두었다가 실습일지의 해당란에 알맞게 정리한다.

(2) 보육실습일지 처리 사항

- 보육실습일지는 퇴근 시에 어린이집에 제출하고 지도교사 및 원장의 결재를 받고 출근해서 다시 받는 것을 원칙으로 한다.
- 실습이 끝나면 보육실습일지는 원본과 복사본을 작성하여 복사본은 학과에 제출한다.
- 실습일지, 실습 평가서, 보육실습 확인서를 제출하지 않을 때는 실습을 하지 않는 것으로 간주되므로 보육실습 학점을 취득할 수 없음을 유념한다.

(3) 보육실습생 출근부, 보육실습 평가서, 보육실습 확인서, 실습비 영수증 처리 사항

- 보육실습생 출근부는 매일 출근과 동시에 날인을 하고 정확하게 출근 시간까지 기재한다.
- 보육실습 확인서는 어린이집지원 시스템을 통해 입력, 저장된 보육실습생 및 실습 지도교사 정보가 자동으로 연동되므로 입력된 정보가 정확한지 확인한 후에 보육실습 확인서를 출력하여 어린이집 직인 날인 후 양성교육기관으로 송부한다.
- 실습비 영수증 외 보육실습 평가서는 인봉하여 대학 측으로 송부하거나 학생이 인봉된 서류를 받아올 수 있다.

|표 11-5| 보육실습일지 작성 예시(영아반)

<table>
<tr><td colspan="2" rowspan="2">보육실습일지</td><td rowspan="2">결재</td><td>실습생</td><td>지도</td><td>원장</td></tr>
<tr><td></td><td></td><td></td></tr>
<tr><td>반명</td><td>만 1세 ○○반</td><td>일시</td><td colspan="3">2○○○년 ○월 ○일 ○요일</td></tr>
<tr><td>날씨</td><td>흐린 후 맑음</td><td>결석 영유아</td><td colspan="3">박○○(여행)</td></tr>
<tr><td>주제</td><td>더워요</td><td>소주제</td><td colspan="3">여행가는 놀이를 해요</td></tr>
<tr><th>시간 및 일과</th><th colspan="2">활동계획 및 실행</th><th colspan="3">평가 및 유의점</th></tr>
<tr><td>~09:00
등원 및 맞이하기</td><td colspan="2">• 부모와 교사가 반갑게 인사를 나눔
– 교사가 부모에게 인사하는 모습을 영아에게 보여주며 영아와도 함께 인사나누기
– 투약의뢰서 유무를 확인
• 혼자서 양말을 벗어요
– 교사는 영아가 혼자 양말을 벗어볼 것을 제안한 뒤 쉽게 벗을 수 있도록 양말 끝을 잡아줌
– 스스로 시도하고 벗을 것에 대하여 "○○가 혼자 벗었구나"라고 격려한 뒤 서랍장에 넣는 것도 혼자 넣도록 제안함</td><td colspan="3">교사가 영아 스스로 해볼 수 있도록 충분히 기다려 주거나 최소한의 도움을 주며 영아가 성취감을 느낄수 있도록 배려함</td></tr>
<tr><td>09:00~09:20
오전 간식</td><td colspan="2">• 손 씻기 및 오전 간식(롤케이크, 우유)
– 소독비누로 거품을 내서 씻도록 하고 물로 씻을 때 비누가 남지 않도록 도와주기
• 즐겁게 먹어요
– 간식을 먹으며 영아에게 등원하면서 경험한 것, 가정에서의 일상을 물어보며 관심 갖기
– 간식을 먹으며 영아의 이름을 개별로 불러주고 눈을 마주치며 '선생님은 ○○을 사랑해' 노래를 불러줌</td><td colspan="3">준비된 간식을 스스로 먹고 정리할 수 있도록 도움</td></tr>
<tr><td rowspan="3">09:20~10:20
오전
실내 자유놀이</td><td colspan="2">〈신체 영역〉 둥근 고리 끼우기 놀이해요
• 둥근 고리를 놀잇감에 끼워 보거나 손목에 끼우고 흔들어 봄</td><td colspan="3">둥근 고리를 놀잇감에 끼우는 것보다 영아들의 손목에 끼우는 것에 더 재미를 나타냄</td></tr>
<tr><td colspan="2">〈언어 영역〉 울퉁불퉁 종이에 끼적여요
• 다양한 질감의 종이에 부드럽고 무독성의 영아용 크레파스 끼적거리기를 함</td><td colspan="3">여러 질감의 종이 중 큰 벽지에 끼적거리기를 하는 것을 가장 선호함</td></tr>
<tr><td colspan="2">〈역할 · 쌓기 영역〉 밀가루 반죽에 빨대를 꽂아요
• 밀가루 반죽을 소꿉그릇에 담아보기, 반죽을 모형 소꿉칼로 칼집을 내서 만져보거나 손으로 두드리기, 손가락으로 찔러보기 등의 다양한 방법으로 촉감을 느끼도록 함
• 반죽에 빨대를 꽂고 생일 초처럼 들어 보거나 생일축하 노래를 부르는 놀이를 함</td><td colspan="3">월령이 낮은 영아가 빨대를 꽂을 때 빨대가 잘 안 꽂혀지자 교사 함께 꽂으며 도움을 줌</td></tr>
</table>

시간 및 일과	활동계획 및 실행	평가 및 유의점
10:20~10:35 정리 · 정돈 및 배변	〈정리 · 정돈〉 • 교사가 영역별, 영아 개별로 곧 정리할 것임을 알려주고 노래를 부르며 정리를 시작함 • 정리 중에 뛰어 다니는 영아들이 있어 부딪히지 않도록 함께 손을 잡고 '장난감 집 찾아주기' 놀이를 하며 영역을 둘러 봄 • 친구들도 기저귀가 있어요 – 기저귀 갈이를 하기 전에 자신의 기저귀를 보면서 또래들의 기저귀를 함께 보도록 함. 기저귀를 보는 것이 익숙한 영아들은 교사가 기저귀를 갈기 위해 또래들의 이름을 부를 때마다 그 영아의 사진과 이름이 붙은 개별 장을 가리키기도 함 • 영아용 변기에서 소변보기 – 월령이 높은 영아들 중 팬티형 기저귀를 입는 영아들은 영아용 변기에 앉아서 소변을 보도록 시도해 봄	교사는 영아용 변기에 앉는 것을 거부하는 영아에 대해 수용하여 다른 영아가 변기에 앉아 있는 것을 바라볼 수 있도록 함 교사는 변기에 앉기를 영아에게 미소 짓기와 긍정적인 언어로 격려해주면서 변기에 앉는 두려움이 감소하도록 지원함
10:35~11:30 실외놀이	〈실외놀이〉 모래로 놀아요 • 체를 준비하여 교사가 모래를 체로 걸러줄 때 떨어지는 모래를 만져보기, 걸러진 부드러운 모래 만져보기 • 모래를 다른 친구에 뿌리지 않도록 안전에 만전을 기함	교사는 모래를 체로 치며 영아들이 관심을 갖도록 유도함. 모래를 만지기 거부하는 여아에게는 충분히 또래 영아들의 놀이를 지켜보면서 작은 통에 담긴 모래를 제시하여 만져보도록 권유함
11:30~11:45 정리 및 손 씻기	• 정리, 손 씻기 및 이동	모래를 털고 닦는 데 시간이 오래 걸림
11:45~12:15 점심	• 점심(잡곡밥, 콩나물국, 닭양념찜, 깻잎나물, 김치): 영아들이 먹고 싶어 하는 반찬을 먼저 먹고 나물을 먹지 않으려 하자 교사가 양을 줄여줌	나물을 먹고 싶어 하지 않는 영아들이 많아서 처음에 있던 양보다 덜어준 후 조금씩 나누어 제공함
12:15~13:00 이 닦기 및 기저귀 갈기	• 이 닦기 및 기저귀 갈이 시 보조교사로 참여하여 도움 – 자신의 차례에 교사의 도움을 받아 양치질을 할 수 있도록 보조교사로 참여하여 도움 – 세수하고 로션 바르기 – 잠옷이나 편안한 곳으로 갈아입고 제한된 영역에서 블록과 책을 통하여 조용한 놀이 즐기기	영아가 이 닦기, 세수하고 로션 바르기를 할 때 도움을 주었으나 혼자 해보겠다고 하는 영아들이 있어 영아 스스로 로션을 바를 수 있도록 손에 로션을 주었고 교사가 도와줌

시간 및 일과	활동계획 및 실행	평가 및 유의점
12:15~15:00 낮잠 준비 및 낮잠	• 내 이불, 내 베개를 찾아요 – 영아가 옷을 알아보는 것까지 낮잠 준비를 모두 마치면 이불을 깔아 주면서 영아 개별의 이름을 불러줌 – "○○베개는 어디에 있나요?", "이불은 어디에 있을까?"하고 자신의 이불과 베개를 찾아볼 수 있도록 함	대부분의 영아들이 자신의 베개와 이불을 찾을 수 있었음
15:00~16:30 낮잠 깨기 및 정리 · 정돈/ 기저귀 갈기	• 낮잠에서 깨면 교사가 개별로 다리를 주물러 주거나 기지개를 켜도록 도움 • 기저귀를 확인하고 갈아 줌 • 교사가 정리 시 자신의 베개를 가져올 수 있는 영아에게 "○○베개는 어디에 있나요?", "선생님께 가져올까요?"라고 물어봄. 가져온 영아에게는 "도와줘서 고마워요."라고 말함 • 옷을 갈아 있도록 도와줌	
15:30~16:00 오후 간식	• 손 씻기 및 오후 간식(단호박 범벅)	호박을 먹는 것에 대해 거부감 없이 잘 먹었고 더 달라고 손짓과 말소리로 의사를 표현함
16:00~17:30 오후 실내 · 외 자유놀이	• 오후 실내 자유놀이 – 신체 영역: 둥근 고리 끼우기 놀이해요 – 언어 영역: 울퉁불퉁 종이에 끼적여요 – 감각 · 탐색 영역: 누구의 기저귀일까요? – 역할 · 쌓기 영역: 밀가루 반죽에 빨대를 꽂아요 • 오후 실외 자유놀이 – 유희실에서 놀이를 함	교사가 오전에 끼적거리기 했던 종이를 바닥에 붙이고 그 위에 투명 비닐을 덮어 제시하자 영아들이 함께 작품을 공유하여 자신들이 한 활동에 대한 만족감을 나타냄
18:00~19:30 귀가 및 가정과의 연계	영아는 통합보육실에 가서 놀이를 하다 부모님이 오시면 통합보육 선생님께 인사를 하고 귀가	
실습생 평가	• 실외놀이에서 정리 후 실내로 이동할 때 단순히 정리만 하는 것이 아니라 놀이로 연결하여 활동을 진행하여 영아들이 정리와 자신의 신변을 처리하는 것을 즐겁게 참여하였다. 일상적인 하루일과를 진행하면서 영아의 개별적 발달을 고려하여 관심과 흥미에 적절히 반응하여 기본생활습관지도로 연결하는 것으로 배울 수 있었다. • 한 영역에 오래 머물지 못하는 영아의 특성을 고려하여 영역 간 연계할 수 있는 활동이 진행되므로 안정적인 교실 운영을 경험하였다.	
지도교사 조언 및 평가	영아에게 하루일과의 흐름을 활동중심으로 나누어 진행하는 것보다는 개별적인 흥미나 발달수준을 고려하여 진행하는 것이 적절합니다. 따라서 놀이 후 정리도 개별적인 놀이가 끝난 후 자연스럽게 이루어져야 하며, 영역 간의 구분을 두어 놀이하기보다 놀이에 계속 흥미를 나타내면 자연스럽게 놀이의 흐름이 지속될 수 있게 영역 간의 연계가 이루어지도록 계획하는 것이 중요합니다.	

| 표 11-6 | 보육실습일지 작성 예시(유아반)

<table>
<tr><td colspan="2" rowspan="2">보육실습일지</td><td rowspan="2">결재</td><td>실습생</td><td>지도</td><td>원장</td></tr>
<tr><td></td><td></td><td></td></tr>
<tr><td>반명</td><td>만 1세 ○○반</td><td>일시</td><td colspan="3">20○○년 ○월 ○일 ○요일</td></tr>
<tr><td>날씨</td><td>흐린 후 맑음</td><td>결석 영유아</td><td colspan="3">서○○(감기), 정○○(감기)</td></tr>
<tr><td>주제</td><td>나와 가족</td><td>소주제</td><td colspan="3">나의 몸</td></tr>
<tr><th>시간 및 일과</th><th colspan="3">활동계획 및 실행</th><th colspan="2">평가 및 유의점</th></tr>
<tr><td>7:30~8:50
등원 및 맞이하기</td><td colspan="3">• 등원 및 맞이하기
– 반갑게 맞이하며 유아의 건강을 점검함
– 가방 및 소지품을 스스로 정리할 수 있도록 하며, 조용한 놀이를 할 수 있도록 함</td><td colspan="2">자신의 소지품을 스스로 정리하도록 교사가 개별적으로 부드럽게 말함</td></tr>
<tr><td>8:50~09:10
놀이계획하기</td><td colspan="3">〈언어 영역〉 놀이계획하기
• 개별적으로 유아가 오늘의 놀이를 계획함. 놀이하고 싶은 영역에 동그라미를 치거나, 숫자로 순서를 정하고 놀이 후 평가할 수 있도록 안내함</td><td colspan="2">놀이를 계획성 있게 실천할 수 있도록 교사가 개별적으로 상호작용하여 지도함</td></tr>
<tr><td>09:10~09:30
오전 간식</td><td colspan="3">• 오전 간식
– 놀이감 정리 후, 손을 씻고 간식을 들고 자리로 이동함
– 바르게 앉아 간식을 먹고 다 먹은 뒤, 그릇을 정리함</td><td colspan="2"></td></tr>
<tr><td rowspan="3">09:30~11:00
오전
실내 자유선택 활동</td><td colspan="3">〈쌓기 영역〉 단위 블록으로 몸 구성하기
• 전지에 누워 그림을 그린 뒤, 그 그림에 뼈대를 그려봄. 뼈대 겉모습을 카프라와 끼우기 블록을 놓아 몸을 구성함</td><td colspan="2">전지에 누워 그린 겉모습에 뼈대를 그리는 작업 전 벽면에 게시된 인체 골격을 살펴볼 수 있도록 유도하였으나 교사의 도움이 많은 부분 필요하였음</td></tr>
<tr><td colspan="3">〈미술 영역〉 〈꾸미기〉 손 발 페인팅
• 손과 발바닥 찍기 활동을 진행함. 또한 손등과 발등에 작은 붓을 이용하여 꾸미기를 하여 봄</td><td colspan="2">페이스 페이팅 물감보다 수채 물감을 이용하자 물에 손쉽게 씻겨졌음. 여아들의 참여도가 높았음</td></tr>
<tr><td colspan="3">〈언어 영역〉 〈읽기/ 쓰기〉 동시 '내 동생'
• 교사가 들려주는 동시 '내 동생'을 듣고 스스로 읽으며 동시를 순서에 맞도록 구성함. 또는 '싫어, 싫어' 반복어구를 대신 하는 용어를 쓰며 동시를 재구성하여 봄</td><td colspan="2">반복어구가 있는 간단한 동시에서 유아들이 쉽게 읽고 교사와 나누어 읽기가 가능하였음. 또한 동시의 반복어구를 대신하는 다른 용어를 사용하여 동시를 재구성하여 봄</td></tr>
</table>

시간 및 일과	활동계획 및 실행	평가 및 유의점
09:30~11:00 오전 실내 자유선택 활동	〈수 · 조작 영역〉 컴퓨터로 내 이름 큰 글자를 출력하기 • 컴퓨터를 이용하여 자신의 이름을 적고 프린트로 출력하여 봄	잘 쓰지 못하는 유아의 경우 자 · 모음 순서를 교사가 손가락으로 짚으며 알려 주고 이를 먼저 컴퓨터 자판에서 찾아서 치도록 도움을 줌
	〈과학 영역〉 분류: 우리 몸에 필요한 영양소 • 영양탑과 음식 카드를 이용하여 영양분에 따라 음식 카드를 분류하여 봄	뒤쪽 백지의 색을 영양소와 음식 카드에 따라 다르게 하여 유아들이 영양소를 모르더라도 찾아볼 수 있도록 하였음
11:00~11:30 대 · 소집단 활동	〈대집단 활동〉 주말 지낸 이야기/ 〈동시〉 '내 동생' • 동시 자료를 이용하여 동시를 운율을 살려 들려줌 • 동시를 듣고 한 소절씩 유아들이 읽도록 참여하고 동시말을 바꿔보는 활동을 함	주말 지난 이야기를 할 때 긴장하여 평소보다 목소리가 작거나 올바른 자세를 취하지 못하는 유아들이 있었음 대부분의 유아들이 친구의 이야기를 경청하는 모습을 보여줌 주말에 가족과 함께 있었던 경험과 연계된 동시 내용에 흥미를 보이며 적극적으로 참여함
11:30~12:30 실외 자유선택 활동	〈실외 자유선택 활동〉 몸으로 재어보기 • 실외놀이터에서 접하는 물체(나무, 물놀이대, 미끄럼틀 등)를 손 양말 등 신체 부위를 이용하여 측정하여 봄	유아들은 교사와 함께 나무를 안아 둘레를 재어보며 적극적으로 활동에 참여함 한 아름이 넘는 나무가 없어 나무의 둘레를 넓게 재어보기에는 아쉬웠음
12:30~13:30 점심 및 양치	• 점심(흑미밥, 시금치된장국, 돈갈비찜, 파래무침, 김치) 및 양치: 식사도우미의 배식에 자신의 음식량을 조절하여 식사를 받아 자리에 바르게 앉아 반찬과 밥을 골고루 먹음. 식사 후 교실로 이동하여 이를 닦고 조용한 놀이를 함	유아들이 식사도우미의 역할에 적극적으로 참여하며 기다렸고 자신의 순서를 잘 지킴 음식의 종류를 살피고 양 조절을 어려워하여 교사의 도움이 필요하였음

시간 및 일과	활동계획 및 실행	평가 및 유의점
13:30~15:00 조용한 놀이 및 휴식	• 그림책 보면서 휴식하기 – '그만 내 몸은 소중히/ 이슬이의 첫 심부름', 준비된 도서를 읽으며 조용히 휴식을 준비함. 또는 자리에 누워 잠을 자거나 휴식을 취함	휴식을 원하지 않는 유아는 조용한 놀이에서 활동할 수 있도록 함
15:00~15:30 오후 간식	• 오후 간식(가래떡구이, 둥글레차) – 놀잇감 정리 후, 손을 씻고 간식을 들고 자리로 이동함 – 바르게 앉아 간식을 먹고 다 먹은 뒤, 그릇을 정리함	
15:30~17:30 오후 자유선택 활동 또는 실외 활동	• 오전 자유선택 활동이 계속 진행됨 • 블록으로 구성한 몸 사진 찍어 전시하기 – 전지에 누워 그림을 그린 뒤 그 그림에 뼈대를 그려둠 – 뼈대 겉모습을 카프라와 끼우기 블록을 놓아 몸을 구성함 – 구성된 몸을 사진으로 찍어 전시함	교사가 블록으로 구성한 몸 사진을 찍어 전시하자 활동에 관심을 나타내는 유아들이 많았고, 참여가 늘어나는 것을 볼 수 있었음
17:30~18:00 세안 및 몸단장 옷 단정히 입기	• 세안 및 옷 단정히 입기/ 귀가 – 자신의 몸을 스스로 단장할 수 있도록 격려 후 자신의 물건을 혼자 챙길 수 있도록 하면서 서랍 정리도 함께 이루어질 수 있도록 함	
18:00~19:30 통합보육 및 개별 귀가지도	• 통합보육 및 개별 귀가 지도 – 통합보육실에 가서 놀이를 하다 부모님이 오시면 통합보육 선생님께 인사를 하고 하원함	
실습생 평가	• 매일 이루어지는 자유선택 활동이지만 막상 놀이계획을 진행하려고 보니 어색해하는 유아가 많아 교사가 개별적으로 상호작용함으로 유아의 능동적인 활동을 유도하는 것을 볼 수 있었다. • 언어 활동이 각 영역에서 통합적으로 이루어지면서 자신의 이름을 이용하여 쓰기에 관심을 갖도록 하였다. 자신의 이름으로 쓰기에 참여하면서 이름이 완성되고 동시 '내 동생'과 연계하여 가족의 이름을 묻고 쓰면서 언어 활동이 활발히 이루어졌다. 통합적인 언어 활동의 실제를 선택 활동에서 경험하는 좋은 시간이 되었다	
지도교사 조언 및 평가	• 만 5세반이 되어 언어적 활동에 많은 관심을 보이면 교사도 유아의 관심과 흥미에 민감하게 반응해 주어야 합니다. 그렇다고 전통적인 학습의 방법으로 교사 주도적으로 이끌어 진행하기보다는 선택 활동으로 유아의 개별적 특성을 고려하여 접근하는 것보다 유아의 동기를 유지시키면서 지속적으로 참여하도록 하는 방법이 됩니다. 왜냐하면 유아마다 언어적 흥미나 내용에 대한 사전 경험이 다를 수 있고, 듣기, 말하기, 읽기, 쓰기 등의 영역에 대한 발달 수준도 모두 다를 수 있기 때문이지요. • 만 5세반 유아는 하루일과를 진행할 때 스스로 놀이나 활동을 선택하고 스스로 계획하여 실행하는 과정을 통해 자아존중감이 형성되고 독립심이 길러지므로 선택 활동들이 체계적으로 계획되어 질 필요가 있습니다. 이렇게 스스로 선택한 활동이나 놀이에 대해서는 유아가 더 주의집중을 하여 지속하려고 하고, 문제가 생겼을 때 스스로 해결하고자 하는 노력도 더 보이게 됩니다. 유아가 스스로 놀이나 활동을 선택하였을 때와 교사 주도의 활동이 참여할 때 중 어느 활동에 유아가 더 주의집중하여 의미 있게 학습을 하는지 잘 관찰해 보세요.	

보육실습 평가서

성명				
주민등록번호				
보육실습기관명				
보육실습 기간				
평가 영역	**평가 내용**		**배점**	**점수**
근무태도와 자질 (20점)	근무사항	• 출석 결석, 지각, 조퇴 등	5	
	태도	• 성실성, 근면성, 친절, 적극성, 복장 및 용모, 예절	5	
	자질	• 영유아 존중, 책임감, 인성, 열의	5	
	관계형성	• 실습지도교사와의 관계 • 동료실습생과의 관계	5	
보육활동 계획과 실행 (30점)	보육활동 계획	• 영역별, 반일(일일) 보육활동 • 계획의 적합성과 충실한 준비	15	
	보육활동 실행	• 영역별, 반일(일일) 보육활동의 효과적이고 적절한 실행 정도	15	
예비 보육교사로서 역할수행 (30점)	• 영유아 행동 및 놀이 관찰, 보육환경 관찰		5	
	• 보육일과 진행보조와 일상생활지도		10	
	• 영유아 상호작용과 놀이 참여		15	
보육실습일지 작성 (10점)	• 구체적이고 충실한 보육일지 작성과 일일자기평가 및 지도교사평가 반영		10	
총평(10점)	• 실습 기간 동안 예비보육교사로서 향상된 정도		10	
총점			100	

20 년 월 일

보육실습지도교사: (인)

어린이집 원 장: (인)

5) 보육실습생의 준수 사항

보육실습생은 교사로서의 자질과 기술을 연마 · 수련하는 동시에 교사와 동일한 책임감과 태도로 원아에게 모범을 보여야 한다. 따라서 다음 사항을 반드시 지키도록 한다.

(1) 보육실습생의 근무 지침

- 보육실습 기간 동안 매일의 실습생활은 어린이집의 규정과 지시에 따른다.
- 실습생은 결근 · 지각 · 조퇴를 하지 않으며 정해진 시간에 출근함과 동시에 실습생 출근부에 날인한다.
- 부득이 결근 · 조퇴를 할 때는 지도교사를 경유하여 사전에 원장의 허락을 받는다.
- 근무 시간 중에는 외출을 금하며 점심은 도시락을 지참한다.
- 결재, 건의, 요망 사항은 반드시 지도교사를 경유하고 그 사유를 원장에게 말씀드리고 승낙을 받는다.
- 원외에서 원아와 사사로이 만나거나 가정 방문을 하지 않는다.
- 원아에게 체벌을 가하지 않는다.
- 어린이집에서 일어나는 모든 일에 대해서는 절대 외부에 알리지 않는다.
- 실습생은 실습기관의 보육 목적과 보육 방침을 깊이 이해하고 이를 달성하기 위하여 적극적으로 협력하고 참가한다.

(2) 보육실습생으로서의 자세

- 실습생은 교사로서 단정한 복장을 한다.
- 품위 있는 언행과 태도를 가짐으로써 보육교사로서의 사표가 되도록 한다.
- 실습생은 원아들에게 상벌을 가하지 않는다.
- 실습 중에 원 내에서는 실습생-실습생, 실습생-교사 간에 모두 경어를 사용하도록 한다.
- 이름표를 꼭 착용한다.

- 실습기관에서 만나게 되는 모든 사람들에게 인사를 잘 한다.
- 밝은 표정과 적극적인 자세를 갖는다.
- 교사에게 부탁 받은 일에 대해서는 결과 보고를 정확하게 한다.

(3) 보육실습생 준비물

보육실습을 위하여 학생은 다음의 기본적인 준비물을 구비하고 그 외 준비물은 실습기관의 규정에 따른다.

- 건강진단 결과서

보육실습기관이 확정되면 학생은 직접 보건소에 방문하여 전염성 질환에 대한 건강진단을 받고 그 결과서(구 보건증)를 발급받아 실습기관에 제출한다.

- 실습생 이름표

양성교육기관 이름, 보육실습생 이름을 기록한 자신의 이름표를 마련하여 실습 기간 동안 왼쪽 가슴에 패용한다. 이때 아크릴 등의 딱딱한 재질로 만들어진 이름표는 영유아를 다치게 하기 쉬우므로 피해야 하며, 헝겊 등으로 만든 이름표가 보다 안전하다.

- 실내화 또는 덧신(필요 시)

실내에서 신을 수 있는 실내용 신을 준비하고, 굽이 높은 슬리퍼 보다 덧신이나 덧버선과 같은 것으로 준비한다.

- 실외놀이용 신발(필요 시)

실외놀이용으로 운동화 등의 편안한 신발을 준비한다.

- 여벌옷(필요 시)

영유아를 보육하는 과정에서 실습생의 옷이 더럽혀지거나 젖을 수 있으므로 필요하다면 여벌의 옷을 준비하면 유용하다.

보육실습 관련서류

실습생이 미리 작성할 부분은 정확히 작성한 후 담당 교수나 다른 친구들과 함께 틀린 부분이 없는지 재확인한 후에 보육실습기관에 제출한다.

| 표 11-7 | 보육실습에 필요한 서류

준비서류	내 용
보육실습생 신상 카드 보육실습생 서약서 자기소개서(필요시)	• 양성교육기관에서 받아 학생이 정확히 작성한 후 보육실습기관에 제출한다.
건강진단결과서 (구 보건증)	• 학생이 보건소에서 건강진단을 받은 후 결과서를 실습기관에 제출한다.
보육실습비 영수증 보육실습 확인서* 보육실습 평가서	• 보육실습 확인서와 보육실습 평가서는 공인된 양식이어야 한다. 보육실습 평가서는 인봉하여 양성교육기관에 송부하되, 학생이 인봉된 서류를 받아올 수 있다.
보육실습일지	• 양성교육기관에서 받아 실습 기간 동안 작성한다. • 보육실습일지는 공인된 양식이어야 한다.

* 「어린이집지원 시스템」을 통하여 보육실습 확인서를 제출한 경우 첨부서류를 제출하지 않아도 됨(단, 유치원은 양성교육기관에서 양식 제공)

| 출처 | 한국보육진흥원(2017). 양성교육기관에서의 보육실습지도.

실습을 마치고

지금 글을 쓰고 있는데도 아이들의 얼굴이 눈앞에 아른거린다. '월요일에 내가 없는데 아이들이 나를 찾지 않을까?' 하고 걱정이 된다. 사실 학교에서 많은 과제를 수행하고 느끼는 보람과는 비교도 안 될 정도로 어린이집에는 무언가가 있다. 내게 힘을 주고 에너지를 주는 아이들이 바로 어린이집에 있는 것이다. 나는 이번 실습을 통해 다시 한 번 확인했다. 내가 있어야 할 자리를 말이다.

그리고 의아하게도 실습 4주 동안 감기 한 번 걸리지 않고 씩씩하게 다닐 수 있었다. 물론 아이들과 함께 지내는 일 말고 좀 귀찮고 힘든 일도 있다. 예를 들어 아이들의 파일에 작품을 일일이 넣어주고 정리하거나 청소하는 것은 하기 싫을 때가 많았다. 그렇지만 그런 생각이 들 때마다 이건 다 아이들을 위해 내가 해야 하는 것이라고 나를 위안했고 보람을 찾으려고 했다.

나는 실습을 하면서 인간적으로 좋은 선생님을 만났고 작은 천사아이들을 27명이나 만날 수 있었다. 행복한 시간으로 고이 간직하고 이제 내 할 일을 찾아야 한다. 나는 졸업을 하고 어학연수를 갈 계획을 가지고 있다. 그래서 아이들을 만나는 건 좀 뒤로 하지만 내가 해야 할 공부에 또 매진해야 한다. 사실 미래가 불투명해서 가끔 혼란스러울 때가 있다. 하지만 최소한 내가 한 선택에 후회가 없도록 최선을 다할 것이다. 내가 유아교육과에 들어 온 것을 후회하지 않은 것처럼 말이다.

글/ 학생 수기

Chapter 12

Introduction to Child Care & Education

보육의 과제와 전망

세계적으로 보육의 중요성에 대한 인식이 높아지고 있으며 우리나라도 과거 탁아에서 시작된 보육이 보호와 양육 및 교육 서비스를 통합적으로 제공하면서 보육 서비스의 질적 수준을 높이기 위한 노력들을 하고 있다. 따라서 본 장에서는 보육 발전을 위해 현재 우리에게 주어진 과제는 무엇인지 알아보고 앞으로의 방향에 대해 전망해 보고자 한다.

1 보육의 과제

이제 보육은 일부 영유아가 아닌 모든 영유아가 그 대상이 되었다. 보육의 책임도 개인을 넘어서 국가의 중요한 정책으로 자리 잡고 있다. 「영유아보육법」 제4조에는 보육의 책임과 관련하여 '① 모든 국민은 영유아를 건전하게 보육할 책임을 진다. ② 국가 및 지방자치단체는 보호자와 더불어 영유아를 건전하게 보육할 책임을 지며, 이에 필요한 재원을 안정적으로 확보하도록 노력하여야 한다. ③ 특별자치도지사 · 시장 · 군수 · 구청장(자치구의 구청장을 말한다. 이하 같다.)은 영유아의 보육을 위한 적정한 어린이집을 확보하여야 한다.' 라고 명시하고 있다. 이처럼 보육은 이제 개인이나 가정의 책임을 넘어 국가와 사회 구성원 모두가 관심을 가져야 한다는 측면에서도 중요한 의의를 지니게 되었다.

그러나 보육의 중요성에 대한 인식의 변화와 보육 서비스의 양적 · 질적 변화가 이루어지고 있지만 아직도 부모나 영유아, 사회 모두가 만족하는 보육 서비스가 되기 위해서는 보육정책이나 재정, 운영 등 제반 사항에서 개선되어야 할 많은 과제를 안고 있는 것도 사실이다.

우리나라 보육정책의 문제점에 대해 이순형 등(2005)은 보육재정 구조에서의 공공성의 부족, 보육시설의 질적 수준을 관리할 수 있는 토대가 체계적으로 마련되어 있지 않은 점, 보육시설은 증가하였으나 다양하고 다원화된 보육 수요를 따라가지 못하고 있다는 점들을 지적하였다. 그 외에도 영유아의 욕구보다는 부모의 욕구가 우선시되는 보육을 보는 시각의 편향성, 보육재정의 취약성, 영유아교육과 보육의 통합발전을 위한 기반의 미비 등(김경희 외, 2006)도 문제점으로 지적할 수 있다.

우리의 보육이 안고 있는 과제는 다음과 같이 정리할 수 있다.

1) 국 · 공립 어린이집의 부족

1991년 「영유아보육법」이 제정된 이후 우리나라의 보육 사업은 어린이집 수나 보육아동 수 등 규모 면에서 급격히 팽창하였다. 그러나 어린이집이 지속적으로 증가하고 있으나 다양성과 서비스 수준에서 수요자가 만족하는 시설은 아직 부족한 실정이다.

먼저 우리나라의 어린이집 설립 비율은 선진국과 비교하여 볼 때, 지나치게 민간에 의존하고 있는 실정이다. 2016년 12월 현재 민간 어린이집과 가정 어린이집이 전체 어린이집의 80% 이상을 차지하고, 국 · 공립 어린이집은 전체 어린이집의 약 7%, 보육정원 아동의 약 11% 정도를 보육하고 있다(보건복지부, 2016). 이것은 우리 사회에서 보육 수요가 급격히 늘어나는 시기에 정부에서 어린이집의 확충을 위해 민간에 의존한 결과이다. 민간 어린이집의 경우에는 운영과 관련된 재정 문제를 안고 있어 어린이집의 질적 수준에도 문제가 되고 있다. 국가에서는 국 · 공립 어린이집을 지속 확충하고 있으나 전체적인 국 · 공립 어린이집 비율은 아래 |그림 12-1|과 같이 OECD 국가 대비 매우 낮은 수준이다.

|그림 12-1| 주요국 설립주체별 보육시설 현황(시설 수 기준)

|출처| 보건복지부(2017b). 제3차 중장기보육 기본계획(2018~2022).

민간 어린이집에의 높은 의존율과 함께 또 다른 문제는 영아전담 보육이나 장애아전문 보육, 장애아통합 보육, 다문화보육과 같은 취약보육의 부족과 이용률 저조이다. 「영유아보육법」 제26조에서는 '국가나 지방자치단체, 사회복지법인, 그 밖의 비영리법인이 설치한 어린이집과 대통령령으로 정하는 어린이집의 원장은 영아 · 장애아 · 「다문화가족지원법」 제2조 제1호에 따른 다문화가족의 아동 등에 대한 보육을 우선적으로 실시하여야 한다' 고 규정하고 동법 시행규칙에서 영아보육, 장애아보육, 다문화 아동보육 및 시간 연장형 보육을 취약 보육의 종류로 제시하고 있다. 그러나 취약 보육의 현황을 보면 아동 정원보다 아동 현원이 더 적게 나타났는데, 이것은 운영자나 이용자의 기피 때문이라고 여겨지며 시설의 확충 못지않게 실제로 취약보육이 운영될 수 있도록 하는 정책과 홍보가 필요하다(김경희 외, 2006).

2) 보육 서비스에 대한 낮은 만족도

보육 서비스의 수준이나 다양성이 수요자의 기대를 충족시키지 못하는 문제는 보육지원 서비스 이용률이 저조한 현상으로 나타나고 있다. 보육시설의 안전 · 영양관리 실태를 조사한 결과(사단법인 한국안전연합, 2005)에 따르면 어린이집의 급식관리는 60점 만점에 31점으로 조사되었으며, 어린이집의 식단을 조사한 결과 조사 대상시설 중 28.3%가 영양관리 상태가 하급인 것으로 나타났다. 안전관리도 허술하여 총 100개의 시설 중 2층 이상의 보육시설의 창문에 보호 안전망이 설치된 곳은 41개였으며, 세면대나 환기시설이 설치된 곳은 44개소, 놀이터 바닥에 충격 흡수재를 깐 곳은 44개소로 조사되었다. 2004년 전국보육실태조사(서문희 외, 2005)에 따르면 어린이집 시설을 이용한 경험이 있는 가구의 46.4%가 보육 서비스의 질적 수준이 낮다고 평가하였으며 28.4%만이 보육 서비스의 질이 높다고 평가하였다. 한유미와 권정윤의 연구(2005)에서도 우리나라 부모들의 어린이집 만족도는 5점 만점에 3.10으로서 중간보다는 약간 높은 것으로 나타났다. 구체적으로는 교사 3.29, 프로그램 3.09, 운영 시간 3.18, 집과의 거리 3.21, 급 · 간식 3.14, 안전관리 3.10, 특별 활동 3.08이었으나 교육비용과 시설 설비 부분에 대한 만족도는 각각 2.95와 2.87로서 3.0보다 낮게 나타났다.

그러나 최근 실시한 어린이집 전반에 대한 만족도 조사 결과(보건복지부 · 육아정책연구소, 2012)에서도 어린이집 만족도를 5점 평균으로 보면, 13개 항목에서 보통 이상으로 만족한다는 결과가 나타났다. 부모참여, 비용, 부모교육 및 상담 등 일부 항목은 3.5점 내외로 만족도가 가장 낮았으나 교사, 원장, 교육 내용에 대한 만족도는 4점에 가깝고 내부 분위기, 안전관리, 급 · 간식관리, 건강관리 등은 3.5점 이상으로 높았다. 이것은 어린이집의 질관리에 대한 지속적인 노력의 결과로 여겨지며 앞으로도 보육에 대한 만족도가 높아질 수 있도록 해야 할 것이다.

한편, 이순형 등(2005)은 우리나라 보육정책의 문제점을 지적하면서 보육정책의 개선방향으로 다음과 같이 제시하였다. 첫째, 보육정책에서 아동 중심성을 강화하는 것이 필요하다. 둘째, 보육의 보편성과 공공성을 확보해야 한다. 셋째, 보육정책의 포괄성과 통합성을 지향해야 한다. 넷째, 보육인력의 전문성을 강화해야 한다. 다섯째, 평등성을 중시해야 한다. 여섯째, 보육정책은 참여지향적인 보육 서비스를 제공하는 방향으로 이루어져야 한다고 제안하였다.

2 보육의 전망

우리의 보육이 나아가야 할 방향에 대해 전망해 보는 일은 현재의 저출산, 고령화와 같은 문제들이 미래 사회에 야기할 문제점들을 최소화하고, 개인의 복지 수준을 높임으로써 삶의 질을 개선하는 방안에 대한 고민이다. 이것은 결국 국가 경쟁력에 대한 제고이자 우리의 미래라고 할 수 있다.

보건복지부(www.mohw.go.kr)는 현재 우리의 보육정책 환경의 변화를 다음과 같이 정리하였다.

첫째, 급속한 출산율 하락과 세계적으로 유례가 없는 빠른 속도의 고령화가 동시에 진행되고 있으며, 생산가능인구 부족으로 인해 여성경제 활동의 필요성이 증가하여 보육에 대한 수요는 비례적으로 늘어날 전망이다. 둘째, 국민 1인당 GDP가 높아지면서 양질의 보육과 다양한 형태의 보육에 대한 부모들의 욕구가 증가하며, 소득이 높아질수록 탁아사업에서 아동보육 · 교육 중심으로의 전환을 요구하고 있다. 셋째, 양육에 대한 관심 증대, 전문적이고 질 높은 보육 서비스 욕구와 조기교육 과열 현상 등으로 인한 양육 부담이 증대되었고 양육에 대한 경제적 부담이 출산을 기피하는 가장 중요한 요인이 되고 있다. 또한 양육비 부담 증가는 보육시설 미이용 아동 발생 등 아동 발달과 성장에 저해요인으로 작용하고 있다. 넷째, 가족 해체 등으로 조손가정, 한부모가족, 다문화가정이 지속증가하고 있고, 장애아 출현율도 증가하는 추세이다. 다섯째, 여성취업 증가로 일과 가정 양립이 보편화되면서 자녀양육을 국가 · 사회가 지원하여야 한다는 국민의식의 증대이다.

보육의 방향을 전망해 보기 위해서 먼저 최근 보건복지부(2017a)의 '제3차 중장기보육 기본계획'에서 제시한 우리나라 보육정책의 방향과 목표 및 정책과제를 살펴보면 |그림 12-2|와 같다.

구분	내용	
비전	영유아의 행복한 성장을 위해 함께하는 사회	
목표 및 전략	**보육의 공공성 강화** 1. 국·공립 이용률 40%로 확대 2. 국·공립 운영의 공공성 강화 3. 직장 어린이집 활성화 4. 어린이집 운영의 건전성 제고	**보육체계 개편** 1. 어린이집 이용 및 지원체계 개선 2. 표준보육 비용 산정 및 적정 보육료 지원 3. 보육과정 개편
	보육 서비스 물질 향상 1. 보육교사 전문성 강화 2. 보육교사 적정 처우 보장 3. 영유아보육환경 개선 4. 상시적 품질관리 강화	**부모 양육지원 확대** 1. 부모의 양육 역량 강화 지원 2. 시간제 보육 서비스 확대 3. 취약보육 지원 개선
실행 기반	• 지원기관 기능 개편 • 민·관 협업 확대 • 전산 시스템 개편	

|그림 12-2| 제3차 중장기보육 기본계획-보육정책의 목표 및 정책과제

|출처| 보건복지부(2017b). 제3차 중장기보육 기본계획.

이에 따르면 보육정책의 목표를 크게 보육의 공공성 강화, 보육체계 개편, 보육 서비스 품질 향상, 부모 양육지원 확대로 설정하고 주요 정책과제를 제시하고 있다.

1 보육의 공공성 강화

- 국·공립 어린이집 이용률을 2022년까지 40%로 확대
- 국·공립 어린이집 운영의 공공성이 보장될 수 있도록 사전 컨설팅, 현장평가 및 사후관리 강화

- 직장 어린이집 설치 확대
- 원장의 자격 기준 요건 강화, 유치원의 원감과 같은 중간관리직 신설 등 검토

2 보육체계 개편

- 어린이집 이용 욕구, 이용 의사 등 부모의 보육 수요와 영유아 발달 등을 고려하고 충분한 시설 이용 보장을 위해 어린이집 보육지원체계 개선 추진
- 아동의 어린이집 이용 보장과 적정한 발달을 지원할 수 있도록 표준보육비용 재계측을 통해 적정 보육료 지원 기반 구축
- 0~2세 표준보육과정도 영아의 놀 권리 및 균형적 발달을 고려하여 개정 추진

3 보육 서비스의 품질 향상

- 보육교사 자격체계를 1~2급 중심으로 개편
- 재직 교사에 대한 보수교육관리 강화
- 어린이집 의무 평가제로 전체 어린이집의 보육 서비스 질 향상 유도
- 보조교사 및 대체교사 인력 지원 확대
- 아동당 교사 수 · 보육실 면적 등 어린이집 시설 환경 개선, 어린이집 대상 찾아가는 안전교육 확대 및 범부처 합동 점검 실시

4 부모 양육지원 확대

- 가정양육가구의 단시간 이용 지원을 위한 시간제보육반 제공 확대
- 부모 육아부담 경감을 위해 육아종합지원센터 공급 확대 및 부모교육 지원 등 양육 서비스 지원 확대
- 가정양육가구의 단시간 · 일시적 보육 시설 이용을 지원하기 위한 시간제보육반 단계적 확대

이러한 정부 및 사회의 노력과 함께 선진국의 보육정책과 현대의 보육동향 및 우리나라의 사회적 변화와 다양한 보육 욕구 등을 종합하여 앞으로 우리의 보육이 나아가야 할 방향을 다음과 같이 전망해 보았다.

1) 보육의 공공성 강화

우리의 보육이 나아가야 할 첫 번째 방향은 무엇보다도 보육사업의 공공화를 확대하여 정부의 책임을 증대하는 것이다. 보육사업의 공공성과 보육에 대한 국가적·사회적 책임과 의무에 대한 확고한 사회적 합의 도출 및 법 제도적 장치를 강구하여야 하며, 보육재정이 확대되어야 한다. 즉, 민간에게 지나치게 의존하고 있는 현행 보육사업의 구조 변화를 위한 국가의 재정 지원을 확대하여 공공의 비율을 높여 나가야 한다(윤애희 외, 2005). 이를 통해 민간시설에 대한 정부의 지원이 확대되고 보육의 공공성이 제고되며, 읍·면 지역 및 도시 저소득층 밀집지역에 국·공립 어린이집이 확충될 것이다.

2) 보육 서비스의 다양화

재택근무와 야간근무, 격일제 근무 등 취업 형태가 다양해지고 부모의 사회 활동이 증가함에 따라 부모의 보육 욕구도 다양해지고 있다. 앞으로의 보육 정책은 다양한 보육 수요에 따른 어린이집의 유형별 다양화 방안을 마련하여 수요자들의 요구에 부합하도록 해야 한다.

이를 위해 취약보육의 하나인 영아보육을 강화하여 'M' 자 유형으로 이루어진 기혼여성의 초기 노동단절 현상을 예방하고 능력 발전의 기회를 보장해야 한다. 1996년 영아전담 어린이집에 대한 시범사업이 시작되면서 영아보육 서비스가 시작되었는데 현재 36개월 미만의 영아는 어린이집 등 기관보다는 개인 양육을 선호하고 있으며, 신생아기 및 영아기는 부모가 보살피는 것이 바람직하지만 장기적으로 영아보육에 대한 잠정적 수요는 점차 늘어날 것이다(김경회 외, 2006). 그리고 다양한 형태의 보육 서비스를 제공하기 위하여 취업 여성의 요구에 부합하는 야간·휴일·시간제 보육 서비스와 방과후 아동보육의 제공이 확대되어야 한다. 셋째, 방과후 아동보육이 활성화될 것이다. 또한 시설보육 중에서도 현재는 활성화되어 있지 않은 직장보육이나 부모협동 어린이집과 같은 보육 유형이 활성화되는 등 보육의 유형이 다양해질 것이다.

그러나 이러한 보육 서비스의 다양화와 같은 노력들이 부모의 입장에서만 이루어져서는 안된다. 즉, 어른들의 필요에 의해서 영유아를 보육하는 것이 아니라 영유아의 관점에서 영유아의 발달과 미래의 자아실현을 위해 양질의 보육 서비스를 제공하는 것이 필요하다.

3) 보육의 질 향상

보육의 양적 시설 확충에 치중해 왔던 기존의 보육 정책 방향에서 이제는 보육의 전반적인 질을 제고하는 방향으로 나아가야 한다. 그동안 어린이집의 질적 수준 향상을 위해 2005년 시범 실시 후 도입된 평가인증제를 신청제에서 의무제로 전환하는 등의 정책을 실시해 왔다. 어린이집 평가인증제에 대해 영유아의 보호자는 78.6%가 찬성하는 것으로 나타났다(서문희 · 임유경 · 박애리, 2002). 그러나 어린이집 평가인증제도는 어린이집의 선택에 맡겨져 있어 약 20%의 어린이집이 평가인증을 유지하지 않는 상황(보건복지부, 2017a)으로 이에 대한 보완이 필요하다.

다음으로 보건복지부(2013c)는 2013년부터 시행된 3-5세 누리과정과 함께 제3차 표준보육과정을 발표하여 각 어린이집에서 표준보육과정에 기초한 보육 프로그램을 실시하도록 하였다. 표준보육과정은 영유아가 어린이집에서 경험하는 국가 수준에서의 바람직한 태도와 가치, 지식, 기술을 제시하여 어린이집에서 이들을 보호하고 교육하는 데 지침으로 사용되도록 하기 위한 것이다. 현재 개발된 표준보육과정은 보육 서비스의 질을 높이는 데 일정 정도 기여한 면도 있으나, 아동 발달, 부모 요구의 다각화 등 환경 변화를 반영하여 개정이 필요한 시점이다.

마지막으로 보육의 질적 수준을 결정짓는 가장 중요한 요소는 교사이다. 그러나 아직까지 보육 서비스 질의 핵심 요소인 교사에 대한 사회적 신뢰는 낮은 편이다. 유치원교사와 대비해서 상대적으로 느슨한 학점이수 방식의 신규교사 양성체계는 보육교사 질 저하의 주요 원인으로 지적되고 있다.

보육교직원의 전문성 확보와 교사의 자질 향상은 보육 서비스의 질적 수준 향상에 무엇보다도 중요한 요소이다. 따라서 보육교직원 특히 영유아의 보육을 직접적으로 담당하고 있는 원장과 보육교사의 자격관리를 강화하고 강화된 자격에 맞는 처우를 제공함으로써 지속적으로 전문성을 높이는 것이 필요하다. 최근 어린이집 원장의 자격 요건이 더욱 강화되고 보육교사 자격취득을 위한 관련 학점 취득 요건과 승급을 위한 경력 조건도 강화되었다. 그러나 아직 보육교직원의 제교육과 승급교육 등이 부족한 실정이고 어린이집 교사 양성 체제도 보완할 필요성이 제기되고 있다. 그리고 무엇보다 보육교직원의 시회 · 경제적 처우 개선에 대한 노력이 함께 이루어져야 할 것이다.

보육은 영유아에게 적절한 환경을 제공하여 전인적인 발달을 돕고 나아가 영유아의 부모를 지원하여 가족의 발달을 이루는 종합적인 서비스라고 할 수 있다. 보육은 영유아와 부모 및 가정, 지역사회와의 관계 속에서 서로 밀접하게 영향을 주고 받으며 그 역할과 기능도 변화되어 나갈 것이다. 따라서 우리 사회의 변화와 함께 이루어지는 보육의 발전이야말로 아이들의 미래에 대한 우리들의 책임이 될 것이다.

맞벌이 부부의 아이 키우기 십계명

01 | 퇴근하여 10분간 포옹하라.
혼자 외롭게 지낸 아이의 고독과 긴장감을 풀어주는 것은 피부 접촉이 최고이다.

02 | 이야기를 많이 하라.

03 | 휴일은 온 가족이 함께 보내라.

04 | 아버지도 가사에 참여하라.

05 | 부모의 일을 이해시켜라.
부모의 일이 가정을 위한 노동이며 경제력의 수단임을 아이에게 알려주면 부모에 대해 감사함을 갖게 된다.

06 | 재미있는 부모가 되라. 유머 감각은 가정의 큰 청량제가 된다.

07 | 자녀의 교우 관계를 알고 있어라. 성장 과정에서 아이들은 친구에게 영향을 많이 받는다.

08 | 학교 행사에 적극적으로 참여하라.

09 | 집에 전화하여 정서적으로 안정시켜라.

10 | 아이의 생각을 읽고 있어라.
아이는 불안정한 상태이므로 아이의 현재 생활이나 심리 상태를 알 수 있도록 노력한다.

참고문헌 References

교육과학기술부(2014). 2014학년도 유치원교원능력개발평가 매뉴얼: 교사용.
교육과학기술부 · 보건복지부(2012). 5세 누리과정 교사용 지침서.
교육부(1998). 유치원교육과정 해설.
김경회 · 김선영 · 김신영 · 김지은 · 김혜금 · 문혁준 · 서소정 · 안선희 · 안효진 · 이희경 · 정선아 · 황혜원(2006). 보육학개론. 서울: 창지사.
김수영 · 김수임 · 송규운 · 정정희(2003). 영유아 프로그램-이론과 실제. 서울: 양서원.
김연진 · 조건덕 · 민광미 · 현정희(2006). 보육학개론. 서울: 동문사.
김영옥 · 오숙현 · 임영숙 · 정경자(2010). 유아교육기관의 환경 구성. 서울: 공동체.
김정원 · 심은희 · 이경화 · 이연규 · 장은주 · 전선옥 · 조순옥 · 조화연 · 최일선(2006). 보육학개론. 서울: 정민사.
김현주 · 김정희 · 송연숙 · 최애경 · 박선미(2017). 영유아발달. 서울: 동문사.
김희진 · 김언아 · 홍희란(2004). 영아를 위한 프로그램의 이론과 실제. 서울: 이화여자대학교 교육과학연구소 아동교육연구부 편.
대한민국정부(2011). 제2차 저출산 고령사회 기본계획-새로마지 플랜 2015.
보건복지부(2012). 5세 누리과정에 기초한 어린이집 프로그램 ①.
__________(2013a). 3세 누리과정에 기초한 어린이집 프로그램.
__________(2013b). 4세 누리과정에 기초한 어린이집 프로그램.
__________(2013c). 보건복지부 고시 제2013-8호. 제3차 어린이집 표준보육과정 고시문.
__________(2013d). 어린이집 표준보육과정에 기초한 영아보육프로그램 운영의 이해.
__________(2013e). 제2차 중장기보육 기본계획.
__________(2016). 보육통계.
__________(2017a). 2017 공공형 어린이집 업무매뉴얼.
__________(2017b). 제3차 중장기보육 기본계획.
__________(2018). 2018 보육사업안내.
보건복지부 · 육아정책연구소(2012). 2012년 전국보육실태조사-어린이집 조사보고.
보건복지부 · 중앙육아종합지원센터(2013). 제3차 어린이집 표준보육과정에 기초한 연령별 보육프로그램의 활용. 서울: 보건복지부 · 중앙육아종합지원센터.

보건복지부 · 한국보육진흥원(2017a). 2017 어린이집 평가인증 문서 자료집.

__________(2017b). 2017 제3차 어린이집 평가인증안내(통합지표).

부산광역시교육청(2017). 유치원 원감 업무 도움자료.

사단법인 한국생활안전연합(2005). 보육시설 안전 · 영양관리 실태조사 및 정책대안연구.

삼성복지재단(2003). 영유아 프로그램총론. 서울: 다음세대.

서문희 · 이옥 · 백화종 · 박지혜 · 최진원(2005). 보육 · 교육 실태조사 총괄보고. 서울: 한국보건사회연구원.

서문희 · 임유경 · 박애리(2002). 전국보육실태조사보고. 서울: 한국보건사회연구원.

송명자(1995). 발달심리학. 서울: 학지사.

송연숙 · 최애경 · 남미경(2013). 보육과정. 서울: 파란마음.

송연숙 · 최애경 · 유수경(2017). 보육과정. 서울: 파란마음.

양옥승(1998). 세계의 보육제도. 서울: 양서원.

양옥승 · 김영옥 · 김현희 · 박경자 · 위영희 · 이옥 · 이차숙 · 정미라 · 지성애 · 홍혜경(1999). 영유아보육개론. 서울: 학지사.

여성가족부(2004). 선진국보육정책 국외연수 결과보고서. 여성부(http://www.moef. go.kr) 공개자료.

__________(2006). 새싹플랜-제1차 중장기보육계획(2006~2010)-제1차 중장기보육계획.

육아정책개발센터(2008). 0세 보육 프로그램.

__________(2008). 1세 보육 프로그램.

__________(2008). 2세 보육 프로그램.

__________(2008). 3세 보육 프로그램.

__________(2008). 4세 보육 프로그램.

__________(2008). 5세 보육 프로그램.

윤기영 · 정현숙(1998). 유아교육실습. 서울: 양서원.

윤애희 · 김온기 · 박정민 · 곽윤숙 · 주영은 · 박정문 · 정정옥 · 임명희 · 정지영(2005). 보육개론과 영유아보육 프로그램. 서울: 창지사.

이소현 · 박은혜(1998). 특수아동교육. 서울: 학지사.

이소희(1993). 유아복지. 서울: 형설출판사.

이소희(2005). 보육학개론. 서울: 양서원.

이순형 · 이혜승 · 이성옥 · 황혜신 · 이완정 · 이소은 · 권혜진 · 이영미 · 정윤주 · 한유진 · 성미영(2005). 보육학개론. 서울: 학지사.

이영 · 이기숙 · 박경자 · 정미라 · 김춘경(1995). 세계의 영유아보육. 서울: 이화여자대학교 출판부.

이영자 · 신동주(2012). 유아교육기관 운영관리. 서울: 창지사.

이옥(2000). 한국 영유아보육사업의 이념적 방향과 과제. 한국영유아보육학, 제23집. 한국영유아보육학회.

이옥 · 김은설 · 신나리 · 문무경 · 최혜선(2006). 육아정책의 효율성 제고를 위한 유아교육 · 보육의 협력과 통합방안. 육아정책개발센터.

이옥 · 박화종 · 박지혜 · 최진원(2005). 2004년 전국 보육 · 교육실태조사(5) 보육 · 교육 실태조사 총괄보고. 한국보건사회연구원.

이원영(1990). 탁아시설 종사자의 양성 및 교육과정. 한국탁아사업의 어제 · 오늘 · 내일 한국행동과학연구소.

이은해(1995). 아동발달의 평가 및 측정. 서울: 교문사.

이현섭 · 조옥희 · 정정숙 · 박현숙 · 석은조(2006). 보육학개론. 서울: 학지사.

임승렬(2001). 유아교사평가의 새로운 접근. 유아교육연구, 21(2), 87-116.

장미경 · 이상희 · 윤미원 · 정민정 · 손금옥 · 신현정(2006). 보육학개론. 서울: 태영출판사.

장영희(2000). 영유아교육과정. 서울: 양서원.

전남련 · 김재환 · 김혜금(2004). 영유아보육개론. 서울: 형설출판사.

조성연 · 이정희 · 김온기 · 제경숙 · 황혜정 · 나유미 · 박진재 · 송혜진 · 임연진 · 나종해 · 권연희(2004). 영유아보육론. 서울: 학지사.

조성연 · 이정희 · 김온기 · 제경숙 · 김영심(2013). 보육학개론. 서울: 학지사.

중앙육아종합지원센터(2013). 어린이집 표준보육과정 및 0~2세 영아보육 프로그램의 이해.

질병관리본부 · 대한소아과학회 · 소아청소년신체발육표준치 제정위원회(2007). 2007년 소아 및 청소년 표준성장 도표-해설.

채화영(2012). 육아기 맞벌이 남성의 일 · 가정 양립 경험 연구. 서울대학교 대학원 박사학위논문.

최경숙 · 박영아(2005). 아동발달. 서울: 창지사.

최미현 · 박명화 · 박성미 · 최양미 · 김애자 · 김정신(2000). 영유아보육의 이해. 서울: 창지사.

최애경 · 좌승화 · 최진원(2013). 영유아교육기관 운영관리. 서울: 파란마음.

최효찬(2005). 5백년 명문가의 자녀교육. 서울: 예담.

통계청(2010). 한국의 사회동향 2009.

__________(2012). 한국의 사회동향 2011.

표갑수(2004). 공보육 구현을 위한 영유아보육제도의 개선방안. 한국영유아보육학, 제38권. 219-249.

한국보육진흥원(2011). 보육교사 승급교재. 한국보육진흥원.

__________(2017). 양성교육기관에서의 보육실습지도.

한유미 · 권정윤(2005). 스웨덴과 한국 보육시설의 질과 어머니 만족도. 한국가정관리학회지, 23(1), 139-149. 한국가정관리학회.

한유미 · 오연주 · 권정윤 · 강기숙 · 백석인(2005). 스웨덴의 아동보육제도. 서울: 학지사.

행정안전부(2016). 행정업무 운영편람. 서울: 행정안전부.

홍금자 · 사카모토(2004). 수요자 중심의 보육전달 체계. 2004 추계 한국영유아보육학회 국제학술대회자료집, 122-138. 한국영유아보육학회.

황해익(2015). 유아교육평가의 이해. 서울: 양서원.
황해익 · 송연숙 · 정혜영 · 유수경(2013). 영유아행동관찰법. 서울: 창지사.

Ainsworth, M. D. S. (1979). Attachment as related to mother-infant interaction. In J. G. Rosenblatt, R. A. Hinde, C. Beer, & M. Busnel (Eds.). *Advances in the study of behavior, 9*. Orlando, FL: Academic Press.

Broudy, H. S. (1984). The university and the preparation of teachers. *Advances in teacher education, 1*. 1-8.

Bukatko, D., & Daehler, M. W. (1998). *Child development: A thematic approach*(3rd. ed.). NY: Houghton Mifflin.

Caldwell, B. (1991). Educare: New product, new furture. *Developmental and Behavioral Pediatrics, 12*(3). 199-205.

Decker, C. A., & Decker, J. R. (2001). *Planning and adminstering early childhood programs*. NJ: Prentice-Hall.

Edward, C., Gandini, L., & Forman, G. (Eds.). (1993). *The hundred languages of children: The Reggio Emilia approach to early childhood education*. Norwood, NJ: Ablex Publishing Corporation.

Hertherington, E. M., & Parke, R. D. (1993). *Child Psychology: A contemporary view*(4th ed.). NY: MeGraw-Hill.

Hildebrand, V. (1993). *Management of Child Development Centers*. NY: MacMillan Publishing Co.

Hochschild, A. (1983). *The managed heart: Commercialization of human feeling*. Berkeley, CA: University of California Press.

Izard, C. E., Haynes, O. M., Chisolm, G., & Baak, K. (1991). Emotional determinants of infant mother attachment. *Child Development, 62*, 906-917.

Kadushin, A., & Matin, J. A. (1988). *Child welfare services* (4th ed.). NY: Macmillian Publishing Co.

Kats, L. G., & McClellan, D. C. (1997). *Fostering children's social competence: The teacher's role*. Washington, DC: NAEYC.

Kubei, J. (1994). Young Childern's understanding of everyday emotions. *Young Childern*, 49. 36-47.

Main, M., & Solomon, J. (1990). In Greenberg, M. T., Cicchetti, D., & Cummings, M. (Eds.),. *Attachment in the preschool years: Theory, research, and intervention* (pp. 121-160). Chicago, IL: The University of Chicago Press.

Marvin, R. S. (1977). An ethological-cognitive model for the attenuation of mother-child attachment behavior. In T. M. Alloway, L. Krames, & P. Pilner(Eds.). *Advances in the study of communication and affect: Vol. 3. The development of social attachment*. NY: Plenum Press.

McAfee, O., & Leon, D. J. (2007). *Assessing and guiding young children's development and learning* (4th ed.). NJ: Pearson Education.

OECD (2004). *OECD Country Note: Early childhood education and care policy in sweden*. Paris: OECD.

Saarni, C. (1979) Children's Understanding of display rules for expressive behavior. *Development Psychology, 15*, 4. 424-429.

법제처 국가법령정보센터(2017). 건축법. http://www.law.go.kr.

법제처 국가법령정보센터(2017). 건축법 시행령. http://www.law.go.kr.

법제처 국가법령정보센터(2017). 아동복지법. http://www.law.go.kr.

법제처 국가법령정보센터(2017). 아동복지법 시행령. http://www.law.go.kr.

법제처 국가법령정보센터(2018). 영유아보육법. http://www.law.go.kr.

법제처 국가법령정보센터(2018). 영유아보육법 시행령. http://www.law.go.kr.

법제처 국가법령정보센터(2018). 영유아보육법 시행규칙. http://www.law.go.kr.

국민건강보험공단 홈페이지(www.nhis.or.kr)

보건복지부(www.mohw.go.kr)

보육인력 국가자격증(http://chrd.childcare.go.kr)

인터넷 한겨레(http://www.hani.co.kr/arti/society/labor/153919.html)

중앙육아종합지원센터(http://central.childcare.go.kr)

질병관리본부 예방접종도우미(http://nip.cdc.go.kr)

통계청(http://kostat.go.kr/)

한국보육진흥원(http://www.kcpi.or.kr)

| 저자소개 |

최 애 경 부산과학기술대학교 사회복지계열 교수

송 연 숙 울산과학대학교 유아교육과 교수

남 미 경 대구한의대학교 아동복지학과 교수

전 형 미 울산과학대학교 사회복지과 교수

보육학개론

초판 1쇄 인쇄 2018년 2월 19일
초판 1쇄 발행 2018년 2월 26일

지은이_ 최애경 · 송연숙 · 남미경 · 전형미
펴낸이_ 황호철
펴낸곳_ 도서출판 파란마음
주소_ 04315 서울시 용산구 백범로90라길 47 | 전화_ (02) 3275-2110~1 | 팩스_ (02) 3275-2199
홈페이지_ http://paranmaum.co.kr/

등 록_ 2006년 4월 24일 · 제302-2006-00024호

ISBN 978-89-97982-63-9 93370

값 20,000원